HEIDEGGER

LES CONFÉRENCES DE CASSEL
(1925)

TEXTES & COMMENTAIRES
Directeur : Jean-François COURTINE

HEIDEGGER

LES CONFÉRENCES DE CASSEL (1925)

précédées de la

CORRESPONDANCE DILTHEY-HUSSERL (1911)

Édition bilingue introduite, traduite et annotée
par
Jean-Claude GENS

PARIS
LIBRAIRIE PHILOSOPHIQUE J. VRIN
6, Place de la Sorbonne, V^e
2003

ISBN 2-7116-1589-9

INTRODUCTION*

L'élaboration de la phénoménologie dans le premier quart du XXe siècle est passée par une confrontation avec le néokantisme alors dominant en Allemagne. Néanmoins, la spécificité des pensées de Husserl et de Heidegger se mesure mieux à l'aune de leurs réceptions respectives de la philosophie de la vie de Dilthey. La correspondance de 1911 entre Dilthey et Husserl et les conférences de Heidegger à Cassel en 1925 constituent deux moments de cette réception. Mais l'unité entre cette correspondance et ces conférences est au premier abord problématique eu égard aussi bien à leur thème qu'à leur distance chronologique. Le thème apparent de la correspondance est en effet de savoir ce qu'il en est de l'objectivité de la connaissance : face à la célèbre critique husserlienne parue dans la revue *Logos*, Dilthey se défend de creuser le lit du relativisme et du scepticisme. Une telle question est en revanche très éloignée de la phénoménologie herméneutique dans le cadre de laquelle Heidegger invite à se réapproprier l'héritage de Dilthey dès 1919. Il va de soi que cette divergence pose simultanément la question de l'unité de la pensée diltheyenne dans la mesure où il est possible de considérer cet écart comme l'expression d'une tension interne qui lui est propre.

Mais ces deux textes peuvent aussi être lus comme témoignant de la divergence des voies empruntées par les phénoménologies de Husserl et de Heidegger. Cette différence ressort d'autant mieux que l'on compare leur lecture de l'essai diltheyen de 1911 intitulé *Les Types de vision du monde et leur déploiement dans les systèmes métaphysiques*. Car c'est lui qui est visé par la critique de la revue *Logos*, et le titre même des conférences casseloises y renvoie explicitement. Cet essai permet du même coup d'établir un premier lien entre la correspondance et les conférences casseloises. Mais leur unité plus directe et profonde est ailleurs. Elle est se trouve dans une seule et même question qui est centrale dans chacune d'elles : la question de l'historicité.

Chronologiquement, les années 1910-1911 et 1925 sont particulièrement significatives quant à la réception de Dilthey par chacun des deux

* L'éditeur et le traducteur remercient le Dr. Hermann Heidegger d'avoir autorisé cette édition bilingue annotée des *Conférences de Cassel*, précédée de la *Correspondance* Husserl-Dilthey.

phénoménologues. Le décès de Dilthey en 1911 marque la fin de son dialogue amorcé en 1905 avec Husserl. Un peu plus d'un an auparavant, en 1909-1910, Heidegger découvrait Dilthey au cours de ses études de théologie et en particulier sa *Vie de Schleiermacher*. En 1916, il conseillera ainsi à Elisabeth Blochmann de lire en priorité cet ouvrage pour sa thèse sur Schleiermacher ; et à l'occasion de l'anniversaire de sa femme, Heidegger fera ainsi une allocution sur le second de ses *Discours sur la religion* [1].

L'année1925 est encore plus significative dans la mesure où elle marque le point culminant des réceptions husserlienne et heideggérienne de Dilthey. La reconnaissance de la « génialité » de Dilthey par le cours husserlien du semestre d'été intitulé *Psychologie phénoménologique* montre rétrospectivement que 1911 marque le creux de cette réception. Si cette reconnaissance reste néanmoins ambivalente puisque la critique par Husserl de l'inversion ou du « retournement » de la phénoménologie par *Être et temps* pointera son arrière-plan diltheyen, l'histoire de cette réception témoigne simultanément de l'évolution même de sa pensée entre 1905 et la fin des années vingt. De leur côté, les conférences de Cassel et le cours du semestre d'été de 1925 intitulé *Prolegomena zur Geschichte des Zeitbegriffs* marquent l'apogée d'une réception heideggérienne dont les cours fribourgeois invitant à penser la phénoménologie en termes d'herméneutique de la vie facticielle constituaient le premier moment.

Du côté de Dilthey, l'impact de sa lecture des *Recherches Logiques* de Husserl est indubitable pour l'évolution de sa pensée. Cette correspondance et ces conférences permettent ainsi à la fois de mieux mettre en évidence l'originalité de Husserl et de Heidegger et de ré-interroger l'unité de la philosophie de Dilthey [2]. On peut plus largement considérer que celle-ci ouvre une nouvelle séquence de l'histoire de la pensée herméneutique allemande car l'appropriation de sa pensée par Heidegger a en retour induit une transformation de la pensée herméneutique postérieure dont témoignent en particulier les travaux de Georg Misch et de Gadamer [3].

1. Voir *Unterwegs zur Sprache*, Neske, Pfullingen, 1960, p. 91-93, trad. J. Beaufret, W. Brokmeier et F. Fédier, *Acheminement vers la parole*, Paris, Gallimard, 1976, p. 96, et Theodore Kisiel, *The Genesis of Heidegger's Being and Time*, Berkeley-Los Angeles-Londres, University of California Press, 1995, p. 72.

2. Nous ne reviendrons pas tant sur la réception des *Recherches logiques* par Dilthey (voir *La Philosophie herméneutique de Dilthey. Entre néokantisme et phénoménologie*, Lille, Presses Universitaires du Septentrion, 2002) que sur l'histoire discontinue et le caractère problématique de ses réceptions par Husserl.

3. Voir la correspondance de Misch avec Husserl et Heidegger et en particulier *Lebensphilosophie und Phänomenologie, Eine Auseinandersetzung der Diltheyschen Richtung mit Heidegger und Husserl* (Leipzig et Berlin, B.G. Teubner, 1931) d'une part et la référence significative de Gadamer, dès l'introduction de *Vérité et méthode*, à Husserl, Dilthey et Heidegger d'autre part.

DU PREMIER IMPACT DE LA RENCONTRE ENTRE DILTHEY ET HUSSERL À LA CRITIQUE DE *LOGOS* (1900-1911)

La correspondance de 1911 constitue le dernier moment d'une relation entre les deux hommes dont le point de départ a été la lecture enthousiaste des *Recherches Logiques* par Dilthey. Ce qui permet de le comprendre, c'est non seulement la première caractérisation par Husserl de la phénoménologie comme psychologie descriptive – caractérisation qui est en l'occurrence la source d'un malentendu –, mais aussi le projet herméneutique de Dilthey qu'il qualifie de phénoménologique et le « principe de phénoménalité » qui le sous-tend et qu'il considère comme le principe fondamental de la philosophie. Il est ainsi possible de qualifier rétrospectivement celle-ci de pré-phénoménologique. Il faut donc commencer par revenir sur les grandes lignes de la pensée diltheyenne à l'époque où elle découvre les *Recherches Logiques*.

Comme le rappellent les conférences de Cassel, Dilthey a cherché à fonder la spécificité des sciences de l'esprit sur une psychologie « concrète ». Dès 1865, son article sur Novalis se fait l'écho de l'étonnement du poète face aux si rares tentatives de pénétrer les profondeurs de l'esprit humain :

> Il est étrange que l'homme intérieur n'ait été considéré que d'une manière si misérable et qu'on n'en ait traité que si stupidement. La prétendue psychologie est aussi une de ces larves qui ont usurpé dans le sanctuaire la place des véritables figures divines, écrit Novalis [1].

Cette psychologie concrète est opposée à celle, formelle, qui pense les opérations psychiques en termes de fonctions permettant l'appréhension des phénomènes extérieurs, et qui méconnaît ainsi la richesse du contenu de la vie psychique elle-même. L'invitation à élaborer une nouvelle psychologie est évidemment critique à l'égard d'une psychologie purement

1. *Schriften* III, P. Kluckhohn et R. Samuel éd., Stuttgart, 1981, p. 327, trad. fr. M. de Maeterlinck mod., *Fragments*, Paris, José Corti, 1992, p. 143.

expérimentale comme à l'égard de la psychologie traditionnelle des facultés de l'âme, y compris celle de Kant, qui cherche à penser les modalités des opérations ou les actes d'un sujet par lesquels se constituent les objets de l'expérience. Le prolongement de la *Critique de la raison pure* par une « Critique de la raison historique » passe en effet par une transformation de la philosophie transcendantale [1].

L'article sur Novalis, par la suite intégré à *Das Erlebnis und die Dichtung* définit cette psychologie concrète comme une psychologie qui

> entreprend autant que possible d'ordonner le *contenu* de notre psychisme, de le saisir dans ses configurations et de l'expliquer. En explorant les lois qui régissent les transformations des sensations en représentations et les relations entre ces dernières, je ne trouve rien d'autre que des *formes* en lesquelles le psychisme est actif [2].

Conformément à Novalis et comme le précise aussi l'abrégé du cours de logique contemporain de la publication de l'essai consacré à ce poète, Dilthey pense ce savoir fondamental comme anthropologique [3]. Mais loin que la connaissance de ces structures psychiques et de leur constitution relève d'une introspection, elle n'est susceptible de se constituer qu'à la lumière des modalités du déploiement historique de l'esprit : non celui d'un homme isolé, mais celui de « l'individu vivant en interaction avec le monde extérieur et la société ». C'est pourquoi « l'esprit » que les sciences dites de l'esprit prennent pour objet doit être entendu au sens hégélien d'esprit objectif. L'essai sur Novalis considère ainsi que ce dernier anticipe « la conception hégélienne selon laquelle le point culminant de toute histoire serait constitué par le devenir de la connaissance de soi de l'esprit humain » [4].

La fondation diltheyenne des sciences de l'esprit est donc simultanément d'ordre psychologique et historique. Les *Idées pour une psychologie descriptive et analytique* (1894) et *L'Édification du monde*

1. En ce qui concerne la critique diltheyenne de Kant, voir *La Philosophie herméneutique de Dilthey. Entre néokantisme et phénoménologie*, *op. cit.*

2. *Das Erlebnis und die Dichtung* (1906), Vandenhoeck & Ruprecht, Göttingen, 1985, p. 213, souligné par Dilthey.

3. *Logik und System der philosophischen Wissenschaften. Vorlesungen zur erkenntnistheoretischen Logik und Methodologie*, Hans-Ulrich Lessing et Frithjoj Rodi éd., *Gesammelte Schriften*, B. G. Teubner, Stuttgart-Vandenhoeck & Ruprecht, Göttingen, volume XX, 1990, p. 26 – dorénavant cité GS suivi du tome et de la page – et voir Hans-Ulrich Lessing, *Wilhelm Diltheys « Einleitung in die Geisteswissenschaften »*, Wissenschaftliche Buchgesellschaft, Darmstadt, 2001, p. 99 *sq.*

4. Respectivement *Die Wissenschaft vom Menschen, der Gesellschaft und der Geschichte*, Helmut Johach et Frithjof Rodi éd., GS XVIII, 1977, p. 54 et *Das Erlebnis und die Dichtung*, *op. cit.*, p. 213.

historique dans les sciences de l'esprit (1911) insisteront ainsi sur le fait que l'homme ne se connaît qu'à travers l'histoire et qu'il n'y a de connaissance historique que parce que son être est historique. Les *Idées* de 1894 s'achèvent ainsi par l'invitation à jeter un pont entre la psychologie telle qu'elle existait jusqu'alors et la considération du monde historique.

Indissociables de la connaissance de ses œuvres aussi bien individuelles que collectives, les sciences de l'esprit sont donc d'ordre essentiellement herméneutique. Et le sens des recherches historiques de Dilthey, c'est précisément de contribuer à un tel travail herméneutique. Néanmoins, il ne s'agit là que de la partie la plus émergée de la pensée diltheyenne. Irréductible à un projet d'ordre purement épistémologique, l'arrière-plan de cette fondation, c'est une philosophie de la vie qui implique de remonter en deçà de la scission entre nature et histoire et des savoirs qui les prennent pour objet, c'est-à-dire à l'expérience vécue. Comme on le verra, le projet diltheyen implique simultanément une critique de la logique traditionnelle et de sa théorie des catégories, c'est-à-dire l'élaboration d'une logique herméneutique visant à expliciter la vie à l'aide de « catégories de la vie ». Une telle reconduction au vécu excède donc une herméneutique qui se réduirait à l'interprétation des configurations sociales et historiques comme celle à laquelle se livrent les sciences de l'esprit. Et tout en reconnaissant sa dette vis-à-vis d'elle, c'est cette insuffisance de l'école historique du XIXe que pointe l'*Introduction aux sciences de l'esprit* de 1883[1]. Il est par ailleurs remarquable que Dilthey qualifie de phénoménologie son projet, même si l'usage de ce terme n'est pas significatif en soi dans la mesure où son emploi est relativement courant à la fin du XIXe siècle.

Les occurrences de ce terme n'en qualifient pas moins les deux versants de l'entreprise de *l'Introduction aux sciences de l'esprit*. Dès cette introduction, Dilthey appelle en effet « phénoménologie de la métaphysique » son analyse de la naissance, des progrès et du déclin de la métaphysique, c'est-à-dire l'analyse d'une dissolution directement liée à l'émergence d'une théorie de la connaissance et des sciences de l'esprit. En ce sens là, la tâche de la phénoménologie est purement négative. D'un autre côté, il arrive aussi à Dilthey d'appeler « phénoménologie de la connaissance » l'analyse régressive qui remonte des objectivations de l'esprit à l'expérience vécue dont elles procèdent[2]. De façon plus large, il qualifie en 1897 ses travaux relatifs à l'évolution de la pensée de Schleiermacher d'« espèce

1. *Einleitung in den Geiteswissenschaften*, Bernhard Groethuysen éd., GS I, 1962, p. XVI, trad. S. Mesure, *Introduction aux sciences de l'esprit*, in *Œuvres* 1, Paris, Éd. du Cerf, 1992, p. 146.

2. GS I, 125,395, trad. *Œuvres* 1,288 et 348, et GS VII, 296.

de phénoménologie »[1]. Les deux versants de cette phénoménologie reposent eux-mêmes sur un principe qui permet également de comprendre que Dilthey ait pu voir une convergence entre sa propre philosophie et la phénoménologie des *Recherches Logiques*.

Ce principe qui donne une allure pré-phénoménologique à son projet fondationnel, Dilthey l'appelle le principe de la phénoménalité. Selon ce principe déjà énoncé dans des manuscrits antérieurs à 1880[2], mais que les *Contributions à la résolution de la question relative à l'origine et à la légitimité de notre croyance en la réalité extérieure* de 1890 considèrent comme le principe suprême de la philosophie, « toute chose extérieure m'est uniquement donnée comme une liaison de faits ou de processus de la conscience ; un objet, une chose, est seulement pour et dans une conscience », une conscience qui n'a rien de purement intellectuel, dans la mesure où elle est immédiatement affective et volitive. Mais si donc la nature n'existe « que corrélativement à notre conscience »[3], ce principe signifie inversement que la conscience implique l'expérience d'une résistance, et il exclut en cela toute forme de solipsisme. L'expérience de la résistance d'une extériorité s'éprouve comme l'exercice d'une force à l'encontre de nos impulsions.

Mais cette corrélation, à laquelle répondra comme en écho la subordination par Husserl de l'attitude naturaliste à l'attitude personnaliste[4], ne constitue pas encore à ses yeux la donnée la plus primitive. Le vécu primitif est une expérience antérieure à la distinction entre sujet et objet que Dilthey appelle *Innewerden*. Et il a ainsi explicitement critiqué le concept brentanien d'intentionnalité dans la mesure où il en reste à une dualité entre la conscience et ce qu'elle vise au lieu de prendre pour point de départ

1. *Briefwechsel zwischen Wilhelm Dilthey und den Grafen Yorck von Wartenburg 1877-1897* (1923), réimpression Olms, Hildesheim-Zurich-New York, 1995, p. 240.

2. *Grundlegung der Wissenschaft vom Menschen, der Gesellschaft und der Geschichte*, Helmut Johach et Frithjof Rodi éd., GS XIX, 1982, p. 58-75.

3. *Die Geistige Welt*, Georg Misch éd., GS V, 90 trad. M. Remy, *Le Monde de l'esprit*, tome 1, Paris, Aubier Montaigne, 1947, p. 95. Dans ses contributions ultérieures à l'étude de l'individualité de 1895, Dilthey écrit encore : « Le corrélat incontournable de l'objet est le soi propre (...), toute cette nature n'est que le corrélat de notre conscience personnelle, et ainsi une connexion de phénomènes pour une conscience de soi » (GS V, 249, trad. *Le Monde de l'esprit* I, 254 *sq.*).

4. *Ideen zu einer reinen Phänomenologie und Phänomenologischen Philosophie* II, Marly Biemel éd., *Husserliana*, La Haye, M. Nijhoff, 1952, t. IV, p. 183 *sq.* (les écrits de Husserl seront désormais cités dans cette édition des œuvres complètes *Hua* suivi du volume et de la page), trad. E. Escoubas, *Recherches phénoménologiques pour la constitution*, Paris, P.U.F., 1982. Sauf cas contraire, nous nous contenterons désormais de la référence à la pagination des *Husserliana* dans la mesure où celle-ci est également indiquée dans le corps du texte de la traduction.

l'expérience du fait total de la vie tel qu'il nous est donné[1]. Le caractère relatif de la distinction entre les sphères de la nature et de l'esprit ou de l'histoire permet d'autant mieux de penser la possibilité d'une logique susceptible de fonder leurs connaissances sans mettre pour autant en question la validité du savoir propre aux sciences de la nature. Un tel fondement suppose néanmoins de revenir au concept de nature.

On comprend qu'il n'était pas évident pour Dilthey de suivre Novalis lorsque ce dernier considère que l'appréhension de l'esprit est indissociable de celle de la nature. À ses yeux en effet, le monde extérieur n'étant que le reflet de cette intériorité psychique, le retour vers l'intériorité d'un moi concret est simultanément retour aux forces formatrices de la nature, c'est-à-dire à un monde primordial, à une archi-histoire[2]. Mais si Dilthey cherche à élaborer une logique de la vie, il ne ré-interroge pas pour autant ce qu'il faut entendre par ce terme de « nature », ce concept étant comme oblitéré par celui de vie. De ce point de vue, c'est plus à partir de Misch et de Bollnow qu'il serait possible de penser une logique fondant les sciences de l'esprit et de la nature, c'est-à-dire aussi un dialogue entre une philosophie herméneutique d'inspiration diltheyenne et une phénoménologie comme celle de Merleau-Ponty. Quel a été l'impact sur Dilthey de sa lecture des *Recherches logiques* ?

Sa réception des *Recherches Logiques* détermine une troisième phase de sa philosophie après le déploiement d'une première phase proto-phénoménologique, puis de l'accent herméneutique que reçoit sa pensée à partir du début des années 1890. Dès 1903 au plus tard, les manuscrits diltheyens du cours relatif au « Système de la philosophie en abrégé » laissent déjà transparaître l'effet de cette lecture. Indépendamment du fait, peu significatif en lui-même mais néanmoins réel, que Dilthey y fait à plusieurs reprises usage du terme d'intention qui n'appartient pas à sa propre conceptualité[3], il s'y réfère trois fois à Husserl.

D'abord dans une annotation en marge d'une analyse de la « réalité et (de) la validité objective de l'expérience interne »[4]. Partant de l'expérience d'une douleur physique, Dilthey distingue dans l'expérience interne l'*Innewerden* qui est une perception dans laquelle « objet et conscience ne sont pas distincts ». À la différence de la perception (*Innewerden*) de la douleur qui n'implique pas une focalisation de l'attention sur celle-ci, l'intensification de la conscience de cette douleur implique une « intention d'attention » éveillée par le médecin lorsqu'il interroge le patient sur la

1. Voir GS XVIII, p. XXVIII.

2. Voir *Schriften, op. cit.*, II, 92 et Otto Friedrich Bollnow, « Der "Weg nach Innen" bei Novalis », in *Unruhe und Geborgenheit*, Stuttgart, Kohlhammer, 1958, p. 186.

3. GS XX, 283-286.

4. GS XX, 284.

nature de cette douleur. Dilthey décrit l'apparition de l'observation, impliquant la comparaison et la localisation de la douleur, qui objectivise le corps douloureux :

> [...] ainsi le corps et la perception (*Innewerden*) que j'ai de moi-même est pour ainsi dire poussé dans l'objectivité ; l'observation commence, indissociable des images extérieures à l'occasion desquelles elle apparaît.

Le premier renvoi à Husserl dans le corps même du texte mérite d'autant plus d'être relevé que Dilthey loue sa critique du psychologisme. Elle détermine en effet le sens de la seconde référence pointant la communauté de leur direction de recherche et le caractère descriptif et non explicatif de la psychologie : « Husserl a pris le même chemin »[1]. Plus encore, Dilthey tient des séminaires consacrés aux *Recherches Logiques*.

À la demande de Husserl qui n'est encore que *Privatdozent* à Halle, les deux hommes se rencontrent à Berlin en mars 1905. Plusieurs éléments expliquent cette demande. D'abord une considération initiale dont témoigne sa lettre de 1901 à Gustav Albrecht auquel il confie se soucier de la réaction de Dilthey à la parution des *Recherches Logiques*. Ce souci est relativement étonnant car on se demande quelle est la source de cette considération, Husserl ayant indiqué en 1925 avoir été détourné de la lecture de Dilthey à la suite de la critique d'Ebbinghaus dans la *Zeitschrift fur Psychologie*[2]. Ensuite la lettre que lui adresse en février 1905 l'Américain Walter B. Pitkin, qui lui apprend l'existence du séminaire diltheyen auquel il déclare assister, pour lui demander de traduire les *Recherches*. Enfin, Husserl a probablement aussi eu vent des conférences prononcées par Dilthey les 2 et 23 mars de la même

1. GS XX, respectivement p. 335 et 344.

2. N'ayant pas encore lu les *Idées pour une psychologie descriptive et analytique* de 1894 et probablement encore moins ses travaux historiques, n'ayant pas encore rencontré leur auteur, d'où lui vient sa considération pour Dilthey à cette époque ? Peut-être de discussions avec Carl Stumpf qui avait dirigé la thèse d'habilitation de Husserl consacrée à l'étude logique et psychologique du concept de nombre et qui se verra dédié le premier tome des *Recherches logiques*. En 1883, Stumpf envoie de Prague sa *Tonpsychologie* à Dilthey qui contribue en 1894 de manière décisive à sa nomination à Berlin, ce qui lui valut le ressentiment de Wundt.

Le désir de faire nommer Stumpf remonte au moins au début de 1892. À cette époque Yorck reste très sceptique sur cette possibilité et, écrit en ce sens à Dilthey : « Vous ne l'aurez pas à Berlin tant que Helmholtz vivra » en faisant allusion à leur polémique concernant les questions de l'audition et de la musique (voir de Helmholtz sa *Théorie physiologique de la musique* (1863), trad. G. Guéroult, Paris, O. Masson, 1868 et 1874, et de Stumpf sa *Tonpsychologie* (1883-1890)). Le 1er novembre 1893, Dilthey lui répond néanmoins : « Stumpf avait déjà renoncé ; mon intervention nous a ici tout à fait préservé d'une radicalisation de la philosophie en direction des sciences de la nature » (Voir *Briefwechsel Dilthey-Yorck*, *op. cit.*, p. 189 et 205).

année à l'Académie des Sciences de Berlin. Intitulées « Études pour fonder les sciences de l'esprit »[1], ces conférences se réfèrent très précisément aux *Recherches logiques* en leur accordant une publicité bien plus considérable à une époque où de nombreux lecteurs ne voyaient dans le second tome qu'une rechute dans le psychologisme. Husserl dut y être rétrospectivement d'autant plus sensible qu'il apprenait en mai le rejet par la Faculté de Göttingen de le nommer Professeur ordinaire vu l'insuffisance de ses travaux scientifiques[2].

La rencontre de 1905 à Berlin s'est révélée suffisamment décisive pour que Husserl consacre alors un séminaire aux sciences de la nature et de l'esprit[3]; quant à Dilthey, il rendra visite à Husserl en se rendant à Göttingen. En 1906, il lui envoie sa *Jugendgeschichte Hegels* et fin 1910 *L'Édification du monde historique dans les sciences de l'esprit*. Bien plus que dans les manuscrits relatifs au « Système de la philosophie en abrégé », c'est dans les « Études pour fonder les sciences de l'esprit » que se traduit la réception des *Recherches Logiques* et que s'opère un tournant logique de sa philosophie herméneutique. Comme l'indique le début de la première de ces *Studien*, leur intention est de contribuer à fonder les sciences de l'esprit définies comme formant une connexion gnoséologique visant à une « connaissance objective de l'enchaînement des vécus humains dans le monde humain social et historique »[4]. Dilthey est conduit à thématiser de façon plus centrale et nouvelle deux des trois concepts essentiels aux sciences de l'esprit : la vie, l'expression et la compréhension.

Si la compréhension est toujours compréhension de significations, Dilthey trouve dans les *Recherches Logiques*, c'est-à-dire dans la théorie de l'idéalité de la signification et de lois aprioriques d'une grammaire pure les éléments d'une théorisation nouvelle du concept de signification. Cette théorisation libère la signification de sa relation directe à l'expérience vécue : « ce qui est signifié dans le jugement, écrit Dilthey, est ainsi un

1. *Studien zur Grunglegung der Geisteswissenschaften* – désormais cité *Studien* –, depuis *in* GS VII, Bernhard Groethuysen éd., 1927.

2. *Edmund Husserl Briefwechsel*, Elisabeth et Karl Schuhmann éd., 1994, Dortrecht-Boston-Londres, Kluwer Academic Publishers, Band II, p. 134 note. En août, Husserl écrivait ainsi à Hocking avoir été surpris et très encouragé par la reconnaissance « presque exagérée » de Dilthey (*Briefwechsel*, Band III, *op. cit.*, p. 157).

3. Voir la lettre à Dietrich Mahnke du 26 décembre 1927. En mai 1905, Husserl tenait un séminaire de travail *sur la « psychologie compréhensive » de Dilthey comme sur Rickert et Windelband*, et en juillet suivant des exercices relatifs à l'histoire de la philosophie sur le thème : Quelle est la situation de la science historique par rapport aux autres sciences et quelles sont ses caractéristiques et problèmes spécifiques? (Voir Schuhmann, *Husserl-Chronik. Denk- und Lebensweg Edmund Husserls*, La Haye, Martinus Nijhoff, 1977, p. 89 *sq.*).

4. GS VII, 3.

contenu chosique (*Sachverhalt*) qui est transcendant par rapport à l'expérience vécue et renvoie à une configuration psychique sur le mode de la détermination d'essence ou de la relation entre des déterminations d'essence »[1]. Il est incontestable que cette conception de la signification retrouve aussi la reconnaissance diltheyenne antérieure de l'autonomie de l'œuvre d'art par rapport au vécu qui en est la racine[2]. Deux raisons limitent néanmoins cet infléchissement du concept de signification inspiré par les *Recherches Logiques*. Parmi les expressions linguistiques, Dilthey réaffirme la prééminence des œuvres littéraires dans la mesure où elles préservent plus la fluidité dynamique de l'expérience vécue. Le concept de signification doit par ailleurs permettre de penser une herméneutique des objectivations de l'esprit. Autrement dit, une telle herméneutique ne peut suivre le rejet husserlien de l'indice hors de la sphère de l'expression puisqu'il exclurait de la sphère des significations la plus grande partie des objectivations culturelles, c'est-à-dire non seulement la physionomie et les gestes, mais les insignes, les monuments, les restes et les vestiges historiques en général[3]. *L'Édification du monde de l'esprit* qui fait de la signification la catégorie fondamentale du penser historique considère ainsi qu'elle « habite la vie » et s'étend aussi loin que « s'étend la vie »[4]. La correspondance de 1911 entre Dilthey et Husserl contraste avec l'enthousiasme réciproque de leurs rencontres antérieures.

La lettre de Dilthey à Husserl qui inaugure leur correspondance est elle-même une réponse à la célèbre critique de Husserl visant sa contribution à un ouvrage collectif, *Weltanschauung, Philosophie und Religion in Darstellungen* (1911) et auquel participent aussi certains de ses disciples, B. Groethuysen et G. Misch, ainsi que Natorp, Simmel et Troeltsch, une contribution intitulée « Les Types de vision du monde et leur déploiement dans les systèmes métaphysiques ». La compréhension de cette correspondance implique donc de revenir à ce qui l'a motivée. Paru dans la revue *Logos* et défendant, comme l'indique son intitulé, l'idée de *La Philosophie comme science rigoureuse*, l'article de Husserl dénonce successivement dans ses deux parties les deux modalités de l'oubli ou de la corruption de cette idée : le naturalisme et l'historicisme qui réduit la philosophie à une simple vision du monde. Bien que la critique du naturalisme rejoigne celle des *Idées* de Dilthey, ce dernier n'est pas mentionné. En revanche, dès le début de la

1. GS VII, 30 *sq.*

2. GS VI, 186 et 188, trad. D. Cohn et É. Lafon, *L'Imagination du poète*, in *Œuvres* 7, Paris, Éd. du Cerf, 1995, p. 116 et 118.

3. GS VII, 227 et 279 (ou antérieurement GS V, 319, trad. *Le Monde de l'esprit* I, 321).

4. GS VII, 73.

critique de l'historicisme et de la philosophie comme vision du monde, c'est d'abord et explicitement lui qui est visé. Si la contribution diltheyenne commence par poser le problème du relativisme et du scepticisme qui ont accompagné le développement de la conscience historique, la critique husserlienne pointe l'incapacité de l'historicisme à les enrayer.

Cette critique est doublement tempérée. D'abord dans la mesure où Husserl commence par faire l'éloge de ses œuvres : de « l'importance » et du caractère admirable de ses analyses de la structure morphologique et de la typique des visions du monde. Mais la réserve suit immédiatement : car si l'exploration du monde de l'esprit donne au philosophe « un matériau plus originaire et donc plus fondamental que celui qui lui est livré par l'étude de la nature », ce n'est précisément qu'un matériau qui ne saurait être confondu avec la philosophie elle-même. Une note de l'article husserlien concède ensuite que l'intention de Dilthey n'est assurément pas de mettre en question l'exigence de validité universelle; mais cela signifie simultanément son impuissance à accéder à un savoir doué d'une telle validité. À l'incapacité d'une « critique de la raison », telle que la pense Dilthey, de surmonter le scepticisme, Husserl oppose « l'attitude phénoménologique orientée vers les essences »[1].

Si le début de la seconde partie de l'article de *Logos* reconnaît l'importance pour la philosophie des analyses des configurations culturelles historiques, la fin de cet article rappelle le sens et la nécessité, pour la philosophie, de l'histoire de la philosophie : c'est seulement à partir d'une pénétration des choses et des problèmes, et non d'une pure activité « historico-critique », que la quête de la philosophie est susceptible de se nourrir de la « *vie* » des philosophies historiques[2]. La pertinence de cette critique est au premier abord incontestable, même si elle insiste simplement sur ce que Dilthey dit lui-même dans cette contribution, puisqu'il précise poser un problème sans prétendre l'avoir résolu. En revanche, la question est de savoir si l'objet et l'intérêt de l'analyse diltheyenne se situent sur ce plan-là.

Le point focal de la critique husserlienne, c'est le concept de vision du monde dont part aussi la première des conférences de Heidegger à Cassel. Le caractère alors usuel de cette notion n'en facilite pas la compréhension, car son acception en est d'autant plus vague et indéterminée. Le caractère

1. *Die Philosophie als strenge Wissenschaft*, in *Aufsätze und Vorträge (1911-1912)*, Thomas Nenon et Hans Reiner Sepp éd., in *Husserliana* XXV, M. Nijhoff, Dordrecht, p. 42 et 45, trad. M. B. de Launay, *La Philosophie comme science rigoureuse*, Paris, P.U.F., 1989. La traduction comportant la pagination du volume des *Husserliana*, nous renverrons uniquement à cette dernière.

2. *Hua* XXV, 60 *sq.*, souligné par Husserl.

idiosyncrasique ou arbitraire de la représentation subjective qu'elle connote permet néanmoins de comprendre les critiques husserlienne et heideggérienne de cette notion. Si l'article de *Logos* ne conteste pas l'utilité des visions du monde, mais dénonce leur confusion avec la philosophie comme science rigoureuse, la compréhension de sa critique suppose d'aller au-delà de cette distinction. Et sur ce point, la mise en perspective de l'histoire du concept de vision du monde par Herbert Schnädelbach aide à saisir les lignes de force de cette critique.

Comme l'indique Schnädelbach, après le déclin de la conception idéaliste du système dans la seconde moitié du XIXe siècle, la philosophie prend un double visage dans la mesure où l'on observe une « privatisation » de la pensée systématique en une philosophie de la vision du monde et une historicisation de la philosophie qui se consacre à l'étude de sa propre histoire (voir les travaux de Eduard Zeller ou Kuno Fischer par exemple). Ce sont ces deux visages complémentaires que critiquent les dernières pages de l'article de *Logos* : le caractère purement personnel des visions du monde et la conception scientiste de la philosophie. Dévalorisée par Hegel comme « vision morale du monde », la philosophie comme vision du monde invite, comme le dit l'expression, à une interprétation de l'ensemble de la réalité, et ainsi elle remplit pratiquement la fonction d'un substitut du système. La philosophie est alors considérée comme quelque chose de personnel, le système – pris ici en un sens faible – de tel ou tel philosophe est donc celui de tel ou tel individu. Destinée à répondre à un besoin individuel ou collectif d'orientation, la vision du monde n'est jamais qu'un point de vue.

D'un autre côté, les recherches d'ordre historique conduisent à transformer le projet hégélien de la phénoménologie de l'esprit en science de l'esprit ou science humaine, la philosophie pouvant sur ce plan prétendre à une scientificité et relever d'un travail de « spécialiste » (on étudie par exemple l'histoire de la constitution du criticisme kantien). Cette conception de la philosophie comme vision du monde peut alors se voir projetée sur le passé, l'histoire se transformant du même coup en un « réservoir » inépuisable de visions du monde, c'est-à-dire d'éventuelles renaissances anachroniques (voir par exemple Brentano, *Aristoteles und seine Weltanschauung* ou Octave Hamelin, *Le Système d'Aristote*)[1].

La relation entre ces deux visages, entre la prétention de se prononcer sur la valeur de la vie et l'enquête historique universitaire, différence que

1. H. Schnädelbach, *Philosophie in Deutschland 1831-1933*, Suhrkamp, Francfort-sur-le-Main, 1983, p. 120-122. Sur la critique de ces renaissances, voir par exemple celle de *La Philosophie comme science rigoureuse*, *Hua* XXV, 61 et celle, en un sens analogue, de Jaspers, *Psychologie der Weltanschauungen* (1919), Munich-Zurich, Piper, 1985, p. 2.

l'on retrouve aussi chez Max Weber, est susceptible de prendre des formes différentes comme le montre la critique du cours heideggérien du semestre d'été 1919 visant les deux modalités contemporaines de la relation entre philosophie et vision du monde[1]. Cette critique vise la réduction de la tâche de la philosophie soit à l'élaboration directe, soit à la fondation d'une vision du monde. Dans le premier cas, par rapport aux visions du monde que tout un chacun est supposé avoir, le paysan de la Forêt-Noire, l'ouvrier, l'érudit, comme les partis politiques, la philosophie n'est elle-même qu'une vision du monde plus personnelle et plus libre à l'égard des préjugés usuels, c'est-à-dire plus « ample » et « profonde » destinée à éclairer le sens et la finalité de l'existence humaine. La philosophie permet ainsi de parvenir à la quiétude en trouvant un appui ferme et ultime dans le monde et dans la vie. Et lorsque l'élaboration d'une vision du monde n'est pas pensée comme la tâche immanente à la philosophie, on attend de cette dernière qu'elle mette en évidence un système de valeurs absolues capable de fonder une vision du monde scientifique[2]. Mais là encore, on est très loin de l'analyse diltheyenne des visions du monde. L'une de ses racines se trouve manifestement dans la doctrine d'un professeur et ami de Dilthey qui a thématisé ce concept : Adolf Trendelenburg.

Dans *De la différence ultime entre les systèmes philosophiques* (1847), Trendelenburg pense les systèmes philosophiques comme des processus vivants dans les esprits, des formations analogues à celles de la nature. Considérant que la possibilité de penser quelque chose, et plus largement l'être, implique une communauté entre la pensée et les choses qu'elle pense, Trendelenburg estime que cette communauté tient à une activité fondamentale, une mobilité (*Bewegung*) de la pensée qu'il conçoit comme « l'originaire » qui « en tant que tel se comprend lui-même ». Indéductible, cette mobilité est intuitive et elle rend l'intuition possible[3]. Trendelenburg reconduit alors les systèmes philosophiques à deux grands types de visions du monde (*Weltansicht*) le naturalisme et l'idéalisme, selon que prédomine la « force » nue ou au contraire la mobilité de la pensée, en qualifiant sa propre position idéaliste de « vision du monde organique ou téléo-

1. Reprenant le terme à Weber, Jaspers oppose en ce sens la philosophie prophétique et celle qui se contente d'observer et qu'il appelle en ce sens « psychologie », *Psychologie der Weltanschauungen*, *op. cit.*, p. 2 *sq.*

2. *Zur Bestimmung der Philosophie*, Berndt Heimbüschel éd., *Gesamtausgabe* (désormais citée GA suivi du volume et de la page), Francfort-sur-le-Main, V. Klostermann, 1987, vol. 56-57, p. 7-10.

3. *Logische Untersuchungen* (1870), tome I, Hildesheim-Zurich-New York, Olms, 1964, p. 202 et 217.

logique »[1]. Sans entrer plus avant dans la filiation entre les pensées de Dilthey et de Trendelenburg, qui considère que toute compréhension relève d'une interprétation et qu'il est nécessaire de faire intervenir le concept de finalité au niveau des organismes vivants, on remarquera simplement que chez Dilthey, « l'activité » sera celle de la vie. Dès 1861, il distinguera ainsi deux types de vision du monde renvoyant à des attitudes à l'égard de la vie : la vision éthique-réaliste se caractérisant par l'affirmation de la vie, la confiance en l'homme (Goethe et Schleiermacher par exemple), et la vision idéaliste opposant à l'homme donné un idéal (par exemple le christianisme ou les philosophies de Kant et de Fichte)[2]. Quel est le contexte de l'analyse diltheyenne de la racine des visions du monde dans sa contribution de 1911 ?

Les premières pages de l'introduction des « Types de vision du monde et de leur déploiement dans les systèmes métaphysiques » intitulée « Du conflit des systèmes » commencent par rappeler les raisons susceptibles de conduire au scepticisme. À l'argument classique du caractère anarchique, chaotique, de la diversité des systèmes philosophiques, Dilthey ajoute l'évanescence apparente de ces derniers : « Nous contemplons rétrospectivement un champ incommensurable de ruines de traditions religieuses, d'affirmations métaphysiques, de systèmes démontrés ». En d'autres termes, l'historicité de ces systèmes incompatibles et contradictoires les uns par rapport aux autres les condamne à ne survivre que sous forme de « débris », de « restes ». Mais par rapport à cet argument classique, Dilthey rappelle ensuite que le déploiement de la conscience historique et la théorie de l'évolution qui apparaît au XVIIIe siècle ont encore intensifié le doute sceptique pour finir par dissoudre la « validité absolue des formes quelconques de vie, de constitution, de religion ou de philosophie ».

Ce qui montre que Dilthey était sensible à l'exigence de validité universelle, c'est le célèbre rêve, initialement un cauchemar, dont la trame était *L'École d'Athènes* de Raphaël et dont une reproduction ornait sa chambre dans la résidence de son ami le comte Yorck : avec une angoisse « indicible », il avait vu se rompre le colloque des figures de ce tableau et ses figures, animées par leurs affinités et leurs aversions réciproques, recomposer des groupes épars correspondant aux types de vision du monde[3]. Mais, à ses yeux, ce désaccord est inscrit dans le projet même de

1. *Über den letzten Unterschied der philosophischen Systeme*, Stuttgart, H. Glockner éd., 1949, p. 19 et 23.

2. *Der junge Dilthey. Ein Lebensbild in Briefen und Tagebüchern. 1852-1870*, Clara Misch éd., Leipzig-Berlin, Teubner, 1933, p. 144 *sq.*

3. *Weltanschauungslehre. Abhandlungen zur Philosophie der Philosophie*, Bernhard Groethuysen éd., GS VIII, 1931, p. 76 et 218 *sq.*, trad. L. Sauzin, *Théorie des conceptions du monde*, Paris, P.U.F., 1946, p. 94 et 269. Comme l'indique aussi la première lettre de Dilthey à Husserl, sa contribution relative aux types de vision du monde ne représente qu'une petite

ces systèmes. Leur échec tient à leur prétention de saisir la cohésion du monde à travers un système de concepts. Et à cette prétention, Dilthey oppose la nécessité pour la philosophie de chercher non dans le monde, mais en l'homme la cohésion interne de ses connaissances, c'est-à-dire de revenir à la vie vécue dont est issue la multiplicité des systèmes.

L'introduction de l'essai de 1911 retrace donc en quelques lignes l'histoire de l'effondrement de la métaphysique que décrivait le second livre de l'*Introduction* de 1883. Et conformément à cette *Introduction* qui considérait la dissolution de la métaphysique comme la condition de l'émergence des sciences de l'esprit, « Les Types de vision du monde » partent de ce "diagnostic" pour penser la compréhension de leurs racines dans la vie[1]. Le mouvement est formellement analogue, mais il n'est plus exactement du même ordre. Ce qu'il s'agit de penser ici, ce n'est plus l'émergence historique des sciences de l'esprit, mais une philosophie capable de saisir cette vie. Cette vie vécue n'est pas une vie subjective à laquelle il serait possible d'opposer un « objectif », c'est la vie telle qu'elle s'éprouve avant la scission du sujet et de l'objet, dans un « y être » propre à l'*Innewerden*, une vie dont sont issus aussi bien les sciences de l'esprit que celles de la nature, aussi bien les systèmes métaphysiques que l'art et la religion. En d'autres termes, la phénoménologie de la métaphysique et de ses échecs doit conduire à une phénoménologie de la vie vécue préthéorique. C'est pourquoi il y a un décalage entre ce projet et la question husserlienne relative à la possibilité de surmonter le scepticisme[2].

La fin de la contribution diltheyenne en récapitule d'abord la teneur en une proposition principale attestée par « la considération historique comparée » : les visions du monde ont pour origine non pas la simple pensée ou le simple désir de connaître, mais un « comportement à l'égard de la vie, l'expérience de la vie, la structure de notre totalité psychique ». Dilthey constate ensuite que le combat entre les visions du monde montre bien que les formes de ces visions ne succombent à la critique que pour céder la place à de nouvelles formes de visions également critiquables, mais que les types, leurs racines en la vie, subsistent[3].

partie de la version plus complète qui sera publiée dans ce tome VIII des *Gesammelte Schriften*.

1. GS VIII, 78, trad. *Théorie des conceptions du monde*, p. 98.

2. Avant même 1883, le journal du 14 novembre 1860 de Dilthey montre qu'il s'agit toujours du projet de sa jeunesse. Dans ce journal, il pense déjà que sa vocation est « de saisir et d'exhiber de façon vivante le plus intime de la vie religieuse dans l'histoire », c'est-à-dire « la vision du monde religieuse-philosophique qui gît sous les ruines de notre théologie et de notre philosophie » (*Der junge Dilthey*, *op. cit.*, p. 140).

3. GS VIII, 86 *sq.*, trad. *Théorie des conceptions du monde*, p. 109 *sq.*

Le concept de *Weltanschauung* n'en reste pas moins ambigu dans la mesure où il renvoie à une configuration psychique qui se situe à la frontière de réalités objectivées et de leur soubassement obscur. Si le terme ne désigne pas une « conception » d'ordre théorique, mais une vision dont la racine est affective et dont le prolongement est volitif dans la mesure où elle détermine l'action, même le terme de « vision » du monde est inadéquat. Aux yeux de Dilthey, les visions du monde reposent en effet sur une « interprétation » (*Auslegung*) initialement affective et « onirique » de celui-ci [1]. Cette interprétation relève d'une compréhension élémentaire préthéorique dans la mesure où elle a pour origine des impressions qui, renouvelées et liées entre elles pour former des complexes, engendrent des humeurs ou des tonalités affectives (*Stimmungen*). Leurs structures sont constituées de trois couches :

> cette structure est une configuration dans laquelle, sur le fond d'une image (*Bild*) du monde, se décident les questions du sens et de la signification du monde et dont dérivent l'idéal, le souverain bien, les principes les plus élevés, relatifs à la conduite de la vie. Elle est déterminée par la légalité psychique selon laquelle la saisie de la réalité dans le cours de la vie fonde la valorisation des états et des objets en tant que plaisir et déplaisir, goût et dégoût (...) cette valorisation de la vie constituant elle-même la couche à partir de laquelle se forment les déterminations de la volonté [2].

Les visions du monde constituées ne sont donc pas les éléments ultimes auxquels remontent l'analyse diltheyenne, mais déjà des résultats, des « objectivations » [3]. La racine des visions du monde, c'est donc la vie, et chacune d'elles relève d'une herméneutique originaire de la vie par la vie.

Surpris par la critique de *Logos*, c'est sa considération pour Husserl et leur relation amicale qui motive la première lettre de Dilthey. Cette lettre proteste d'abord contre l'accusation d'incarner, même à son corps défendant, un historicisme conduisant au scepticisme et d'avoir renoncé à l'exigence d'un savoir à validité universelle. Et c'est en ce sens que Dilthey renvoie à son projet initial de fondation des sciences de l'esprit, c'est-à-dire d'élaboration d'une « critique de la raison historique ». Mais comme ce projet est lui-même indissociable d'une critique de la métaphysique, la question est donc de savoir ce qu'il faut entendre par cette critique. Renvoyant à *L'Essence de la philosophie* de 1907, Dilthey revient à deux

1. GS VIII, 79 et 80, trad. *Théorie des conceptions du monde*, p. 99 et 101, et GS V, 379, trad. *Le Monde de l'esprit* I, 379.

2. GS VIII, 82, trad. *Théorie des conceptions du monde*, p. 104.

3. GS VIII, 233, trad. *Théorie des conceptions du monde*, p. 284 *sq.*

reprises sur le fait que cette critique prolonge celle entreprise dès le XVIIIe siècle et visant la prétention de la métaphysique classique à se constituer comme science. Sur ce point, il estime ne tirer aucune conclusion du simple constat historique de cet échec de la métaphysique, c'est-à-dire de la diversité et du caractère transitoire de ses systèmes, mais, dans l'esprit des critiques propres au positivisme et antérieurement à « Voltaire, Hume et Kant », en chercher les « raisons ». À ses yeux, l'échec de la métaphysique est inscrit dans son « essence » même, c'est-à-dire dans sa prétention à enserrer la diversité des relations vitales en un réseau coercitif de concepts.

La correspondance revient ensuite sur cette reconduction des systèmes aux « formes de vie » dont ils sont issus, ce geste des *Types de vision du monde* s'inscrivant, comme on l'a vu, dans la continuité de l'intention de l'*Introduction* de 1883. La brièveté de ce rappel ne pouvait être en lui-même éclairant, car que signifie « forme de vie » ? Seule une relecture de la contribution était susceptible de faire entendre cette expression en un sens non trivial, c'est-à-dire en tant qu'interprétation pré-théorique de la vie. Comme le précise sa contribution, cette interprétation affleure non dans les constructions conceptuelles des sciences ou des systèmes métaphysiques rationnels qui visent une connaissance, mais dans la métaphysique naturelle ou originaire, la conscience métaphysique, qui, comme la religion et la poésie, comprend le tout quant à sa signification et à son sens[1]. C'est aussi pour cette raison qu'aux yeux de Dilthey une religion ou un art « valables », c'est-à-dire doués d'une validité universelle, ne traduiraient plus cette appréhension primitive de la vie et du monde.

Répondant à l'affirmation réitérée qui clôt *La Philosophie comme science rigoureuse* et selon laquelle le travail scientifique de la philosophie s'accomplit par essence « dans l'intuition directe », c'est-à-dire une intuition des essences, Dilthey ne peut que se démarquer des philosophies de l'intuition dans la mesure où sa philosophie de la vie implique une connaissance purement comparative et herméneutique de ses objectivations[2].

Comment entendre la réponse de Husserl qui commence par conforter Dilthey dans le sentiment que leur désaccord est superficiel ? Malgré la critique nominative de *Logos*, Husserl affirme ne pas l'avoir visé et vouloir publier une note en ce sens dans la revue. Cela étant, alors que l'article de *Logos* est plutôt un manifeste qui n'entre pas dans des analyses philosophiques élaborées, sa lettre se situe sur un tout autre plan. Husserl y défend la nécessité de rapporter les sciences de l'existant à la doctrine

1. GS VIII, 82, trad. *Théorie des conceptions du monde*, p. 103, et *Weltanschauung und Analyse des Menschen seit Renaissance und der Reformation*, Georg Misch éd. GS II, 1960, p. 496 *sq*.

2. *Hua* XXV, 62.

phénoménologique des essences, c'est-à-dire à une phénoménologie de la culture dont il élabore à l'époque les premières ébauches. Par rapport aux sciences empiriques de l'esprit, cette phénoménologie aurait pour tâche de mettre à jour les lois idéales *a priori* permettant de déterminer la validité des religions ou des arts empiriquement relatifs. Mais Dilthey pouvait-il recevoir la suggestion que le véritable retour à « la vie intérieure », aux formes de vie, signifie un revivre ou une compréhension de motivations relevant d'une « conscience intuitive » à partir de laquelle « nous créons une religion comme unité idéale » ? Comment entendre l'affirmation husserlienne de la complémentarité entre l'analyse phénoménologique élémentaire et l'analyse phénoménologique globale s'aidant de la « morphologie et de la typique des grandes figures culturelles que vous avez mis à jour », si ce n'est au sens de l'identité de projet de leurs travaux respectifs ?

La virulence de l'article de *Logos* peut laisser croire que Husserl met ainsi fin à une discussion avant qu'elle n'ait véritablement commencée. La seconde lettre de Dilthey le remerciant de ses éclaircissements ne recevra pas de réponse. Husserl n'a manifestement pas estimé utile ou possible d'aborder la question de la réduction phénoménologique dans le cadre de cette correspondance. Du côté de Dilthey, deux remarques manuscrites témoignent de sa probable déception malgré les assurances réciproques de l'identité de leurs points de vue. D'abord, un manuscrit destiné à prolonger *L'Édification*. Dilthey y critique la tendance, antérieurement déjà dénoncée chez Brentano, à créer des « entités abstraites » à partir desquelles est reconstituée la vie, une tendance à ses yeux encore plus exacerbée chez Husserl[1]. Ensuite, une note en marge dans son exemplaire de *La Science comme philosophie rigoureuse* où il remarque à propos de Husserl : « un authentique Platon »[2].

Si son décès empêchera Dilthey de revenir de cette dernière impression, les effets pour Husserl de leur rencontre ont à peine commencé à se faire sentir et leur nature pouvait difficilement être pressentie à la seule lecture de *Logos* et de sa lettre ultérieure. Mais la difficulté théorique de cette lettre témoigne néanmoins d'un réel souci d'explication et l'affirmation de leur convergence définit en réalité un programme, celui d'une phénoménologie de la culture, que Husserl tentera lui-même de mener à bien au cours des années suivantes. Le caractère rétrospectivement relatif de son désaccord avec Dilthey est encore attesté par sa lettre de juin 1930 à Misch auquel il a donné son accord pour que les lettres de cette correspondance soient

1. GS VII, 237.
2. Voir GS VII, 237 *sq.* et l'introduction de Misch à GS V, p. CXII.

publiées à la fin de l'ouvrage intitulé *Lebensphilosophie und Phänomenologie*. Tout véritable penseur, lui écrit Husserl :

> devrait modifier son nom tous les dix ans, car il est alors devenu un autre. Dilthey accompli a affaire au Husserl qui, en formation, en est à une forme intermédiaire, à son stade médiéval. Considérée à partir du Husserl parvenu seulement maintenant à une forme achevée, la vieille dispute paraît curieuse [1].

Si l'on ne peut donc en rester à la « curiosité » de cette correspondance de 1911, c'est seulement plus d'une décennie plus tard que Husserl reconnaîtra l'importance des travaux diltheyens pour sa phénoménologie.

1. Lettre à Misch du 7 juin 1930, *Briefwechsel*, Band VI, *op. cit.*, p. 281.

LA COMMUNAUTÉ DE PENSÉE ENTRE HUSSERL ET DILTHEY (1912-1925)

La correspondance de 1911 marque ainsi le creux de la réception husserlienne de Dilthey par rapport à la reconnaissance des années vingt dont il est par ailleurs difficile de marquer le terme. La critique de *Logos* cache en effet l'impact pour l'essentiel à retardement et souterrain de la rencontre avec Dilthey dans la mesure où dans les années qui la suivent immédiatement les questions qui occupent prioritairement Husserl sont celle de la temporalité et celle de l'intersubjectivité directement appelée par la réduction phénoménologique, et, du même coup, la question de l'incarnation[1].

La lettre du 9 août 1920 de Husserl remerciant Rickert de son envoi de *Die Philosophie des Lebens* (*La Philosophie de la vie*), est un des témoins indirects du changement de ton par rapport à *Logos* et du sentiment de sa proximité avec les recherches diltheyennes. L'audience dans l'après-guerre de Dilthey, le rayonnement de son école (représentée au début des années vingt par Nohl, Misch, Rothaker et Spranger), et plus largement des philosophies de la vie, explique la nécessité éprouvée par Rickert de consacrer un ouvrage à leur critique. Dans une perspective et un ton comparables à ceux de l'article de *Logos*, Rickert y dénonçait le « courant à la mode » des philosophies de la vie propres à Nietzsche, Kierkegaard, Dilthey, Jaspers..., Dilthey se voyant même refuser le statut de véritable philosophe et réduit à celui d'historien. Loin d'abonder dans le sens de Rickert comme sa critique de 1911 aurait pu le laisser penser, Husserl lui répond le rejoindre dans sa critique du biologisme, c'est-à-dire du naturalisme; en revanche, il ne reprend pas la critique inverse de l'historicisme et prend la défense de Jaspers. Plus encore, après lui avoir déclaré qu'il devait exercer une autorité éducative sur la jeunesse de leur époque et indiqué que les modes ne

1. En février 1905, juste avant qu'il ne se rende à Berlin où il espérait aussi rencontrer Simmel, Husserl commence ses premières leçons sur la phénoménologie du temps (K. Schuhmann, *Husserl-Chronik*, *op. cit.*, p. 89).

peuvent être surmontées que par des recherches scientifiques dénuées de polémique, Husserl achève sa lettre en le félicitant d'avoir pu accomplir le travail de sa vie et « se reposer » de la peine exigée par le travail de la pensée pure par des « excursions » ou des distractions critiques[1]...

Comme chez Heidegger, c'est en 1925 que se situe le point culminant de sa reconnaissance de Dilthey. À cette époque au plus tard, Husserl a lu les *Idées pour une psychologie descriptive et analytique* qui témoignent mieux que *Les Types* et l'*Introduction* de 1883 du projet diltheyen. Le cours du semestre d'été 1925 intitulé *Psychologie phénoménologique* qualifie ainsi son travail de « génial » et Husserl y reconnaît « l'unité intime » de leurs projets. Mais cette reconnaissance reste néanmoins encore ambivalente. Comme sa lettre de 1911, le cours pointe encore un manque de rigueur diltheyen en visant non pas son historicisme, mais, étonnamment, son biologisme; Dilthey n'aurait pu aller au-delà d'une histoire naturelle des figures de l'esprit, de « généralités typiques biologiques », pour mettre en évidence des lois[2]. De même en 1928, si Husserl va jusqu'à considérer que le projet diltheyen de psychologie descriptive va plus loin que celui de Brentano, la critique se durcit encore dans la mesure où Dilthey n'aurait réussi ni à dépasser une psychologie de « l'intériorité monadique de l'homme singulier », ni à saisir le problème de l'objectivité des configurations de l'esprit[3]. Autrement dit, il reviendrait à la phénoménologie de réaliser le projet diltheyen. Si la première critique est difficilement recevable du côté de Dilthey, la seconde reprend celle de 1911.

La première question est donc de savoir dans quelle mesure l'arrêt en 1911 du dialogue initial avec Dilthey est seulement provisoire. Mais, il est également nécessaire de se demander ce qui, dans la pensée de Husserl, a préparé et rendu cette réception possible, ou encore si la phénoménologie husserlienne n'a pas dès l'origine une dimension herméneutique. Une troisième et dernière question mérite ici d'être posée : si l'appropriation des *Recherches Logiques* par Dilthey s'est révélée déterminante pour l'élaboration de sa philosophie herméneutique, dans quelle mesure les travaux husserliens des années vingt et trente sont-ils eux-mêmes

1. *Briefwechsel*, Band V, *op. cit.*, p. 182 *sq.*

2. *Phänomenologische Psychologie*, W. Biemel éd., *Hua* IX, 1962, respectivement p. 6 et 13, 17, 19, trad. Ph. Cabestan, N. Depraz et A. Mazzu, *Psychologie phénoménologique*, Paris, Vrin, 2001.

3. *Hua* IX, 354 et 361 *sq.* Cette dureté n'est pas sans rapport avec la critique husserlienne d'*Être et temps* qui pointe son arrière-plan diltheyen (voir *Aufsätze und Aufträge (1922-1937)*, Thomas Nenon et Hans Reiner Sepp éd., *Hua* XXVII, 1989, p. 164 *sq.*, trad. D. Franck, *Notes sur Heidegger*, Paris, Éd. de Minuit, 1993, p. 57).

susceptibles de contribuer à la pensée herméneutique ? C'est notamment de ce point de vue que Misch a cherché à poursuivre le dialogue avec Husserl.

Il est d'autant plus difficile d'en rester à l'article de *Logos* pour y déceler l'impact des rencontres entre Dilthey et Husserl que ce dernier en a lui-même rétrospectivement relativisé la portée en rappelant que sa destination était populaire et en le qualifiant de grossier[1]. Comme Husserl le confie à Misch en 1929, c'est de ses quelques discussions berlinoises avec Dilthey que lui est venue une impulsion qui l'a conduit des *Recherches Logiques* aux *Ideen*. « Concrètement accomplie » seulement entre 1913 et 1925, poursuit Husserl, la phénoménologie des *Ideen* a conduit à « la plus intime communauté avec Dilthey »[2]. Dans les *Ideen* II, Husserl sait explicitement gré à Dilthey de lutter contre la naturalisation de l'esprit et, comme ce dernier l'indique lui-même dans une lettre à Yorck von Wartenburg, c'est effectivement dans cette optique qu'il avait travaillé à la nomination de Stumpf à Berlin en 1893. La déclaration liminaire de la troisième et dernière section des *Ideen* II consacrée à la constitution de l'esprit invite ainsi à reconnaître le « mérite impérissable de Dilthey » en ce qui concerne l'analyse du monde social et historique. Comment entendre cette déclaration générale dans la mesure où il n'est ensuite plus fait mention de Dilthey ?

Si l'on tente de lire avec les yeux de Dilthey cette troisième section des *Ideen* II, la communauté de la direction de recherche et des concepts mis en œuvre à cet effet est frappante. L'invitation à reconnaître Dilthey n'a en ce sens rien de formel ou de purement préliminaire, mais donne à penser que c'est l'ensemble de la section qui est placée sous le signe de Dilthey. Sans donner lieu à une explication plus élaborée avec la pensée diltheyenne, cette invitation est manifestement la trace du projet inabouti, non pas d'insérer une simple note dans *Logos* comme l'indique sa correspondance, mais de clarifier dans le second livre des *Ideen* sa position par rapport à Dilthey[3]. Comme le remarquent aussi les conférences de Cassel, c'est sur l'impulsion diltheyenne que Husserl y pense le sujet intentionnel comme *ego* spirituel ou personnel, c'est-à-dire comme sujet en relation cognitive, émotive ou volitive avec un monde ambiant ou environnant[4].

1. Lettre à Misch du 3 août 1929, *Briefwechsel*, Band VI, *op. cit.*, p. 277.

2. Lettre à Misch du 26 juin 1929, *Briefwechsel*, *ibid.*, p. 275.

3. Lettre à Misch du 3 août 1929, *Briefwechsel*, *ibid.*, p. 277 *sq.*

4. Heidegger y revient encore dans le cours consacré à l'histoire du concept de temps : « Dilthey fut le premier à comprendre les intentions de la phénoménologie. Dès les années soixante, son travail visait à élaborer une nouvelle psychologie, en des termes très généraux une science de l'homme qui le saisisse primitivement tel qu'il existe en tant que personne, en tant que personne agissante dans l'histoire » (*Prolegomena zur Geschichte des Zeitbegriffs*,

Dilthey aurait probablement « reconnu » son concept de structure psychique acquise ou héritée, dont le fond est constitué par un complexe pulsionnel, dans la description husserlienne de la vie égologique irréfléchie, de sa détermination par « l'efficace » « aveugle » d'associations, de pulsions, d'affects, par des « instincts originaires » et par l'ensemble de ses habitudes [1], c'est-à-dire de comportements (*Verhalten*) [2]. Et il aurait aussi manifestement retrouvé son exigence, critique à l'égard de Kant, d'une psychologie concrète dans l'affirmation husserlienne selon laquelle « l'*ego* n'est pas un pôle vide, mais le porteur de son habitus », c'est-à-dire constitué par une histoire. Il aurait encore reconnu son exigence de faire de la biographie le noyau de la connaissance historique dans le constat que l'unité de la personne concrète doit donc être saisie à travers « le cours de sa vie » [3].

De même, la description husserlienne du monde ambiant de l'*ego* répond à l'idée diltheyenne d'un monde de l'esprit constitué de configurations sociales et historiques signifiantes. Irréductible à un monde d'essences purement idéales, ce monde ambiant de l'*ego* comporte des outils, des œuvres d'art, et il est du même coup intersubjectif, monde ambiant commun, constitué de communautés et d'institutions. Les « objets de type spirituel », ou en termes diltheyens les configurations de sens, ces unités de chair et de sens, ce sont « donc non seulement les hommes singuliers, mais aussi les communautés humaines, ainsi que toutes les formations de la culture, toutes les œuvres individuelles et sociales, les institutions, etc. ». Toute perception est en cela signifiante, ou, comme dit Husserl, « perception de valeur », par exemple celle de la phrase, du drame, mais aussi de l'objet en tant qu'il a telle ou telle valeur d'usage : le charbon perçu « en tant que matériau de chauffage ». Ce sens ne se surajoute pas à sa réalité physique, précise encore Husserl, mais le constitue en tant que tel [4]. Cet élargissement du concept d'ego implique une transformation des modalités de sa connaissance.

La distinction entre la causalité régissant les relations entre les réalités naturelles et la motivation déterminant les relations entre la personne et son

Petra Jaeger éd., GA 20, 1994, p. 163 et 164, 166). Voir aussi l'article de *Logos* qui mentionne cette dimension personnaliste en reportant à plus tard son élucidation (*Hua* XXV, 37 *sq.*).

1. Respectivement *Idées pour une psychologie descriptive et analytique*, GS V, 177 *sq.*, 185, trad. *Le Monde de l'esprit* I, 182 *sq.* et 190 *sq.*, et *Ideen zu einer reinen Phänomenologie und Phänomenologischen Philosophie* II, Marly Biemel éd., *Husserliana* IV, 1952, p. 248, 255 et 276, trad. E. Escoubas, *Recherches phénoménologiques pour la constitution*, Paris, P.U.F., 1982. Sur la conception de l'*ego* en termes de comportement, voir encore *Hua* IV, 185 et 192.

2. *Hua* IV, 249-251 et 253.

3. *Hua* IV, 272, 277 et 300.

4. Voir respectivement *Hua* IV, 243 et *Hua* IV, 186 *sq.* et 237 *sq.* En ce qui concerne Dilthey, voir GS VII, 207 *sq.*

monde ambiant et qui permet de penser la légalité de la vie de l'esprit[1] recoupe la distinction diltheyenne, entre l'expliquer et le comprendre dans la mesure où ces motivations demandent à être comprises. Mais la motivation n'est compréhensible que dans la mesure où elle s'exprime, et la compréhension est ainsi compréhension d'une expression. Penser cette constitution du monde de l'esprit implique ainsi l'intervention des trois concepts diltheyens fondamentaux du vécu, de l'expression et de la compréhension.

Si le concept de motivation se voit ainsi considérablement élargi par rapport à l'usage qu'en faisait les *Ideen* I[2], il en va de même de celui d'expression dans la mesure où l'« *expérience compréhensive* » de l'existence d'une autre personne, de ses motivations[3], passe par la compréhension des expressions de son corps, d'un regard, d'« une mimique, de gestes, des mots ». La compréhension réciproque des personnes, c'est-à-dire de leur corporéité et de son « sens spirituel », de leur physionomie et de leur langage comme signifiant une vie personnelle, requiert donc une interprétation[4]. Par rapport à la compréhension des œuvres impliquant l'intervention d'une interprétation savante, c'est précisément cette compréhension des mimiques et des gestes que Dilthey appelle élémentaire. Chez ce dernier, une telle compréhension s'inscrit facilement dans le cadre de l'idée selon laquelle la conscience suppose l'expérience d'une résistance et du souci de penser un sujet concret; mais, et c'est là un apport husserlien que Dilthey n'aurait probablement pas manqué de reconnaître, ce sont les analyses phénoménologiques relatives au corps propre et à l'*ego* comme un *je peux* qui fondent cette compréhension élémentaire.

En revanche, si Dilthey indiquait dans sa première lettre à Husserl ne pas être un philosophe de l'intuition, il est remarquable que ce dernier ait jugé devoir introduire un concept spécifique nouveau pour nommer la saisie compréhensive « en un éclair » de configurations d'ordre non seulement historique mais également logique : le concept non pas de vision (*Anschauung*), mais d'intuition (*Intuition*).

> Nous parlons ici d'intuition (*Intuition*), écrit Husserl, terme qui très souvent signifie justement le contraire d'intuition (*Anschauung*), c'est-à-dire signifie un pressentiment, un prévoir sans voir,

1. *Hua* IV, 189.

2. *Ideen zu einer reinen Phänomenologie und phänomenologische Philosophie* I, Walter Biemel éd., *Hua* III/ 1,342, trad. P. Ricœur, Paris, Gallimard, 1950, p. 289.

3. Respectivement *Hua* IV, 245-247 et 191, souligné par Husserl.

4. *Hua* IV, 192, 204 et 244.

> une saisie par anticipation obscure, j'entends symbolique, et qui demande à être déterminé clairement et distinctement[1].

Cette intuition que l'on peut appeler compréhensive et qui appelle l'explicitation propre à une interprétation est bien proche de cette intuition herméneutique dont parle Heidegger dans son premier cours fribourgeois et que Greisch considère comme contenant « l'essentiel de la mutation herméneutique de la phénoménologie »[2]. Bien que Husserl ne le spécifie pas lui-même, cette obscure anticipation de l'*Intuition* intervient au-delà de la sphère de la compréhension de ces expressions corporelles que sont les regards ou les mimiques, à savoir dans les « vécus de la *conscience sociale* », dans la perception des outils, des monuments et des institutions, qui témoignent de l'activité pratique des hommes. Autrement dit, comprendre le corps dans son sens, c'est déjà le saisir comme « *esprit objectif* »[3]. Par rapport à la conception de l'expression défendue par les *Recherches* qui en excluait l'indice, il est remarquable que Husserl réintroduise ici les « sceaux, colliers de cérémonie, insignes de souveraineté, symboles liturgiques », qui inclinent à penser le sens comme essentiellement historique. Et dans le cadre de cette phénoménologie de la culture, la compréhension du sens implique donc aussi celles des restes et des vestiges qui font partie de notre monde ambiant. Mais de quel ordre est cette compréhension ? Et comment entendre l'affirmation selon laquelle le monde ambiant est « toujours en devenir, dans une production de soi incessante, par des mutations de sens et des formations de sens toujours nouvelles »[4] ? Le statut de cette *Intuition* primitive reste problématique dans la mesure où si Husserl n'a jamais renoncé à penser la connaissance comme intuition d'un *a priori*, il paraît moins évident de voir dans ces facticités historiques de simples exemples de connexions idéales comme le fait l'article de *Logos*.

Quoi qu'il en soit, il reste à comprendre ce qui a permis une telle réception de Dilthey par Husserl, c'est-à-dire à saisir les limites de ce que ce dernier appelait leur communauté de pensée. La question est de savoir s'il est possible de mettre en évidence non de simples recoupements, voire de simples analogies, entre des motifs secondaires, mais une convergence des lignes directrices des projets husserlien et diltheyen au terme de chemi-

1. *Hua* IV, 273 *sq.*

2. Respectivement GA 56-57,117 et *Ontologie et temporalité. Esquisse d'une interprétation intégrale de Sein und Zeit*, Paris, P.U.F., 1994, p. 25.

3. *Hua* IV, 184 (souligné par Husserl) et *Hua* IV, 244, souligné par Husserl qui explicite ce rapport d'expression en le comparant à celui du sens d'un texte aux signes d'écriture qui l'expriment.

4. *Hua* IV, 182 et 186.

nements différents. Une telle convergence relativiserait l'importance de la réduction phénoménologique et rendrait mal compte d'une critique de Dilthey comme celle de l'article de *Logos* et, inversement, des critiques de l'intentionnalité par Dilthey et Heidegger. Les analyses visant à montrer la dimension herméneutique de la pensée de Husserl, si ce n'est – et pour reprendre l'expression de Ricœur – les tentatives de l'« enrôler » dans l'histoire de l'herméneutique ne manquent pas [1].

Peut-on par exemple parler de variations interprétatives à propos des esquisses ou des profils sous lesquels se donnent les objets de la perception [2] ? Ou penser la réduction qui remonte en sens inverse le processus de constitution du sens comme comportant « deux moments herméneutiques » dans la mesure où, remontant des signes vers l'intention qui les anime, l'irréductible tension entre ce que la conscience vise et le sens visé lui-même rendrait cette tâche infinie [3] ? Ou encore se référer à l'usage des termes de *Deutung* et d'*Auslegung* ? La difficulté est simultanément de savoir ce qu'il faut entendre par le terme d'herméneutique. Autrement dit, quelle limite faut-il mettre à l'extension de ce concept dans la mesure où l'on a pu parler d'une herméneutique de Kant, des quanta ou des nombres entiers.

C'est la question que pose par exemple le rapprochement de Rudolf Boehm entre Husserl et Nietzsche. La suggestion est en effet la suivante : la constitution chez Husserl ne doit-elle pas être pensée en terme d'interprétation (*Deutung*) comme l'interprétation chez Nietzsche en terme de constitution [4] ? Or en dehors du fait que Nietzsche a fait le deuil de l'idée de « présence originelle », la difficulté de la comparaison tient à ce qu'elle porte sur un thème isolé de son contexte, c'est-à-dire de ce qui lui donne précisément son sens. Ainsi, pour trouver un équivalent de la constitution husserlienne dans la pensée de Nietzsche, il faut la couper de l'idée d'une subjectivité constituante, et pour trouver un équivalent de l'idée nietzschéenne

1. *Le Conflit des interprétations*, Paris, Seuil, 1969, p. 12.

2. Pour « retourner aux choses-mêmes », il faudrait « multiplier les "interprétations" pour s'assurer que l'essentiel a été bien cerné », écrit par exemple J. Grondin, « La contribution silencieuse de Husserl à l'herméneutique », in *Philosophiques* t. XX, n° 2, 1993, p. 384.

3. Si l'on considère le sens en son acception husserlienne la plus élevée, c'est-à-dire la signification logique, l'écart entre l'intention de signification et le remplissement de signification n'implique pas d'interprétation comme suffit à le montrer l'exemple de l'écart entre le concept géométrique et ses diverses figurations possibles (*Logische Untersuchungen. Untersuchungen zur Phänomenologie und Theorie er Erkenntnis*, Ursula Panzer éd. *Hua* XIX/1, 1984, p. 70, trad., H. Elie, A.L. Kelkel et R. Scherer, *Recherches logiques* II, 1, *Recherches pour la phénoménologie et la théorie de la connaissance*, Paris, P.U.F., 1991, p. 74).

4. « Deux points de vue : Husserl et Nietzsche », in *Archivio di Filosofia*, n° 3, Padoue, 1962, p. 167-181, ici p. 173 *sq.*, et en ce qui concerne Husserl, *RL*, *Hua* XIX/1,399, trad. *op. cit.* p. 188 *sq.*

d'interprétation dans la pensée de Husserl, il faut oublier que cette interprétation est le fait d'une diversité irréductible de pulsions, par rapport à laquelle tout idée d'un moi ou d'un *ego* relève simplement d'une fiction grammaticale. C'est aussi le problème posé par l'article de John D. Caputo intitulé « Husserl, Heidegger and the question of "hermeneutic" phenomenology ». Cherchant à mettre en évidence l'élément herméneutique de la pensée husserlienne dès les *Ideen* I[1] pour comprendre l'élaboration de la phénoménologie herméneutique propre à *Être et temps*, Caputo va jusqu'à parler de proto-herméneutique[2] à propos de la pensée de Husserl en considérant l'herméneutique comme la théorie des pré-structures implicitement à l'œuvre dans toute perception, comme le mouvement d'explicitation de cet implicite. Une telle explicitation d'un implicite suffit-elle à signer la dimension herméneutique de sa phénoménologie ?

La question de savoir ce qu'il faut entendre par herméneutique à propos de Husserl se pose d'autant plus qu'il ne thématise pas lui-même la notion, bien qu'on en trouve une remarquable occurrence dans la conférence de 1931 intitulée « Phénoménologie et anthropologie ». On pourrait être tenté d'y voir le témoignage que, par-delà même la reconnaissance de 1925, sa phénoménologie irait jusqu'à prendre un tour herméneutique. Dans cette conférence, qui commence et se termine par un hommage à Dilthey, Husserl écrit :

> L'authentique analyse de la conscience est pour ainsi dire l'herméneutique de la vie de la conscience en tant qu'un étant (identique) visant continuellement et se constituant intentionnellement dans des multiplicités de conscience qui lui appartiennent essentiellement[3].

De son côté, Georges Heffernan a pu voir dans *Logique formelle et logique transcendantale* « l'œuvre husserlienne la plus importante sur l'herméneutique, c'est-à-dire un traité entre autres sur la méthode de la compréhension correcte »[4]. Partant des éclaircissements de l'introduction de *Logique formelle et Logique transcendantale* pour en examiner la méthode, il remarque que celle-ci reprend de façon plus élaborée la maxime des *Recherches Logiques* invitant à retourner aux choses mêmes[5] dans la mesure où sont distingués deux moments dont le premier doit conduire des mots au sens, et le second du sens à la chose. Comment l'entendre ?

1. À savoir dès les § 47-49, cf. « Husserl, Heidegger and the question of "hermeneutic" phenomenology », *Husserl Studies* I, 1984, p. 164-167.

2. *Ibid.*, p. 158 et 168.

3. *Hua* XXVII, 177, trad. *op. cit.*, p. 70.

4. *Am Anfang war die Logik*, Amsterdam, Grüner, 1988, p. 13 *sq.*

5. *Hua* XIX/1,10, trad. *op. cit.*, *RL* II, 1, p. 6 et dans le même sens *Hua* XXV, 21.

Cette méthode du retour aux choses-mêmes relève d'une prise de conscience (*Besinnung*), c'est-à-dire d'une « explicitation originelle du sens (*Sinnesauslegung*) comprise radicalement, explicitation qui amène et d'abord tend à amener le sens qui se trouve sous le mode de l'opinion qui manque de clarté à l'état de sens qui se trouve sous le mode de la plénitude de clarté ou de la possibilité d'essence »[1]. Mais c'est au paragraphe 16 b qu'est thématisé le plus clairement le double mouvement de ce retour, les deux types d'évidences qu'il s'agit de ne pas confondre. Le premier moment qui va des mots au sens vise à comprendre l'intenté en tant que tel dans l'évidence de la distinction (*Deutlichkeit*) sans que n'intervienne encore la question de la vérité, alors que le second moment qui va du sens à la chose conduit à l'évidence de la clarté (*Klarheit*) dans laquelle la chose nous est donnée en personne – Heffernan y voyant le moment de la vérification ou de la falsification[2]. Pour autant que la phénoménologie comme *Besinnung* est une méthode, celle-ci est à ses yeux herméneutique.

Besinnung mérite d'autant plus que l'on s'y arrête que c'est aussi un concept fondamental de la pensée diltheyenne, bien plus que celui d'*Auslegung* par exemple. D'un côté, il faut immédiatement entendre *Sinn* dans *Besinnung*, et on peut être tenté de prendre au sens littéral le fait que la *Besinnung* ne renvoie qu'au premier moment de l'explicitation, à savoir à l'explicitation du sens ; autrement dit, *Besinnung* est identique à *Sinnauslegung* au sens étroit de l'expression. Mais comme les deux moments de l'explicitation appartiennent à un même processus et que le sens même du premier se trouve dans l'accomplissement du second, le terme désignant le premier des deux en vient à désigner l'ensemble. Autrement dit, en tant qu'elle est le chemin conduisant à la clarification et que celle-ci dépend en partie du degré de distinction atteint, la *Besinnung* tend à désigner non seulement le premier moment théoriquement limité à la sphère de la pure signification, mais l'ensemble des deux moments[3]. Par ailleurs, ce sens

1. *Formale und Transzendentale Logik. Versuch einer Kritik der logischen Vernunft*, Paul Janssen éd., *Hua* XVII, 1974, p. 13, trad. S. Bachelard, *Logique formelle, logique transcendantale. Essai d'une critique de la raison logique*, Paris, P.U.F., 1984, désormais cité *Logique formelle et Logique transcendantale*, p. 13 *sq.*

2. *Am Anfang war die Logik*, *op. cit.*, p. 14.

3. S. Bachelard traduisant « distinction et clarté », § 16 b : « Ici se séparent *deux évidences*, celle dans laquelle le *jugement lui-même*, en tant que jugement, vient à être donné en personne : le jugement s'appelle alors distinct (...). Deuxièmement, nous avons affaire aussi à *cette évidence* dans laquelle vient à être donné en personne *ce à quoi veut arriver "à travers" son jugement celui qui juge* », « juger explicitement n'est pas encore juger avec clarté, en tant que juger avec *clarté* c'est posséder aussi dans l'effectuation des démarches du jugement la clarté des choses et dans le jugement pris en sa totalité *la clarté de l'état de choses* » (*Hua* XVII, 65, trad. p. 85 *sq.*).

large est celui de la langue allemande dans laquelle *Besinnung* signifie prise de conscience[1], réflexion, souvenir au sens de pensée rétrospective, méditation[2]. Et Husserl l'emploie en ce sens lorsqu'il affirme, au paragraphe 104 de *Logique formelle et Logique transcendantale* que la science susceptible de fonder la connaissance, la phénoménologie transcendantale, est « auto-explicitation », « prise de conscience par soi-même de la subjectivité transcendantale » (ou encore lorsqu'il parle de *Rückbesinnung* dans les textes de la *Krisis*). En réalité, il en va de même en ce qui concerne *Sinnauslegung*, le terme de *Sinn* ne désignant pas la simple signification sémantique, mais, s'employant, comme en français, pour parler du bon sens ou du sens de la vie, et c'est cette même expression de *Sinnauslegung* qui nomme dans le paragraphe 17 l'explicitation du sens de l'*époké* cartésienne.

L'exposition de ces deux moments de l'explicitation phénoménologique se retrouve aussi dans le paragraphe 20 intitulé « Distinction (ou élucidation)[3] et clarification » (*Verdeutlichung und Klärung*) des *Ideen* III[4] où le terme d'explication /*Explikation* se substitue à celui d'explicitation /*Ausslegung*. Husserl y différencie les deux niveaux de la *Verdeutlichung* et de la *Klärung* qu'il appelle aussi *Wortverdeutlichung* et *intuitive Verdeutlichung*, expressions qui rappellent l'unité finale des deux moments de l'explication ou, ici, de la *Deutung*. Comme dans l'introduction de *Logique formelle et Logique transcendantale*, la *Verdeutlichung* doit éclairer le sens de l'énoncé, ce dernier pouvant avoir différentes significations ; en revanche, « avec la clarification, nous allons au-delà de la sphère des pures significations verbales et du penser des significations, nous faisons se recouvrir les significations avec le noématique de l'intuition »[5]. Moins amplement développée, cette distinction se retrouve encore dans le paragraphe 66 des *Ideen* I avant que Husserl n'approfondisse le sens de la clarification dans les deux paragraphes suivants.

Ce qui justifie néanmoins l'intérêt particulier de *Logique formelle et Logique transcendantale*, c'est le fait que l'on y trouve clairement thématisée l'idée d'un démantèlement préalable et nécessaire des préjugés

1. Comme traduit S. Bachelard pour tenir compte l'activité impliquée par ce terme.

2. Comme traduit G. Granel dans *La Crise des sciences européennes et la phénoménologie transcendantale*, Paris, Gallimard, 1976, p. 85.

3. Trad. respectives de S. Bachelard et J. Derrida, *L'Origine de la géométrie*, Paris, P.U.F., 1990, introduction, p. 42 note, ou cf. encore "éclaircissement" comme traduisent Elie, Kelkel et Schérer, *RL* II, 1, introduction, *op. cit.*, p. 4.

4. *Ideen zu einer reinen Phänomenologie und phänomenologische Philosophie* III, Marly Biemel éd., *Hua* V, 1971, p. 101-105, trad. D. Tiffeneau, *La Phénoménologie et les fondements des sciences*, Paris, P.U.F., 1993, p. 121-126.

5. *Hua* V, 101 *sq.*, trad. *op. cit.* p. 121 *sq.*

ou des sédimentations traditionnelles qui résistent à la clarification[1]. Autrement dit et pour autant que *Logique formelle et Logique transcendantale* soit ici le texte le plus éclairant, la communauté de pensée entre Dilthey et Husserl est plus à chercher du côté des analyses husserliennes directement relatives à l'historicité. L'idée d'un tel démantèlement donne déjà une tout autre ampleur à l'affirmation des *Ideen* I et III selon laquelle l'explication doit donner un sens nouveau, redonner la vie, aux anciens mots[2]. Et c'est en ce sens que Husserl écrit : « la *Besinnung* radicale est *eo ipso* en même temps critique qui sert à la clarification originelle », dans la mesure où il lui faut « détacher les préjugés provenant de superpositions par glissements associatifs, biffer les préjugés » opposés au remplissement. « Elle part, précise encore Husserl, des *formations théoriques* que l'on rencontre quand on prend une vue d'ensemble de l'histoire, elle part donc de ce qui constitue la teneur objective traditionnelle de ces formations et les replace à nouveau dans l'*intention vivante des logiciens* de laquelle elles sont nées en tant qu'elles sont des sens »[3]. Mais la proximité entre des penseurs ne peut se mesurer à une confrontation entre des concepts, ici ceux d'*Auslegung* et de *Besinnung*, sans prendre en compte l'intention ou la question qui les anime, leur *scopus*, qui permet d'élucider leur sens.

C'est d'abord l'usage homonymique des concepts de compréhension et d'interprétation qui mérite d'être éclairci, car il prête à des glissements, des confusions. Le concept de compréhension est par exemple également thématisé par Rickert, mais sa distinction entre expliquer / *erklären*, comprendre / *verstehen* et interpréter / *deuten* ne suffit pas à en faire un herméneute. En ce qui concerne l'interprétation / *Auslegung* qu'il nous paraît plus judicieux d'appeler explicitation, ou comme le dit aussi Husserl explication/ *Explikation*, on ne peut séparer les deux moments qu'elle comporte, à savoir l'élucidation et la clarification. L'alternative semble alors être la suivante : soit l'on suit Husserl dans sa tentative de penser un savoir dans lequel la chose même nous serait donnée en personne, mais la possibilité d'un tel savoir est précisément récusée par la pensée herméneutique de Dilthey, Heidegger ou Gadamer. Soit l'on ne suit pas Husserl dans l'idée que le

1. Ou encore : « Il faut démanteler tout ce qui préexiste en fait de sens sédimenté dans le monde de notre expérience présente », *Erfahrung und Urteil. Untersuchungen zur Genealogie der Logik* (1938), Ludwig Landgrebe éd., Hambourg, Claassen & Goverts, 1954, p. 47, trad. D. Souche-Dagues, *Expérience et Jugement. Recherches en vue d'une généalogie de la logique*, Paris, P.U.F., 1970, p. 56.

2. La clarification a ainsi pour fonction de donner aux vieux mots un sens nouveau (*Hua* V, 102, trad. *op.cit*, p. 122); voir aussi les *Ideen* I : clarifier la couche sous-jacente c'est « transmuter le non-vivant en vivant, la confusion en distinction, et aussi le non-intuitif en intuitif » (*Hua* III/1,309, trad. *op. cit.*, p. 424).

3. *Logique formelle et Logique transcendantale*, *Hua* XVII, 14, trad. p. 14 *sq.*

savoir s'accomplit seulement dans la donation de la chose en personne et l'on ne retient que le premier moment du processus interprétatif qui remonte des signes vers des significations. Mais on ampute alors ce moment de ce qui lui donne son sens, puisqu'il doit conduire au mouvement qui, du sens, va à la chose; autrement dit, on réduit la compréhension à la distinction ou à l'éclaircissement de type philologique au sens usuel de ce terme[1].

Ces deux moments de l'explicitation ou de la *Besinnung* husserlienne seraient alors structurellement analogues à la complémentarité pour Schleiermacher entre une herméneutique qui a pour fonction de lever les malentendus et n'a affaire qu'au sens et la dialectique qui nomme le procès intersubjectif destiné à accéder à la vérité. Néanmoins il ne s'agit que d'une analogie. Car la compréhension qui cherche à remonter le processus d'engendrement de la création géniale jusqu'à son noyau séminal et la réduction remontant à travers les différentes couches de la constitution vers la subjectivité effectuante n'ont pas la même portée et se situent sur des plans différents. La clarification suppose par ailleurs un démantèlement des préjugés ou des sédimentations traditionnelles dont on trouve difficilement l'équivalent chez Schleiermacher.

La proximité entre Dilthey et Husserl est plus réelle dans la mesure où, comme on le verra, l'herméneutique des objectivations de la vie vise finalement à penser la constitution du monde même tout en impliquant une destruction de la conceptualité métaphysique traditionnelle. Mais il importe avant d'y venir de marquer les limites de cette proximité. La limite peut-être la plus essentielle se mesure à l'homonymie des concepts husserlien et diltheyen de *Selbstbesinnung*. Comme on l'a vu, le principe de phénoménalité qui pose la corrélation entre la conscience et le monde dénonce à la fois le caractère théorique de la notion de conscience au profit du concept de structure psychique, et la souveraineté qui lui est accordée par le néokantisme. Mais l'auto-méditation à laquelle invite Dilthey et qui se déploie en tant qu'herméneutique de la vie reste d'autant plus étrangère au projet fondationnel de la phénoménologie transcendantale qu'elle considère la vie comme insondable.

Autrement dit, Husserl n'a pas lui-même franchi le pas qui aurait pu le faire renoncer à son projet de fondation absolue dans un *ego* transcendantal et n'a pas fait le deuil, comme Schlegel et Dilthey, de l'idéal d'un savoir dénué de présupposés dans lequel la chose serait donnée en personne, dans la plénitude de sa présence. De ce point de vue, et pour reprendre les termes de Pöggeler, sa pensée constitue au contraire l'ultime expression d'un

1. Sur l'emploi par Husserl d'*Auslegung*, cf. par exemple *Hua* XVII, 280 *sq.*, trad. p. 363 *sq.*

idéalisme subjectif issu de Descartes[1]. Et l'on ne peut donc pas tirer Husserl vers une pensée herméneutique qui commence par ce pas. Mais de même qu'il est possible de parler d'une allure phénoménologique de la pensée diltheyenne, la phénoménologie husserlienne prend une allure herméneutique croissante à mesure que s'intensifie la tension qui l'habite et que pointent en particulier Ludwig Landgrebe et Ricœur.

« Précisément lorsqu'il est conduit de façon radicale à son terme, écrit Landgrebe, ce retour cartésien au *je pense* en tant que point de départ ultime de tout questionnement philosophique révèle une *dualité interne* qui est assurément restée inaperçue à Husserl. Néanmoins, sa performance a été de tirer les conséquences de ce coup d'envoi de la philosophie moderne à partir de la conscience jusqu'au point où il doit se renverser lui-même »[2]. Dans *Le Conflit des interprétations*, Ricœur écrit dans le même sens : « Le résultat final de la phénoménologie a échappé à son projet initial ; c'est malgré elle qu'elle découvre, au lieu d'un sujet idéaliste enfermé dans son système de significations, un être vivant qui a dès toujours, pour horizon de toutes ses visées, un monde, le monde (...) ; avant le sujet de la théorie de la connaissance, il y a la vie opérante que Husserl appelle quelques fois anonyme »[3]. *De l'Interprétation* remarque similairement à propos de ses dernières recherches : « Le monde de la vie n'est jamais donné et toujours présupposé. C'est le paradis perdu de la phénoménologie. C'est dans ce sens que la phénoménologie a subverti sa propre idée directrice en essayant de la réaliser »[4]. Si Ricœur voit dans ce retournement la grandeur tragique de sa phénoménologie, la tension qui l'habite est aussi ce qui fait sa fécondité.

On peut considérer que malgré les critiques de Husserl à son égard, Dilthey n'a pratiquement pas cessé de l'inspirer, bien que le cours sur la *Psychologie phénoménologique* de1925 marque l'apogée de sa reconnaissance publique. La discussion avec Dilthey se prolonge en effet au-delà des analyses des *Ideen* II et dans la correspondance avec Misch qui lui avait

1. « Eine Epoche gewaltigen Werdens. Die freiburger Phänomenologie in ihrer Zeit », in *Phänomenologischen Forschungen* n° 30, print. 1996, p. 14.

2. *Philosophie der Gegenwart*, Athenäum Verlag, Bonn, 1952, p. 38. C'est finalement une tension comparable, mais moins radicale, qui caractérise la pensée diltheyenne.

3. *Le Conflit des interprétations*, *op. cit.*, p. 13, mais cf. aussi p. 16.

4. *Du Texte à l'action*, Paris, Seuil, 1986, p. 27. Quoique dans une autre perspective, c'est aussi le diagnostic de Lévinas : la phénoménologie est ce retournement par lequel « la pensée se révèle une passion foncière » et l'intention se voit dépassée dans l'intention même (*En Découvrant L'Existence avec Husserl et Heidegger*, Paris, Vrin, 1974, p. 133). Michel Henry estime de façon analogue que c'est « l'ultime échec de la phénoménologie husserlienne (...) qui fournit à l'herméneutique son argument majeur » (« Ricœur et Freud. Entre psychanalyse et phénoménologie », in *Paul Ricœur. Les métamorphoses de la raison herméneutique*, J. Greisch, R. Kearney éd., Paris, Éd. du Cerf, 1991, p. 129 et 131).

succédé à Göttingen. Inversement, au-delà de l'impulsion donnée par les *Recherches Logiques* à l'herméneutique diltheyenne, il est possible de réitérer le geste de Dilthey à l'égard cette fois des recherches phénoménologiques des années trente qui touchent de façon centrale à la question de l'historicité. Car les travaux de Husserl permettent, aujourd'hui encore, une relecture de Dilthey susceptible de mener la pensée herméneutique au-delà du stade auquel il l'avait conduite sans pour autant l'engager dans la voie que Heidegger lui a ouverte au cours des années vingt.

LES TRAVAUX DE HUSSERL EN DIRECTION D'UNE HERMÉNEUTIQUE DE LA VIE HISTORIQUE

L'impact sur Husserl de sa discussion avec Dilthey est loin de se réduire à l'élaboration d'une phénoménologie de la culture telle qu'elle s'esquisse dans les *Ideen* II comme l'indique sa lettre du 30 novembre 1930 à Misch. Le remerciant de l'envoi du huitième tome des *Gesammelte Schriften*, Husserl lui écrit espérer que cette édition des œuvres ne vienne pas trop tard et avoir encore suffisamment d'années à vivre devant lui [1]. Et par rapport à la critique de 1911, Beaufret voyait dans la *Krisis* « comme un hommage tardif à Dilthey » [2]. On pourrait néanmoins mettre la déclaration à Misch sur le compte de la pure courtoisie au vu des constantes critiques. Conjointement avec Brentano et avec Rickert et Windelband, la *Krisis* ne cite en effet Dilthey que comme psychologue et pour en dénoncer l'objectivisme naïf, le dualisme de la nature et de l'esprit [3].

Alors que c'est la thèse de l'idéalité des significations qui avait aidé Dilthey à élaborer une conception non psychologique de l'herméneutique, les recherches relatives à la constitution des années trente vont au contraire non pas « remonter » – ici les métaphores de Husserl ne vont pas dans le sens de l'élévation –, mais creuser sous la surface des idéalisations, ou, en terme diltheyen, de l'ensemble vital signifiant, pour mettre en évidence le sol anté-prédicatif et pré-théorique sur lequel elles s'élèvent, afin de réaccéder à l'évidence de leur sens. Car si la *Selbstbesinnung* implique une critique, c'est précisément que le sens des idéalités, en l'occurrence et d'abord celles qui sont propres aux sciences, n'est pas immédiatement accessible. Replacer les formations de sens de la logique dans « l'intention vivante des logiciens », ou plus largement comme Husserl le dira plus tard,

1. *Briefwechsel*, Band VI, *op. cit.*, p. 283.

2. *Dialogue avec Heidegger. Approche de Heidegger*, Paris, Éd. de Minuit, 1974, p. 51.

3. *Die Krisis der Europäischen Wissenschaften und die transzendentale Phänomenologie*, Walter Biemel éd. *Hua* VI, 1954, p. 226, 249, et 344, trad. G. Granel, *La Crise des sciences européennes et la phénoménologie transcendantale*, *op. cit.*, respectivement p. 251, 276 et 379.

dépouiller le monde du « revêtement d'idées dont il a été habillé »[1], c'est devoir réactiver, re-comprendre, un sens qui, reçu passivement au fil de sa transmission historique, s'est progressivement perdu. La tâche de la clarification du sens de ces idéalités est donc impliquée par le processus de sédimentation progressive à l'issue duquel ne subsistent plus que des formes vides et qui frappe toute formation de sens[2], c'est-à-dire aussi ces formations culturelles que sont les règles de la vie pratique, les mœurs, les institutions, les religions, etc. Le propre de Husserl est de vouloir retrouver la genèse du sens de ces idéalités, et plus largement de « questionner toute formation de sens relativement à son *histoire du sens*, histoire *conforme à l'essence* du sens »[3]. Dans la mesure où il s'agit donc de retrouver les voies par lesquelles s'est constitué le monde, la logique transcendantale que Husserl cherche à élaborer est la logique du monde. Et c'est pourquoi il est simultanément possible de considérer que *Logique formelle et Logique transcendantale*, qui est un « Essai d'une critique de la raison logique » comme le précise son sous-titre, relève d'une « critique de la raison historique », c'est-à-dire répond à *L'Édification du monde historique*. Comme le dit lui-même Husserl, cette « sorte d'historicité », cette histoire des idéalités logiques et géométriques est certes « insolite »[4], par exemple par rapport à celle de l'esprit allemand que Dilthey cherchait à retracer.

S'il est au premier abord difficile de penser la convergence de ses critiques visant l'objectivisme et *Être et temps*, aux yeux de Husserl elles ont une unique racine : l'incompréhension de la réduction phénoménologique. D'un autre côté, le dialogue avec Dilthey était hypothéqué par ce qui ressemblait probablement à une « confiscation » de Dilthey par *Être et temps*, c'est-à-dire une collusion de Dilthey et de Heidegger. Cela explique leur assimilation par « Phénoménologie et anthropologie » qui voit, comme on l'a vu, dans leurs travaux deux expressions d'un même anthropologisme. Confirmant le jugement de Pöggeler, la lettre à Stenzel du 28 mars 1934 témoigne ainsi comme d'un raidissement sur la position qui définit son projet initial, d'un refus à tout le moins de laisser s'accomplir la subversion de la phénoménologie. Déclarant être « plus éloigné de tout platonisme que n'importe quel philosophe du passé ou du présent, et même *incomparablement plus éloigné* que ne l'est Dilthey », Husserl ajoute que ce dernier et « l'ensemble de la philosophie de l'existence qui lui est apparentée n'ont jamais atteint l'*unique* dimension

1. Respectivement *Logique formelle et Logique transcendantale*, *Hua* XVII, 14, trad. p. 15 et *Erfahrung und Urteil*, *op. cit.*, p. 43, 45 *sq.* et 49.

2. *Hua* VI, 371,380, trad. J. Derrida, *L'Origine de la géométrie*, p. 186 et 203.

3. *Logique formelle et Logique transcendantale*, *Hua* XVII, 215, trad. p. 281.

4. Respectivement *Logique formelle et Logique transcendantale*, *ibid.* et *Hua* VI, 365, trad. *L'Origine de la géométrie*, p. 174.

de la philosophie, celle justement de la réduction phénoménologique »[1]. Il n'en reste pas moins que Husserl s'engage au début des années trente dans une méditation de l'historicité qui croise à nouveau Dilthey et à partir de laquelle il serait possible de penser une constitution poétique du monde.

Dans sa lettre à Misch du 27 novembre 1930 où il le remercie pour le tome VIII des *Gesammelte Schriften* de Dilthey – tome contenant en particulier *Les Types de vision du monde* – en affirmant qu'il montre à la fois le contraste et la profonde communauté de leurs pensées, et après qu'il ait lui-même lu la dissertation de Langrebe intitulée *Wilhelm Diltheys Theorie der Geisteswissenschaften (Analyse ihre Grundbegriffe)* puis *Lebensphilosophie und Phänomenologie*[2], Husserl estime que si cette édition des œuvres de Dilthey est arrivée « trop tard » par rapport à l'élaboration de sa propre pensée, ce ne sera « néanmoins peut-être pas trop tard » s'il avait le temps de tracer le cadre d'« une philosophie universelle (phénoménologique-constitutive !) ». Et il ajoute : « Je pense que l'on verra alors que le Husserl anhistorique ne devait prendre que provisoirement ses distances à l'égard de l'histoire (qu'il gardait néanmoins toujours en vue), précisément afin de parvenir à une élaboration suffisante du point de vue de la méthode, pour pouvoir la questionner scientifiquement »[3]. Renouant avec la question qui avait fait l'objet de sa courte correspondance avec Dilthey, Husserl considère donc ne pas avoir encore rendu à l'historicité ce qui lui revient, mais sans pour autant estimer devoir mettre en cause la voie qu'il avait empruntée jusqu'alors. L'unité entre ses recherches antérieures et celles dans lesquelles il pense devoir maintenant s'engager n'est pourtant pas si évidente comme le montrent les discussions relatives à l'interprétation de l'évolution de la philosophie de Husserl et, quelques années plus tard, sa propre critique des *Ideen* I. Celle-ci pense plus une complémentarité entre deux voies qu'une continuité. Dans cette critique de l'été 1937 des *Ideen* I, Husserl note : « Je pensais pour ainsi dire pouvoir effectuer d'un saut la réduction phénoménologique et conduire le lecteur à l'intérieur du nouveau champ de recherches de la philosophie phénoménologique ». Le monde de l'attitude naturelle devait alors être saisi comme monde de la

1. *Briefwechsel*, Band VI, *op. cit.*, p. 429 *sq.*, souligné par Husserl.

2. Voir le rapport élogieux du travail de Landgrebe (*Briefwechsel*, Band IV, *op. cit.*, p. 376-378).

3. *Briefwechsel*, Band VI, *op. cit.*, p. 283-284, et cf. en un sens complémentaire la lettre précédente du 16 novembre : « Car, avec la réduction transcendantale, j'étais convaincu d'avoir atteint la subjectivité effective et concrète ultime dans toute la plénitude de son être et de sa vie, et dans cette subjectivité, la vie opérante universelle et non pas seulement la vie opérante théorique : la subjectivité absolue dans son historicité. – La subjecivité, la science, le monde, la culture, l'aspiration éthique et religieuse, etc. – tout cela dans un sens noématique nouveau » (trad. Dastur mod., in *Husserl*, *op. cit.*, p. 104-105).

vie propre à « la vie dont l'intérêt est pratique, naturel », et il ajoute : « Nous verrons que ce monde de la vie (pris omnitemporellement) n'est rien d'autre que le monde historique (...). Certes, l'introduction des *Ideen* garde son droit, mais je considère maintenant le chemin historique comme plus principiel et plus systématique »[1]. Mais de quel monde historique et de quel chemin historique s'agit-il ?

La problématique husserlienne de la constitution peut paraître très éloignée de celle de Dilthey. Mais c'est aussi celle dont il part, et cela pour une double raison. D'une part, c'est au fond déjà la question kantienne que Dilthey reprend à de nouveaux frais. D'autre part, conformément au principe de phénoménalité, on ne peut séparer l'analyse de la structure et de la genèse de l'ensemble psychique de l'analyse de la structure et de l'édification, ou de la constitution, du monde : des œuvres comme les *Idées pour une psychologie descriptive et analytique* et *L'Édification du monde historique* qui ont apparemment un objet différent traitent donc de la même question.

L'historicité des significations dont est constitué le monde, celle des formations de sens, pourrait sembler se réduire à celle de leur sédimentation, c'est-à-dire de leur dissimulation[2], de sorte que cette historicité ne serait reconnue que pour y voir ce qui obscurcit l'intuition d'essences qui, au moins en ce qui concerne les idéalités de type logique et mathématique, ont une valeur omnitemporelle, c'est-à-dire sont valables pour tous les temps[3]. Ceci voudrait dire que rien ne change fondamentalement les thèses déjà défendues dans les *Recherches Logiques*. « Il ne cède en rien sur sa position fondamentale, mais s'y enferme au contraire encore plus », écrit ainsi Misch[4]. C'est manifestement ainsi qu'il comprend *Logique formelle et Logique transcendantale* dans le chapitre qu'il lui consacre dans *Lebensphilosophie und Phänomenologie* paru quelques mois après (1929-1930) et dédié à Husserl. Si la fin de ce chapitre revient sur la distinction de *Logique formelle et Logique transcendantale* entre la constitution statique des objets, relative à une subjectivité déjà constituée, et celle qui, génétique, dévoile « un ensemble d'effectuations qui, dans l'unité intentionnelle constituée que l'on considère et dans ses modes de donnée sont impliquées comme une *histoire sédimentée* »[5], c'est pour pointer immédiatement ce qu'une telle expression

1. *Die Krisis der Europäischen Wissenschaften und die transzendentale Phänomenologie, Ergänzungen. Ergänzungsband*, Reinhold N. Smid éd., *Hua* XXIX, 1993, p. 424 *sq.*

2. *Hua* VI, 381, trad. *L'Origine de la géométrie*, p. 205.

3. *Erfahrung und Urteil*, *op. cit.*, p. 313 *sq.*

4. *Lebensphilosophie und Phänomenologie*, *op. cit.*, p. 196.

5. *Logique formelle et Logique transcendantale*, *Hua* XVII, 252, trad. p. 328, Misch renvoyant également à *Hua* XVII, 257, trad. p. 335.

trahit : « le devenir historique réel de la vie tombe en dehors de l'analyse intentionnelle, en se sédimentant »[1].

Et Misch attribue ce qui lui paraît être l'incapacité de Husserl à saisir la mobilité de la vie à une attitude théorique qui l'empêcherait d'entrer dans le mouvement circulaire d'une analyse herméneutique, c'est-à-dire d'une analyse qui ne rétrograderait plus à sens unique du haut des formations de sens constituées vers un monde de significations anté-prédicatives. En témoignerait aussi le paragraphe 107 de *Logique formelle et Logique transcendantale* dans la mesure où le caractère rétrospectif du souvenir – Misch pensant ici à son rôle déterminant pour saisir la signification de la vie dans son historicité – « sombre dans la *mnéme* en tant que sédimentation de rétentions dans la forme de la conscience endormie ». Au fond, et par-delà même Husserl, c'est la vie même dans ce qu'elle a d'insondable que manquerait nécessairement l'attitude théorique : « Comment, écrit Misch, l'accomplissement du mouvement génétique avec son pouvoir d'articulation qui lui vient de l'insondable pourrait-il entrer dans la science de la logique, alors que toute la passion de la "science" réside dans la maîtrise axiomatique d'infinis ? »[2]. D'une certaine façon, la pétrification de la vie serait donc plutôt le fait du regard théorique cherchant vainement à déterminer le sol d'une vie insondable. C'est aussi de ce point de vue que la reconduction du monde de la vie à la vie intentionnelle d'une subjectivité transcendantale en tant que « sol absolu » ne changerait rien à la position des *Recherches Logiques*.

Comme le montrent ses annotations de cet ouvrage, Husserl a attentivement lu l'essai de Misch[3] et il y a vu la première critique « principielle » de *Logique formelle et Logique transcendantale.* En 1937, il le remerciera encore de sa critique de « La Crise des sciences européennes et la philosophie transcendantale » en estimant que si le sens de sa méthode avait été suffisamment clair en 1905, Dillthey n'aurait pas manqué de voir dans son transcendantalisme l'accomplissement de ses intentions[4].

Mais à supposer que la critique mischienne de *Logique formelle et Logique transcendantale* soit pertinente, les recherches du dernier Husserl,

1. *Lebensphilosophie und Phänomenologie*, *op. cit.*, p. 215.

2. *Idem.*

3. Il en va de même de l'introduction de Misch au volume V des *Gesammelte Schriften* de Dilthey et de sa réédition des *Studien.* Voir d'une part « Edmund Husserls Randnotizen zu Georg Mischs *Lebensphilosophie und Phänomenologie* », éd. Guy van Kerckhoven, in *Dilthey-Jahrbuch* 12/2000, p. 145-186 et 148 en particulier, et d'autre part la déclaration du 27 juin 1929, où Husserl affirme avoir lu deux jours durant l'essai de Misch (*Husserl-Chronik*, *op. cit.*, p. 348).

4. Lettres du 16 novembre 1930 et du 17 avril 1937, *Briefwechsel*, Band VI, *op. cit.*, p. 282 et 284.

par exemple l'introduction d'*Expérience et jugement*, pointent néanmoins dans une autre direction. Le passage de *La Crise des sciences européennes et la phénoménologie transcendantale* qu'il reprend ici – « La totalité infinie de l'étant pris en général est en soi une totalité rationnelle qui est susceptible d'être dominée corrélativement par une science universelle, et cela sans aucun résidu »[1] – critique précisément la naïveté de l'attitude théorique en tant qu'elle ignore le sol pré-théorique, c'est-à-dire pré-scientifique ou doxique, qui la rend possible. On pourrait bien entendu se demander si cette visée ne porte pas le projet de maîtrise à un degré encore plus élevé. Mais ce qui importe dans l'immédiat, c'est la radicalité du questionnement de Husserl quant à l'origine de ce monde, alors que chez Misch la question parait au contraire réglée. Car, avant même de vouloir répondre à la question de savoir si Husserl pense véritablement l'historicité du monde de la vie, il faudrait déjà savoir ce qu'il en est de l'« historique » ou de l'« historicité ». Il y a là un cercle auquel il n'est pas possible d'échapper et dans lequel il faut accepter d'entrer, car, comme le dit aussi *Expérience et jugement*, pour pouvoir déterminer ce qu'il en est de cet historique ou de cette historicité, il faut déjà en avoir une idée préalable ou un savoir implicite[2].

Misch, et à sa suite Bollnow, semble en l'occurrence partir d'une conception de l'historique qui lui paraît aller de soi. Dans sa conférence intitulée « Dilthey und die Phänomenologie », Bollnow considère que la divergence décisive entre Dilthey et Husserl porte sur ce qu'ils entendent par « histoire ». Remarquant l'emploi récurrent chez Husserl du verbe *leisten* et du concept de *Leistung*, il suggère que cet usage est significatif de la position anhistorique de Husserl[3]. Ce qu'il y a de remarquable, écrit-il, c'est le fréquent usage du verbe en un sens intransitif – comme dans « la conscience effectuante », « l'*ego* transcendantal effectuant », ou plus généralement « la vie effectuante », sans que soit précisé ce qui doit être effectué –, alors que cet usage est transitif dans la langue allemande courante. Dans cet usage, ce qui doit être effectué est déjà indiqué dans l'exigence de l'effectuation, de sorte qu'il s'agit de répondre à ce réquisit. Et par rapport aux métiers artisanaux, ce terme sert en allemand à désigner ceux qui consistent en prestations de service, c'est-à-dire ceux qui sont improductifs dans la mesure où ils ne produisent pas d'œuvres durables. Or, si l'on serait en de nombreuses occurrences plutôt tenté d'employer l'expression de vie productrice ou créatrice comme le fait Dilthey, ce n'est pas seulement l'abus de cette notion et sa connotation irrationnelle qui en aurait détourné Husserl, mais le fait que la vie, qui, au

1. *Erfahrung und Urteil*, *op. cit.*, p. 40.
2. Ou encore *Hua* VI, 366 et 383, trad. *L'Origine de la géométrie*, p. 176 et 207.
3. « Dilthey und die Phänomenologie », in *Dilthey und die Philosophie der Gegenwart*, E. W. Orth éd., Fribourg-Munich, K. Alber, 1985, p. 57-61.

sens strict, est celle du sujet transcendantal, n'est pas pensée comme engendrement créateur, mais comme accomplissement de performances qui lui sont pré-données. Chez Dilthey en revanche, la vie est historique dans la mesure où, par ses « performances créatrices » – et Bollnow remarque que l'association de ces termes n'a rien d'usuel dans la langue –, elle engendre quelque chose de nouveau [1].

Chez Misch comme chez Dilthey, l'historique est un autre nom de la mobilité de la vie abyssale du sein de laquelle s'engendrent des formes. Mais si leur évanescence fait aussi le tragique de la vie, c'est la problématique de sa philosophie de la vie qui explique que l'accent n'est pas mis sur la sédimentation et la pétrification de ces formations de sens, et donc sur la dimension nécessairement critique de la *Besinnung*. En dehors de l'affirmation générale et souvent réitérée par Dilthey selon laquelle il n'y a pas de savoir qui ne parte de préjugés, cette dimension critique est néanmoins thématisée lorsqu'il cherche à montrer que le développement des sciences de l'esprit a pour condition l'effondrement de la métaphysique dont il fait la phénoménologie. S'il discute *Logique formelle et Logique transcendantale*, à l'époque où il rédigeait *Lebensphilosophie und Phänomenologie*, Misch ne connaissait pas *L'Origine de la géométrie* et *Expérience et jugement* qui prolongent la recherche relative à la genèse ou à l'histoire du sens, c'est-à-dire aussi du monde, des formations de sens de la culture.

Or on y voit plus clairement que l'intention de la phénoménologie n'est pas seulement ou d'abord de démanteler des structures sédimentées, mais de dévoiler l'*engendrement* du sens, « le mouvement vivant de la solidarité et de l'implication mutuelle de la formation du sens et de la sédimentation du sens originaires » [2]. Cette genèse du sens implique non seulement le retour du monde des idéalités vers celui plus obscur des effectuations de sens dans le monde de la vie, mais aussi celui de ces effectuations vers la subjectivité transcendantale, et donc, au lieu du « saut » tenté par les *Ideen*, « deux étapes », « un double pas en arrière », pour reprendre l'expression de Greisch : non plus des mots au sens et du sens aux choses, mais du monde ambiant vers le monde de la vie originaire, et de celui-ci vers les opérations subjectives dont il procède, c'est-à-dire vers la subjectivité constituante [3].

1. GS VII, 153, trad. S. Mesure, *L'Édification du monde historique dans les sciences de l'esprit*, *Œuvres* 3, Paris, Éd. du Cerf, 1998, p. 106, et GS VII, 234.

2. *Hua* VI, 380, trad. *L'Origine de la géométrie*, p. 203.

3. Voir *Erfahrung und Urteil*, *op. cit.* p. 49.

La *Rückbesinnung* ou question en retour découvre en effet à partir des *Ideen* II, des *Méditations cartésiennes*[1] et de *Logique formelle et Logique transcendantale*, mais surtout des textes de la *Krisis* – en particulier *L'Origine de la géométrie* – et *Expérience et jugement* que nous pensons toujours plus que ce que nous croyons penser, ou que la visée intentionnelle est toujours déjà débordée par des visées de surcroît, qu'elle est « tributaire, comme l'écrit Lévinas, d'une vie anonyme et obscure, de paysages oubliés »[2], dont l'anonymat est essentiel et non contingent comme celui de la vie de conscience non thématique. Mais cela signifie aussi que le dévoilement des implications intentionnelles propre au monde de la vie reconduit « *à une subjectivité voilée* – voilée parce qu'elle n'est pas actuellement décelable dans la réflexion sur son activité intentionnelle, mais seulement indiquée dans les dépôts que laisse cette activité dans le monde qui nous est pré-donné »[3]. En réalité, Husserl entre ici dans une analyse phénoménologique de ce qu'impliquait le concept diltheyen de structure psychique acquise et à l'examen de laquelle reviennent encore les *Studien* dans la mesure où cette structure déborde nécessairement le vécu[4]. Et c'est alors l'explicitation de cette vie du monde pré-théorique et toujours déjà pré-donné à l'intérieur duquel opèrent des processus intentionnels anonymes et cachés, de cette dimension passive de la genèse du sens, qui définit l'immense tâche de la phénoménologie. Tâche d'autant plus immense qu'il ne s'agit pas de clarifier l'histoire de la constitution de ce monde empirique, mais de « tout monde possible en général »; et c'est aussi en ce sens qu'une logique transcendantale est une « logique du monde », même si Husserl déclare ensuite vouloir d'abord se limiter à l'analyse de la constitution des idéalités de la logique au sens traditionnel[5].

1. *Cartesianische Meditationen und Pariser Vorträge*, Stephan Strasser éd., *Hua* I, 1950, p. 84 *sq.*, trad. M. B. de Launay *et alii*, *Méditations cartésiennes et les Conférences de Paris*, Paris, P.U.F., 1994, p. 93 *sq.*

2. *En Découvrant L'Existence avec Husserl et Heidegger*, *op. cit.*, p. 130-132. Voir par exemple *Hua* VI, 114 *sq.*, trad. Granel, *op. cit.*, p. 128.

3. *Erfahrung und Urteil*, *op. cit.*, p. 47 *sq.*

4. GS V, 179, trad. *Le Monde de l'esprit* I, 185 par exemple, et *Studien*, GS VII, 30. Sur cette « transcendance » de la structure psychique acquise, voir les analyses de Krausser. Une comparaison entre le concept diltheyen de structure psychique acquise et l'idée de cette vie anonyme de la conscience supposerait de revenir sur les concepts d'implicite, d'inconscient et d'impensé ; en ce qui concerne Husserl, voir A. De Waelhens plus centré sur Hegel, « Réflexions sur une problématique husserlienne de l'inconscient, Husserl et Hegel » (in *Edmund Husserl (1859-1959)*, La Haye, M. Nijhoff, 1959, p. 221-237), et L. Joumier, « Husserl et la question de l'inconscient phénoménologique », *L'Art du comprendre* n° 8, février 1999, p. 85-115.

5. *Erfahrung und Urteil*, *op. cit.*, p. 48 et 50.

Ce qui fait toute la différence entre cette proto-histoire et les recherches propres à l'histoire et à la psychologie, c'est que ces dernières sont relatives au monde et à un sujet déjà constitués. Une psychologie qui étudie les vécus et le monde dans leur corrélation, un historien qui cherche à déterminer les connexions de sens du monde historique, ne font pas « retour à *l'origine de ce monde lui-même* » dans lequel ils sont toujours déjà situés [1]. On pourrait penser avec Derrida que dans *L'Origine de la géométrie* cette question en retour prend littéralement le « contre-pied de la question diltheyenne », puisque « Dilthey part de l'esprit objectif déjà constitué ». La suite du commentaire de Derrida réduit l'objet des recherches diltheyennes à des investigations d'ordre méthodologique : « Il s'agit alors pour lui (Dilthey) de savoir comment les significations et les valeurs de ce milieu objectif peuvent être intériorisées et assumées comme telles par des sujets individuels, et d'abord dans le travail de l'historien à partir de témoignages, individuels dans leur source et dans leur objet » [2]. Comme on le verra encore, ce constat vaut assurément pour le Dilthey communément reçu, mais non si l'on considère son analyse de la compréhension préthéorique antérieure à toute constitution d'objet, analyse à laquelle procède en particulier *Les Types de vision du monde*.

À partir de la reconnaissance que toute expérience est obscurément anticipée à l'intérieur d'un monde de la vie anonyme, c'est-à-dire implique l'horizon d'un monde dont les contours sont dessinés par des familiarités typiques, ou, en terme diltheyens, la reconnaissance qu'il n'y a pas de savoir ou de compréhension qui ne s'élève sur le fond d'une pré-compréhension, il est possible de fonder ontologiquement le principe classique de l'herméneutique textuelle qui considère la compréhension comme toujours prédéterminée par une idée préconçue du sens global du texte, cette anticipation de sens étant en retour elle-même déterminée au fur et à mesure de la lecture. Un tel principe peut alors être considéré comme une application particulière d'un principe constitutif de tout savoir, de toute expérience. De façon plus générale, c'est aussi l'idée d'un savoir essentiellement fini qui ne peut remonter en deçà de la vie telle qu'elle nous est donnée dans le vécu, et ce que Dilthey dit de la vie en tant qu'elle est insondable ou abyssale pourrait se dire ici en termes d'irréductible ou d'inconstituable [3]. Que Husserl n'ait lui-même jamais franchi le pas conduisant à reconnaître

1. *Ibid.*, *op. cit.*, p. 55 *sq.* et *Hua* VI, 380-382, trad. *L'Origine de la géométrie*, p. 203-208.

2. *L'Origine de la géométrie*, *op. cit.*, p. 52 note.

3. Si la clarté ou l'obscurité ne sont alors que des concepts relatifs, il convient de leur substituer, comme le fait Gadamer, le concept herméneutique de « l'éclairant » Sur ce point, voir notre article « Le sol et l'horizon rhétorique de l'herméneutique contemporaine. De H.-G. Gadamer à R. Rorty » in *Enjeux des résurgences de la rhétorique*, J. Gayon, J.C. Gens, J. Poirier, éd., Bruxelles, Ousia, 1998.

une telle finitude, puisqu'il continue de penser la possibilité d'une pleine élucidation dénuée de préjugés, est précisément remarquable.

Deux concepts essentiels sont forgés par Husserl pour penser l'archi-histoire de la constitution du sens, celui d'horizon et celui de généralité typique ; si le premier s'est vu réapproprié par la pensée herméneutique gadamérienne, le second reconduit à la discussion du concept de type tel que le pensait Dilthey. L'un des textes les plus explicites à cet égard est le paragraphe 8 d'*Expérience et jugement* où Husserl expose la structure d'horizon aussi bien interne qu'externe de la conscience. L'horizon de l'expérience « est un espace où jouent les possibles en tant qu'il prescrit une voie vers leur détermination plus précise qui seule peut, écrit Husserl, dans le cadre de l'expérience réelle, décider en faveur de telle possibilité déterminée qu'elle réalise de préférence aux autres »[1]. À l'intérieur de cet horizon sont donc par avance anticipés les contours de ce qu'il nous est possible de rencontrer dans notre expérience du monde, c'est-à-dire à la fois toute chose possible et l'ensemble des autres choses avec lesquelles chacune de ces choses peut nous être donnée. Et cette visée par anticipation, qui – comme la perception d'un cube suffit à le montrer – continue de déborder la chose visée même lorsque celle-ci nous est donnée, s'effectue, explique Husserl, par le biais de généralités typiques. Cela signifie que l'anticipation d'une forme, d'une couleur, de sonorités, de gestes, etc., s'effectue à l'intérieur d'un ensemble de possibles qui pré-structurent l'expérience, les généralités typiques « aménageant » par avance un monde qui nous est dès lors depuis toujours familier. Husserl écrit ainsi : « Toute expérience, quel que soit ce dont elle fait l'expérience au sens propre : ce à quoi elle est confrontée, a *eo ipso*, nécessairement, un savoir et un savoir latent se rapportant à cette chose précisément, à ses caractères propres, auxquels elle n'a pas encore été confrontée ». Ce savoir implicite détermine des attentes susceptibles d'être remplies, il définit un horizon d'attente, ce qui signifie aussi que, comme le disait déjà à sa façon Hegel, toute connaissance est reconnaissance[2]. De son côté, le concept husserlien de généralité typique[3] mérite d'autant plus que l'on s'y arrête que sa confrontation avec

1. *Erfahrung und Urteil*, *op. cit.*, p. 27.

2. *Erfahrung und Urteil*, *op. cit.*, p. 27 et 93, comme *L'Origine de la géométrie*, p. 123, et *Hua* VI, 380, trad. Granel, *op. cit.*, p. 207.

3. Voir Maria Villela-Petit, « Réceptivité anté-prédicative et familiarité typique » ; comme le précise l'auteur, ce qui distingue cette typique du schème kantien, c'est qu'« elle se constituerait déjà dans la dimension de l'expérience réceptive », *Archives de Philosophie* 58, 1995, p. 615.

le concept diltheyen de type[1] permet de penser une logique poétique de la constitution du monde.

Le champ esthétique est en effet l'un des contextes où Dilthey fait intervenir le concept de type. La typicité caractérise alors les figures créées par les poètes et les formes plastiques et musicales : Faust, la plastique ou la forme de la fugue… Tout en étant objectivement constituée, la forme typique n'est pas nécessairement articulée linguistiquement, c'est-à-dire n'appartient pas à la couche de l'expression au sens strict husserlien. Et de façon analogue aux généralités typiques, ces formes contribuent à déterminer la perception et l'action. En revanche, l'action des généralités typiques qui prescrivent des visées de façon implicite et inaperçue sous la surface des idéalisations du monde dans lequel, comme les sculpteurs et les peintres, nous vivons, semble bien se situer à un autre niveau. Ces familiarités typiques qui informent l'expérience du monde sont en retour elles mêmes informées à l'intérieur de l'espace de jeu qui est propre à chacune d'elles par leur remplissement variable, (la satisfaction) ou la déception, des attentes qu'elles déterminent Mais si l'horizon de familiarités et de pré-connaissances typiques à l'intérieur duquel quelque chose est susceptible de nous apparaître est donc « continuellement mouvant »[2], il reste à penser non pas le jeu ou les variations à l'intérieur de l'espace de chacune des familiarités typiques, mais la naissance et la transformation des types, l'émergence de nouvelles familiarités typiques, car c'est ainsi que l'expérience du monde se transforme véritablement à travers l'histoire, c'est-à-dire que naissent d'autres horizons.

Pour autant que l'on reconnaît précisément aux œuvres d'art considérées comme classiques le pouvoir d'avoir modifié la perception sensible, comment penser la relation entre l'œuvre d'art en tant qu'elle ouvre un monde d'une part, et les généralités typiques en tant qu'elles articulent par avance le monde d'autre part, c'est-à-dire finalement la relation de l'histoire empirique et de l'histoire transcendantale qu'elle présuppose? Comment entendre le caractère invariant des types à partir desquels l'expérience est possible[3]? Même en distinguant différents niveaux d'historicité[4], le

1. C'est aussi ce que semble suggérer Wioletta Miskiewicz dans son article « Dilthey et la difficile recherche d'une autre objectivité » lorsqu'elle écrit : « La problématique diltheyenne des connexions efficientes et des constellations d'objectivations peut-elle trouver un meilleur pendant théorique que la problématique de la typique structurelle dans la théorie husserlienne des objectités ? », *Intellectica*, 1998/ 1-2, n° 26-27, p. 128.

2. *Erfahrung und Urteil*, *op. cit.*, p. 32 et 137.

3. *Ibid.*, p. 32.

4. Sur les trois niveaux d'historicité distingués en 1934 par Husserl et qui correspondent à trois niveaux de culture, voir *La Crise des sciences européennes et la phénoménologie transcendantale*, *op. cit.*, p. 556 *sq.*, l'introduction de Derrida à *L'Origine de la géométrie*,

problème reste entier, comme reste à déterminer la nature de la typicité *a priori* qui rendrait possible la spécificité de l'expérience historique [1]. Que la question en retour husserlienne porte sur un cas exemplaire qui est précisément celui de la géométrie est peut-être l'indice d'un problème.

Car que ce soit cet exemple qui ait poussé Husserl à penser une logique du monde qui remonterait à « un *a priori* du monde historique qui soit universel », à des « invariants apodictiques » susceptibles d'être découverts en faisant varier par l'imagination ce qui nous est donné dans notre monde historique [2], ou que ce soit inversement son projet qui ait impliqué un tel exemple, comment penser les invariants universels à partir desquels se constituerait le monde en tant que sensible, puisque c'est tout de même une logique du monde qu'il s'agit de penser? Cette constitution est-elle comparable à celle de la production des « proto-idéalités », ou, pour reprendre l'expression de Derrida, à « l'idéation géométrique originaire (en tant qu'elle) fait surgir une essence », comparable à « la création d'une eidétique » omnitemporelle par la géométrie? [3]. Comment penser la constitution, non pas du monde matériel au sens classique puisque c'est encore un monde géométrique, mais du monde tactile déjà moins géométrisable, ou du monde charnel? Et c'est dans la mesure où l'exemple de la géométrie ne se révèle finalement pas exemplaire, que la question de la constitution demande à être posée à nouveau, à savoir en des termes moins théoriques comme dirait Misch. Afin de mieux saisir la spécificité du projet de Husserl, il convient de revenir aux analyses diltheyennes portant directement sur la question de la constitution ou de l'édification du monde. Husserl en a eu connaissance puisqu'elles constituent l'objet des *Types de vision du monde*, mais elles ont probablement moins retenu son attention à l'époque où *La Philosophie comme science rigoureuse* visait la menace du scepticisme.

Le premier chapitre de cet essai intitulé « La vie et les visions du monde » considère que l'édification du monde, c'est-à-dire des visions du monde religieuses, poétiques et métaphysiques. s'effectue dans l'élément de tonalités affectives et en fonction d'expériences répétées. Si Dilthey ne cherche pas de réponse du côté d'invariants *a priori* et d'une subjectivité transcendantale, il s'agit bien de penser les différentes couches de l'édification du vêtements d'idées, des ensembles significatifs qui font une culture, c'est-à-dire de penser la façon dont les hommes en sont venus à se

p. 121 *sq.* en particulier, et Fr. Dastur, *Husserl. Des mathématiques à l'histoire*, Paris, P.U.F., 1995, p. 110-112.

1. Derrida nomme bien, à titre d'invariants de l'histoire, « par exemple le langage, la tradition, la communauté, etc. » (*L'Origine de la géométrie*, p. 114), mais il reste à déterminer la nature de l'invariant, ou des invariants, de la tradition.

2. *Hua* VI, 383, trad. *L'Origine de la géométrie*, p. 208 et 209.

3. *Hua* VI, 376, trad. *L'Origine de la géométrie*, p. 195, et voir l'introduction p. 147.

sentir chez eux dans le monde et donc à l'habiter. Et ce qui anime ce travail de constitution, c'est le caractère énigmatique de la vie [1]. Par rapport à celle-ci, l'énigme de la constitution du monde, en tant qu'énigme de la subjectivité absolue, est une énigme théorique, et Misch aurait en ce sens raison. Elle est théorique à un double titre puisqu'elle ne se pose qu'à une humanité déjà constituée et qu'elle semble faire l'impasse sur cette dimension de l'expérience de la vie qui, au premier abord au moins, est celle de l'incompréhensible : l'expérience du mal, celle de la violence, de la barbarie et de la mort, laquelle, comme les passions, engendre nécessairement des images ou des représentations « fantastiques » [2].

Sur le fond de ces tonalités affectives qui « forment la couche inférieure » se constitueront des images du monde (*Weltbilder*) puis des visions du monde visant à saisir l'insaisissable [3] par des processus associatifs comparables à ceux de la genèse passive, des métaphores, des processus de personnification, qui donnent naissance à un nombre fini de mythes fondamentaux [4]. Ce ne seraient pas des œuvres, mais les formes primitives ou originaires de l'expérience esthétique et religieuse qui pourraient alors constituer un des points de départ pour repenser les généralités typiques. Et l'on peut alors penser les figures typiques objectivées dans des œuvres comme le résultat d'une rétrocession chez le créateur à la sphère de ces expériences primitives antérieures à la distinction du sujet et de l'objet.

Cela signifie donc que – en prolongeant ce qui chez Dilthey est à peine esquissé – la première interprétation du monde serait poétique, ce qui est à entendre en un sens herdérien et plus encore vichien, à savoir que c'est l'invention de *fantasma*, de formes imaginaires, par les *bestioni* errants à travers la Grande Forêt qui constitue la pré-histoire des idéalisations culturelles ou du *mondo civile*. Ainsi, ce ne serait pas seulement le sens de la distinction entre sciences de la nature et sciences de l'esprit que Vico aurait déjà pensée comme l'indique Dilthey, mais la logique poétique de la

1. GS VIII, 80-82 et 84, trad. *Théorie des conceptions du monde*, p. 101-103 et 106.

2. *Phantasiebilder, Phantasievorstellungen*, GS VIII, 79 et 81, trad. *Théorie des conceptions du monde*, p. 99 et 101.

3. GS VIII, 82 et 143, trad. *Théorie des conceptions du monde*, p. 103 et 179. La subjectivité à laquelle sont reconduites ces visions dans *Les Types de vision du monde* semble se caractériser par une activité essentiellement herméneutique, les noyaux de ces visions du monde étant constitués d'images chargées d'affects, de *Weltbilder* et de *Lebensstimmungen*, à partir desquelles doivent être entendus le terme de « *Bild der Welt* » (GS II, 498) et d'intuition dans l'expression de *Weltanschauung*. Cette intuition intuitionne une image qui résulte simultanément de son élaboration. Loin de l'intuition husserlienne, cette intuition semble par contre très proche de ce que le premier cours fribourgeois de Heidegger appellera l'intuition herméneutique (GA 56-57,117).

4. GS VI, 227, trad. *Le Monde de l'esprit* II, 158 *sq.* et plus largement GS VIII, 145 *sq.*, trad. *Théorie des conceptions du monde*, p. 182 *sq.*

naissance du monde. Comme l'écrit Alain Pons, on pourrait ainsi penser que « Vico réalise cette *critique de la raison historique*, dont rêvera plus tard Dilthey »[1]. Dans cette perspective, s'il était possible de reconduire l'édification du monde à des invariants, ce serait du côté d'universaux fantastiques qu'il faudrait les chercher.

Ce qui pourrait légitimer de penser l'obscure constitution des idéalités de sens à partir de là, c'est la distinction capitale d'*Expérience et jugement* entre idéalités libres et idéalités liées, c'est-à-dire entre idéalités logiques ou mathématiques et idéalités ou objectivités culturelles. Les idéalités libres ont une validité « une fois pour toutes » et « pour quiconque »[2], « elles ne sont pas liées à un territoire, ou plutôt elles ont leur territoire dans la totalité de l'univers et dans tout univers possible », écrit Husserl, c'est-à-dire aussi que leur validité est omnispatiale et omnitemporelle bien que leur surgissement soit historique et territorial. Autrement dit encore, ce sont des « irréalités ». En revanche, et Husserl reprend l'exemple du *Faust* de Goethe, mais aussi celui d'une constitution politique en général, l'indépendance des formations culturelles vis-à-vis de leur incarnation spatio-temporelle n'est pas aussi grande : elles « sont liées à la Terre, à Mars, à des territoires particuliers »[3]. Aussi, la réactivation de leur sens n'est-il qu'« en principe » indéfiniment répétable à l'identique. En dehors du fait que, comme on y reviendra, la pensée herméneutique dirait au contraire que le sens de ces formations n'est jamais répétable à l'identique, il semble que lorsque Husserl reconnaît tout de même que ces formations ne sont « *pas toujours* des idéalités *entièrement* libres » (c'est nous qui soulignons)[4], il faut admettre qu'elles ne le sont en réalité jamais.

Il est bien clair qu'aux yeux d'un Husserl ce type de projet qui ne s'élève pas de la subjectivité mondaine à la subjectivité transcendantale relève d'une anthropologie. Comme on l'a vu, il est vrai que Dilthey a lui-même conçu son projet en tant que tel. Un tel intitulé était critique aussi bien à l'égard de la conception kantienne du sujet que de la perspective trop étroite de l'école historique du XIXe siècle. D'un autre côté, le terme d'anthropologie ne dit pas l'autre dimension de la philosophie diltheyenne de la vie visant à dégager les processus qui engendrent les objectivations du monde constitué. Mais aux

1. Voir A. Pons, « Nature et histoire chez Vico », in *Études philosophiques*, 1961, n° 1, p. 45, note, et *La Science nouvelle*, Livre II, trad. A. Pons, Paris, Fayard, 2001.

2. *La Philosophie comme science rigoureuse* parlait en ce même sens de l'« universalité *supra*-temporelle des sciences rigoureuses », *Hua* XXV, 52.

3. *Erfahrung und Urteil*, *op. cit.*, p. 321. On remarquera le sur-éclairage de la traduction par Derrida de *gebundene Idealität* par « idéalité enchaînée » (*L'Origine de la géométrie*, p. 63, note 3), alors que la traduction par « liée » était plus facile ou évidente (comme traduit D. Souche-Dagues dans *Expérience et jugement*).

4. *Ibid.*, p. 321.

yeux de Husserl, qu'elle soit empirique ou apriorique, confondre l'anthropologie avec la philosophie, c'est retomber dans l'anthropologisme transcendantal ou plutôt dans le psychologisme transcendantal[1].

Cela dit, il reste difficile de ne pas reconnaître le caractère productif et créateur de la réactivation des formations culturelles de sens dès que l'on quitte la sphère des idéalités logiques et mathématiques. Bien que *L'Origine de la géométrie* précise d'entrée que ses analyses relatives à cette origine ont un caractère exemplaire pour toute formation de sens mais valent en particulier pour les sciences dites déductives[2], la particularité de la réactivation de sens relative aux idéalités logiques est néanmoins patente. Dans *Expérience et jugement*, la nuance est plus marquée. Husserl y affirme que la reproductibilité indéfinie du sens des idéalités culturelles est « en principe » identique à celle que permettent les idéalités mathématiques libres; mais cette réserve ne remet précisément pas le principe de cette répétabilité en question. Envisager que la réactivation ou re-compréhension active[3] du sens originaire relative aux autres formations de sens implique toujours un écart, c'est-à-dire une interprétation en un sens créatrice, suppose de mettre en question l'exemplarité de l'analyse de l'origine de la géométrie. Mais reconnaître que toute compréhension ou explicitation est plus qu'un processus qui rendrait explicite l'implicite, c'est-à-dire toujours une répétition créatrice, une création continuée – ce qu'avait déjà vu Winckelmann –, rend problématique le concept même d'originaire.

En ce qui concerne donc la réception husserlienne de Dilthey et l'impact en retour de cette réception sur la pensée herméneutique après 1911, il faut tenir ensemble deux points. La philosophie de Husserl reste au fond étrangère à la pensée herméneutique pour laquelle le donné primitif est un vécu dont le tissu historique détermine une certaine, mais réelle, opacité. Cette opacité renvoie finalement au caractère insondable de la vie. En revanche, Husserl pense la *Tatsächlichkeit* non pas comme l'insondable en deçà duquel il est impossible de remonter, ou comme une facticité irréductible – ce terme désignant chez lui l'empiricité qui ne saurait nous livrer que des exemples permettant à la pensée d'accéder à l'intuition d'essences *a priori* –, mais, à la suite de Fichte, en termes de *Tathandlung*[4].

1. *Postface* aux *Ideen*, *Hua* V/3,138. Dans une telle perspective, l'analyse de la constitution des idéalités enchaînées, dans lesquelles « l'idéalité du sens et de son évocation est tenue par une irréductible adhérence à une subjectivité empirique », serait condamnée à ne pas pouvoir s'élever au-dessus d'une « généralité anthropologique de fait » (*L'Origine de la géométrie*, p. 63).

2. *Hua* VI, 378, trad. *L'Origine de la géométrie*, p. 198.

3. Respectivement *Hua* VI, 373 et 371, trad. *L'Origine de la géométrie*, p. 189 et 185.

4. Nous reviendrons plus loin sur l'acception diltheyenne du terme de facticité.

De ce point de vue, le geste de la réduction phénoménologique ne change rien d'essentiel aux *Recherches Logiques*, puisque la clarification des processus de la constitution continue de viser la connaissance d'invariants ou d'essences *a priori*. La phénoménologie husserlienne n'en ouvre pas moins de nouvelles voies à la pensée herméneutique ultérieure.

Deux types d'herméneutiques sont susceptibles de s'approprier une partie de son héritage. La première en développant à partir de la distinction des *Recherches Logiques* entre indice et expression une herméneutique dans un esprit proche de Gustav Spet qui contribua à la fondation de la sémiotique en Union Soviétique; mais on peut se demander ce qui reste alors de la question de l'historicité. La seconde en intégrant certaines analyses husserliennes plus tardives comme l'ont fait Misch et Gadamer. La critique de la raison logique du dernier Husserl permet par exemple d'approfondir l'analyse de l'historicité de la structure psychique acquise qui est au centre de la psychologie descriptive diltheyenne. Mais comme on l'a vu, son chemin historique permettrait d'articuler plus clairement les deux niveaux d'une critique de la raison historique : celui d'une anthropologie psychologique et historique située sur le sol des idéalisations propres à ce monde empirique-historique d'une part, et celui d'une explicitation de la genèse fantastique de ce monde, c'est-à-dire d'une herméneutique de sa constitution poétique d'autre part.

Pourtant la phénoménologie husserlienne s'avère la plus féconde non tant lorsqu'elle accepte les termes mêmes de la question diltheyenne relative à l'historicité que lorsque, mue par son exigence d'élucidation radicale, elle en interroge les présupposés. Car si Dilthey a pu inspirer les recherches husserliennes relatives à l'esprit et à la nature, la radicalité de leur questionnement, dès les *Ideen* II, permet en retour le réexamen de la distinction entre l'esprit et la nature, c'est-à-dire l'interrogation de ce que l'on entend par « nature ». L'étrangeté de la nature comparée à l'humanité du monde historique, son incompréhensibilité, met en évidence le caractère problématique du concept diltheyen le plus central, celui de vie. Si Dilthey insiste sur le caractère médiat de la compréhension que nous en avons, puisque nous ne pouvons comprendre que ses objectivations, cette compréhension n'enlève rien au fait que la vie reste insondable. Comment dès lors penser à la fois ce caractère insondable et le fait que dans toute compréhension, c'est finalement la vie qui se comprend elle-même ? Et l'on comprend ainsi d'autant mieux la dénonciation husserlienne d'un dualisme récurrent chez Dilthey, alors même que ce dernier le rejette par ailleurs explicitement[1]. C'est aussi cette critique qui a orienté les travaux de Misch et de Bollnow en direction d'une logique de la vie et d'une herméneutique de la nature.

1. Sur la critique husserlienne de l'incompréhensible, voir par exemple *Hua* IV, 368.

LA PREMIÈRE RÉPÉTITION DE LA QUESTION DE DILTHEY PAR HEIDEGGER (1919-1920)

Comme on l'a vu, c'est pratiquement à l'époque de la correspondance entre Husserl et Dilthey que Heidegger découvre ce dernier dans le cadre de ses études théologiques. Plus courte et explicite, moins discontinue, la réception heideggérienne de Dilthey connaît deux temps forts en 1919 et en 1925. S'appuyant dès le début des premiers cours fribourgeois sur Dilthey pour se démarquer du néokantisme, Heidegger ne voit qu'un fantôme dans la menace que représenteraient l'historicisme et le relativisme qu'il impliquerait. À ses yeux, la philosophie de la vie est au contraire une « étape nécessaire sur le chemin de la philosophie » par rapport au caractère vide et formel de la philosophie transcendantale[1] : si Dilthey n'a pas pu connaître la fondation de la phénoménologie, il a en revanche non seulement immédiatement saisi la signification de la percée des *Recherches Logiques*, mais commencé à accomplir la phénoménologie[2]. En 1925, les conférences de Cassel vont encore plus loin : « Il nous faut répéter sa question, écrit Heidegger, et cela sur le sol d'une recherche qui nous donne les moyens appropriés d'aller au-delà de la position de Dilthey, à savoir la phénoménologie »[3].

La question qui demande à être répétée, c'est celle de l'historicité. Mais si le fait que Dilthey ait aperçu « l'effectivité de l'historique » est ce qui est décisif, quelle est la phénoménologie susceptible de servir de sol à cette répétition, c'est-à-dire de briser le cadre de la problématique gnoséologique qui ne lui a pas permis d'entrer dans la terre promise[4] ? Car si la question a

1. *Phänomenologie der Anschauung und des Ausdrucks*, Claudius Strube éd., GA 59, 1995, p. 154.

2. GA 56-57,165.

3. *Wilhelm Diltheys Forschungsarbeit und der gegenwärtige Kampf um eine historische Weltanschauung*, p. 169 dans l'édition bilingue ci-dessous. Ces conférences de Cassel seront désormais citées *CC* suivi de la pagination.

4. *Prolegomena zur Geschichte des Zeitbegriffs*, GA 20,19 et. dans le même sens GA 20,163.

un sens phénoménologique, la phénoménologie qui permettrait de la répéter doit inversement être à la hauteur de cette question. Loin qu'il suffise ici lui appliquer de l'extérieur une méthode phénoménologique déjà éprouvée, la question appelle une transformation de la phénoménologie. Et c'est ainsi sur Dilthey que Heidegger prend appui pour la radicaliser. En d'autres termes, la répétition de cette question est indissociable d'une critique de Husserl. Ce que Heidegger écrit de la réaction de Dilthey à l'article de la revue *Logos* vaut également pour lui : il était à juste titre sidéré[1]. Et au début des années soixante encore, son jugement est sans appel : la phénoménologie « au sens de Husserl s'était parachevée en une position philosophique déterminée, écrit Heidegger à Richardson, celle qui se dessinait depuis Descartes, Kant et Fichte. L'historicité de la pensée lui demeurait tout à fait étrangère »[2].

La nouvelle voie dans laquelle Heidegger engage ainsi la phénoménologie en revenant à la question de l'historicité est déjà indiquée par le qualificatif qu'il lui adjoint : celui d'herméneutique, qui laisse transparaître sa référence initiale à Dilthey. Il est remarquable que, à la différence aussi bien de ce dernier que de Schleiermacher, Heidegger ait explicitement employé ce terme pour qualifier l'ensemble de sa pensée. Mais il n'est pas non plus anodin que Heidegger ait aussi nommé cette voie « herméneutique phénoménologique » ou invité à emprunter le « chemin phénoménologique de l'herméneutique »[3] ; le fait que la phénoménologie n'intervienne qu'à titre de qualificatif pour préciser le nom d'herméneutique témoigne encore de l'ampleur de cette mutation herméneutique de la phénoménologie[4] qui, comme on le verra, ouvre simultanément une nouvelle voie à la pensée herméneutique postérieure. Cette mutation passe par deux moments qui correspondent aux deux phases de l'appropriation de Dilthey et que Heidegger a respectivement appelé l'herméneutique de la vie facticielle et l'herméneutique du *Dasein*. Avant d'analyser le propre des conférences casseloises, il faut donc revenir sur la première réception de Dilthey, celle qui s'inscrit dans le cadre de l'herméneutique de la vie facticielle.

1. GA 20,165 et dans le même sens *CC*, 207.

2. « Lettre à Richardson » (1962), trad. in *Questions IV*, *op. cit.*, p. 183. Gadamer rappelle en ce sens l'anecdote que Heidegger aimait à raconter : alors qu'il avait accompagné Husserl à la gare de Fribourg et que celui-ci lui exposait le contenu de la conférence qu'il s'apprêtait à faire à Londres, Heidegger lui aurait demandé ce qu'il en était de l'histoire ; saisi, Husserl aurait répondu l'avoir oubliée, « Wilhelm Dilthey nach 150 Jahre (Zwischen Romantik und Positivismus) », in *Dilthey und die Philosophie der Gegenwart*, *op. cit.*, p. 162.

3. Respectivement GA 56-57,131 note et *Ontologie (Hermeneutik der Faktizität)*, Käte Bröcker-Oltmanns éd., GA 63, 1988, p., 67.

4. Sur cette mutation, voir aussi *Ontologie et temporalité*, *op. cit.*, p. 24-26.

Reprenant le mot d'ordre phénoménologique du retour aux choses mêmes, Heidegger repose la question de leur donation[1], c'est-à-dire la question de savoir s'il y a un quelque chose qui nous est donné, ce que signifie cet *il y a*, et s'il y a *un quelque chose* qui nous est donné. Ce donné originaire qu'il appelle la vie en soi, la vie facticielle, sera d'abord pensé par Heidegger en termes d'*Erlebnis* ou d'expérience vécue[2]. La phénoménologie en tant qu'« archi-science pré-théorique » vise un savoir, non de la totalité des formes que la vie peut prendre ou de « l'infinie opulence des mondes que l'on vit en elle », c'est-à-dire de son *Wasgehalt*, mais de la modalité même du surgissement de la vie, de son *Wiegehalt*[3]. Heidegger critique ainsi aussi bien la réduction de la vie à un irrationnel qui se soustrairait à tout savoir, comme chez Spengler, que sa théorisation néokantienne qui pense les conditions de possibilité d'un monde qu'il a par avance dévitalisé, désignifié et déhistoricisé[4]. Dans ce contexte, la figure de Dilthey devient centrale : il intervient comme le troisième homme grâce auquel il devient possible de surmonter l'alternative entre une conscience historique comme celle de Spengler et un néokantisme anhistorique[5]. Heidegger insiste ainsi sur son caractère atypique : « Enraciné quant à son origine spirituelle (...), dans l'idéalisme allemand, non dans ses concepts morts, mais dans ses tendances vivantes – surtout Schleiermacher et Hegel –, Wilhelm Dilthey a œuvré de manière complètement isolée. Il n'a pas produit de système, mais il a exercé une action d'autant plus vivante sur la recherche philosophique et il continuera à le faire au cours des prochaines décennies »[6].

Les différents traits de la vie facticielle dégagés par Heidegger s'inscrivent à première vue facilement dans la continuité de la pensée de Dilthey. Même en pensant la vie comme création, celui-ci pourrait en effet souscrire au constat selon lequel « la vie n'est pas quelque chose qui aurait de surcroît besoin de trouver quelque chose ou qu'un vide initial obligerait à trouver un monde grâce auquel elle pourrait ensuite s'accomplir ». Et il en va de même de l'idée selon laquelle « les vécus (*Erlebnisse*) sont des

1. GA 56-57,72 et 89, et *Grundprobleme der Phänomenologie (1919-1920)*, Hans-Helmut Gander éd., GA 58, 1993, p. 27-29, 71 et 224-227, la question de la donation ouvrant chacune des deux parties de ce cours.

2. GA 58,1, 41 et GA 56-57,63-76 qui renvoie à Dilthey et Husserl.

3. GA 56-57,63 et GA 58,81 et 84 *sq.*

4. *Entlebt, entdeutet, entgeschichtlicht*, GA 56-57, 89, ou encore p. 75 et 206.

5. GA 59,36. Partant d'une opposition similaire, le cours du semestre d'été 1923 renvoie ces deux positions à des formes de la curiosité (GA 63,9 *sq.*), à l'effort de s'assurer d'une consistance objective. Les conférences casseloises opposent de façon analogue une phénoménologie anhistorique et une conscience historique comme celle de Spengler.

6. GA 58,9, GA 56-57,163.

événements (*Er-eignisse*) pour autant qu'ils vivent à partir du propre et que c'est seulement ainsi que vit la vie »[1]. En d'autres termes, si cette vie se caractérise par le fait qu'elle est *welthaft*, qu'elle a un monde qui a une triple dimension en tant qu'il est simultanément monde ambiant, monde partagé et monde propre (*Um –, Mit –,* et *Selbstwelt*), le monde propre a néanmoins une primauté sur les deux autres dans la mesure où toute vie éprouvée est toujours ma vie. Et la tâche de l'archi-science de la vie est précisément de parvenir à un savoir de ce monde propre, c'est-à-dire d'un vécu qui s'éprouve toujours dans un « maintenant » propre à un moi concret toujours situé[2] – ce qui signifie qu'à la différence du sujet transcendantal abstrait, ce moi est historique[3].

Bien qu'elle paraisse souvent se donner comme quelque chose d'essentiellement inachevé et insatisfaisant – et Heidegger rappelle ici le mot de Schopenhauer disant qu'elle est une affaire qui ne couvre pas ses frais –, ce qui caractérise la vie, c'est son auto-suffisance[4]. Heidegger précise en effet que si la vie est animée par des tendances qui visent à être satisfaites ou accomplies, c'est à l'intérieur même du cercle de la vie qu'elles y parviennent : la vie n'a pas pour cela à s'extraire hors d'elle-même car elle crée elle-même les formes capables de les satisfaire[5]. Mais l'autosuffisance de la vie vécue, c'est plus simplement celle du vivre en tant qu'il est toujours immersion dans tel ou tel vécu ; et dans l'expérience de la plénitude de ce vécu, le moi s'éprouve dans sa clôture et sa totalité[6]. Comme le suggère aussi la connotation usuelle du terme d'*Erlebnis* depuis la description schleiermachienne du sentiment de la vie dans les *Discours sur la religion*, cette expérience est absolue, l'étendue de son règne « sans bornes », « illimitée »[7].

À cette auto-suffisance de la vie répond le caractère finalement intransitif de sa mobilité, même si au premier abord le vivre est un vivre vers quelque chose, c'est-à-dire se caractérise par sa transitivité[8]. Partant

1. GA 58,34 et 250 et GA 56-57,75, trad. *Ontologie et temporalité*, *op. cit.*, p. 29.

2. GA 56-57,69, GA 58,62.

3. GA 56-57,85, 89 et 206 *sq.*, et GA. 9,30. Sur la démarcation vis-à-vis du néokantisme voir GA 59,168, GA 58,9 et la recension de l'ouvrage de Jaspers, cf. aussi Rodi, *Das Erkenntnis des Erkannten*, *op. cit.*, p. 114.

4. GA 58,27, 30, 63, etc.

5. GA 58,31, 34 *sq.*, 41 *sq.*, 63.

6. GA 58,97 et GA 56-57,206, *Phänomenologischen Interpretationen zu Aristoteles*, Walter Bröcker et Käte Bröcker-Oltmanns éd., GA 61, 1985, p. 151.

7. GA 58,100, 107 et 113.

8. GA 56-7,73, et cf. Jean-François Courtine, « Phénoménologie et/ou ontologie herméneutiques » in *Comprendre et interpréter*, Jean Greisch éd., *Philosophie* n° 15, Beauchesne, 1993, p. 164.

en 1921-1922 de l'équivocité et du flou du terme de vie dans des expressions usuelles comme *la vie politique*, *une vie ratée*, *la vie lui pèse*, *il a perdu la vie durant la croisière*, Heidegger revient sur le sens de la mobilité de la vie en faisant résonner la signification des formes nominale et verbale, la vie et vivre, dont on entend le plus souvent seulement un faible écho : « vie = existence (*Dasein*), "*être*" dans et par la vie »[1]. Les trois significations de la forme nominalisée la vie – à savoir la vie comme « *unité de la succession et de la temporalisation* », puis comme comportant et étant constituée par des *possibilités*, et enfin comme totalité ou réalité d'un *destin*, c'est-à-dire à la fois comme unité d'un quelque chose qui s'étire, qui suit un cours et qui est chargé et se charge de possibilités – anticipent en quelque manière le concept ultérieur d'existence. Mais ce que Heidegger dit de la forme verbale vivre s'avère ici plus remarquable.

Car si l'on admet que vivre peut s'entendre en un sens intransitif – *être en vie*, *il ne vit qu'à moitié*, *c'est ainsi qu'on vit* –, aussi bien que transitif – *vivre la vie*, *vivre sa vocation* –, le plus étonnant est que la distinction de ces deux sens semble ensuite abandonnée. Revenant sur la signification verbale intransitive du *y* vivre, vivre *de* quelque chose, *pour* quelque chose, *avec*/*contre*, Heidegger ajoute *vers* (*auf etwas hin leben*) qui nomme pourtant une transitivité. De fait, il s'agit de reconnaître et de préserver l'ambivalence transitive-intransitive de la vie, et non de l'abolir, de reconnaître que le phénomène vie est « articulé à travers l'intransitif ou encore le transitif y/dans, pour, avec et contre un monde »[2]. Au cours de cette première phase de réception, le concept de vie est donc aussi central pour Dilthey que pour Heidegger. Tous deux insistent sur son opacité. Mais la façon dont ils la nomment et la pensent indique déjà une différence essentielle : insondable pour le premier, elle est facticielle pour le second.

L'originalité du concept de facticité qui est clairement thématisé à partir de l'été 1920 se perçoit d'autant mieux qu'on le compare à l'usage courant de la notion dont Kisiel a analysé l'histoire. Remontant aux occurrences de ce terme, par exemple chez Fichte, Hölderlin, jusqu'au XVIIIe siècle, mais en particulier aussi chez Husserl et Dilthey[3], Kisiel montre qu'il désigne ce qui advient de façon contingente et apparaît donc comme irréductible au logique ou au théorique. Quels sont le sens et la place de ce concept chez

1. GA 61,81 et 85.

2. GA 61,82 et 85 *sq.*, ou encore : la vie est une « catégorie phénoménologique fondamentale » dont l'équivocité est "nécessaire" (*Interprétations phénoménologiques d'Aristote*, trad. J.-F. Courtine, – désormais abrégé *NB* – Mauvezin, TER, 1992, p. 20).

3. Cf. « Das Entstehen des Begriffsfeldes "Faktizität" im Frühwerk Heideggers », in *Dilthey-Jahrbuch* 4/1987, p. 91-120. En ce qui concerne Dilthey, voir l'essai sur Novalis de *Das Erlebnis und die Dichtung*.

Dilthey ? L'examen d'une de ses occurrences dans ses écrits révèle qu'il a une acception bien plus limitée ou moins essentielle que celle du concept fondamental d'insondable ou d'*Unergründlichkeit* qui caractérise la vie.

Dans un des manuscrits destinés à prolonger *L'Édification*, Dilthey considère la « facticité de la race, de l'espace, du rapport des forces » comme le point de départ de toute histoire ; ce fond, dont le pendant est constitué par le complexe de pulsions qui sont à la racine de la structure psychique, ne peut jamais être spiritualisé par la culture. La diversité de cet irréductible le conduit à parler de facticités au pluriel de sorte que facticité devient le nom de l'ensemble de qui résiste à la spiritualisation, c'est-à-dire à la transformation du donné –« la facticité irrationnelle » ou « la nécessité facticielle sans vie » s'opposant à la libre activité créatrice des hommes. De ces facticités naissent malgré tout des idéaux qui orientent la création de techniques, de règles et d'institutions sociales. L'histoire des hommes est donc ce « chemin de la facticité à l'idéal, chemin au cours duquel le devenir trouve une cohérence »[1]. Ce concept de facticité n'est donc pas purement gnoséologique dans la mesure où il désigne ce que les hommes ont à affronter dans la vie.

En revanche, le concept plus spécifiquement diltheyen d'insondable correspond apparemment mieux au concept heideggérien de facticité. L'insondable qui caractérise la vie se situe sur un autre plan que les facticités vitales. Car si celles-ci peuvent faire l'objet de savoirs, l'insondable dit l'irréductibilité de la vie comme donnée ultime en deçà de laquelle il est impossible de remonter, qu'il est impossible de fonder et qui est vouée à rester énigmatique, puisque seules les expressions de la vie sont susceptibles d'être comprises[2]. Dans quelle mesure cette compréhension relève t-elle d'un savoir herméneutique ?

La nature herméneutique du savoir de la vie tient pour Dilthey d'abord au caractère créateur de celle-ci. Comme celle d'un texte, sa connaissance suppose de remonter des formes ou des configurations constamment engendrées par la vie à l'activité créatrice dont elles procèdent ; elle n'est donc qu'indirecte. Mais d'un autre côté, l'évanescence de ces formes, le caractère lacunaire des restes historiques, condamnent cette connaissance à n'être que parcellaire. La spécificité de la manière dont Heidegger pense l'inquiétude de la mobilité vitale détermine autrement la nature herméneu-

1. GS VII, 287 et 288. En dehors des occurrences indiquées par Kisiel dans des textes diltheyens antérieurs, cf. GS VII, 109, trad. *op. cit.*, p. 63, où, citant Fichte, Dilthey reprend l'acception que ce dernier donnait à la notion de facticité.

2. Voir par exemple GS VII, 224 ou *Das Erlebnis und die Dichtung*, *op. cit.*, p. 142 ou encore GS VI, 287, trad. *Œuvres* 7,243 et 222.

tique de son savoir[1]. Si Dilthey pourrait admettre que toute vie est habitée par une inquiétude, Heidegger y voit un trait fondamental qui la pousse à se fuir elle-même, à se travestir. Et Heidegger pense toutes les théorisations qui ferment l'accès à la vie originaire comme une expression de cette inquiétude essentielle[2]. C'est donc à ce caractère elliptique de la vie, au nombre indéfini de ses masques ou travestissements – dont relève aussi la « *Deformation* » théorique – que se ramène ce que les philosophies de la vie ont pris pour son infinité[3].

Pour dire cette mobilité de la vie qui se fuit elle-même, le cours de 1921-1922 forge les concepts de reluisance, de préstruction et de ruinance. « Nous désignons par reluisance, écrit Heidegger, le mouvement de la vie en tant qu'il est orienté vers celle-ci », et ce mouvement est préstructif en tant qu'il vise à sécuriser la vie contre l'inquiétude qui l'habite en objectivant celle-ci aussi bien pratiquement que théoriquement, c'est-à-dire en produisant un monde d'objets, en construisant des systèmes de croyances et de pensée. La vie évite ainsi de se voir elle-même, se fuit, se durcit ou se verrouille elle-même; ce verrouillement (*Abriegelung*) caractérise la ruinance[4]. Le chemin de la facticité à l'idéal donnant sa cohérence à la vie devient le mouvement de dissimulation qui conduit la vie à se verrouiller elle-même. Et la fameuse expression heideggérienne selon laquelle la vie se donne dans sa nébulosité (*Diesigkeit*) ne signifie pas la simple obscurité ou opacité de la vie dont on trouverait l'idée chez Dilthey, mais cette auto-dissimulation de la vie comme l'explique aussi Gadamer : « Que la vie est brumeuse ne signifie pas tant que la barque de la vie est dénuée d'un horizon clair et libre. La brumosité ne signifie pas simplement une vue brouillée, mais décrit la constitution fondamentale de la vie en tant que telle, le mouvement à travers lequel elle s'accomplit. Elle s'embrume elle-même »[5]. C'est sur cet arrière-plan, qui conduira plus tard Heidegger à penser le *Dasein* en termes d'authenticité et d'inauthenticité, que le cours du semestre d'été 1920 intitulé *Phänomenologie der Anschauung und des Ausdrucks* entreprend la critique de la problématique diltheyenne de l'expérience vécue.

Si la vie ne se donne que dans un vécu, c'est précisément la façon dont Dilthey pense l'unité de la configuration vécue qui pose problème. Il ne

1. GA 58,55 note; sur les occurrences du terme d'herméneutique, voir antérieurement GA 56-57,117 et 131.

2. Sur cette *Unruhe*, voir GA 58,63 et GA 61,93.

3. GA 58,240, GA 61, 107-109 et 124.

4. Respectivement GA 61,119 et GA 61,109 et 120.

5. Respectivement GA 61,88 et *Gesammelte Werke*, J. C. B. Mohr, Tübingen, 1987, vol. 3, p. 224.

relègue pas le je à une place subordonnée, puisqu'il y voit la cellule originaire de la configuration efficiente[1]. Mais le moment de la constitution s'immisce malgré tout dans sa philosophie dans la mesure où il pense la configuration psychique comme *condition de possibilité* de la compréhension de la vie. Et comme il reconduit en fin de compte l'unité du psychisme à un faisceau de sentiments et de pulsions[2], ce qui revient à objectiver la réalité psychique, deux ordres finissent par se juxtaposer : celui de la constitution et celui du développement de la réalité vécue à partir de son centre pulsionnel. Heidegger estime que ce qui détermine en second lieu cette conception de la configuration psychique, ce n'est pas un quelconque biologisme, mais l'idéal humaniste d'harmonie tel qu'on le trouve chez Goethe et Humboldt. L'ipséité est ainsi pensée en tant que forme (*Gestalt*), c'est-à-dire esthétiquement. Du même coup, c'est aussi le concept de configuration qui sert à penser les époques de l'histoire et constitue plus largement le concept fondamental des sciences de l'esprit qui est visé par cette critique. On comprendra que Heidegger ait plus tard été frappé de constater une critique identique de ce concept de forme chez Yorck von Wartenburg[3]. Pour Heidegger, cette qualification d'esthétique signifie que dans une telle philosophie de la vie, « la relation actuelle au monde propre ne joue pas de rôle originaire », que ce monde n'est pas mis au centre de la problématique[4]. Comment entendre la nature de cette relation au monde propre ?

La pointe de la critique heideggérienne qui s'adresse aussi à la philosophie transcendantale vise l'absence de toute interrogation de l'être de l'ipséité du moi concret, ou du *suis* du *je suis*[5]. Dans le cours du semestre d'été 1920, la destruction de la problématique du vécu conduit Heidegger à penser l'inquiétude qui anime la vie et la conduit à se fuir elle-même en

1. GA 59,164.

2. Ce fond de sentiments et de pulsions sur lequel s'élèvent les vécus relève de la nature, de la vie dans ce qu'elle garde de toujours obscur (GS V, 206, trad. *Le Monde de l'esprit* I, 211).

3. La critique de sa lettre à Dilthey du 21 octobre 1895 vise simultanément ce concept de *Gestalt* propre à l'histoire de Windelband et l'idée que les sciences de l'esprit doivent recourir à la méthode comparative (*Briefwechsel*, *op. cit.*, p. 193).

4. GA 59,164-167 et 169.

5. Cette critique à l'égard d'un *cogito* dont « le sens de l'être du *sum* » reste indéterminé remonte déjà à la recension sur Jaspers (*Wegmarken*, Friedrich-Wilhelm von Hermann éd., GA 9, 1976, p. 29 *sq.*) et elle est constante au cours des années vingt. Mais elle change de signification lorsque l'analytique existentiale se « subordonne », comme dit Michel Henry, à l'ontologie fondamentale (*L'Essence de la manifestation*, Paris, P.U.F., 1963, tome I, p. 45), le terme d'ontologie n'ayant même pas de connotation positive avant 1921-1922.

termes de préoccupation et de souci[1]. Heidegger pense donc le travail de compréhension comme celui d'un être-là confronté au caractère incompréhensible de son propre être[2], alors que l'insondable de la vie chez Dilthey a un caractère comparativement impersonnel ou relève d'une proposition générale qui n'affecte pas dans son être même celui qui l'énonce. La différence entre les concepts diltheyen et heideggérien de la vie détermine simultanément la spécificité de leur conception du travail herméneutique.

La mobilité fuyante de la vie facticielle exclut qu'un vivre ou un revivre suffise à la saisir en tant que telle. Sa compréhension implique au contraire une destruction « à chaque fois concrète de la facticité, eu égard aux motivations de sa mobilité, à ses orientations et à ce dont elle a la disposition volontaire », et c'est cette destruction allant à l'encontre de la mobilité ruinante de la vie qui constitue le mouvement propre à la philosophie[3]. Néanmoins, si ce mouvement va à l'encontre de la tendance à la déchéance de la vie, il est lui-même « l'accomplissement explicite d'une mobilité fondamentale de la vie facticielle au sein de laquelle elle se maintient constamment »[4]. Et c'est en ce sens que doivent être entendus la reprise critique de l'idée diltheyenne selon laquelle le savoir de la vie par les sciences de l'esprit est une auto-explicitation de la vie qui se saisit elle-même[5] et l'expression d'herméneutique de la facticité dans la double acception du génitif. Au terme de son histoire de l'herméneutique de 1923, Heidegger donne ainsi pour tâche à l'herméneutique de « rendre accessible et de communiquer au *Dasein* propre le *Dasein* même dans son caractère d'être, de découvrir l'auto-aliénation par laquelle le *Dasein* est occulté ». L'herméneutique est en cela la possibilité accordée au *Dasein* de se comprendre lui-même[6].

On comprendra aussi que si, se fuyant elle-même dans les préstructions, la vie se caractérise par la ruinance, et si c'est aussi sa mobilité qui la conduit à s'expliciter elle-même contre la tendance à la déchéance, Heidegger en vienne plus tard, dans le cadre de sa phénoménologie de la vie religieuse et de son interprétation d'Aristote, à penser la vérité en termes de donation et de retrait, de découvrement recouvrant[7]. Le tour phénoméno-

1. « Le soi dans l'expérience qu'il a de lui-même est la réalité primordiale, et cette expérience qui relève de la préoccupation détermine le soi, cette préoccupation propre au soi est un souci constant de chuter hors de l'origine » (GA 59,173).

2. GA 58,61 *sq.* et 205, GA 59,63.

3. *NB*, 26 et 31, et GA 63,105, 48 et, en ce qui concerne la philosophie, GA 61,153 et 178.

4. *NB*, 20, et antérieurement GA 61,80.

5. GS VII, 136, trad. *Œuvres* 3,90.

6. GA 63,14.

7. GA 63,76.

logique ainsi donné à l'herméneutique est de ce fait indissociable d'une destruction de la théorie traditionnelle de la vérité. En revanche, bien que Dilthey ait pointé l'incapacité de l'école historique du XIXe à percevoir la nécessité de parvenir à une compréhension de la vie et qu'il ait lui-même pensé cette compréhension comme originairement pré-théorique, la problématique historiographique de cette école a néanmoins limité la portée de sa phénoménologie et de sa conception du travail herméneutique.

Sa conception de la vérité reste en effet celle de l'historiographie classique, et c'est selon un modèle philologique ou archéologique qu'il conçoit la compréhension propre aux sciences de l'esprit. Dans une telle perspective, l'historique est ce champ de ruines du passé, de souvenirs fragmentaires, qui demande à être reconstitué par la compréhension, puisqu'il s'agit de compléter les restes, c'est-à-dire, précise Dilthey, d'interpréter les expressions, et c'est en ce sens qu'il faut comprendre que « tout est interprétation, tout relève d'un art herméneutique »[1]. Selon ce modèle, l'accès à la vérité relève d'une excavation de l'enfoui, d'une *enquête* critique susceptible de libérer un texte des interpolations qui en occultent le sens. La compréhension d'une configuration historique résulte ainsi de ce faire propre à l'historien, de ce refaire de ce que nous aurions fait, Dilthey renvoyant ici à Vico. On ne peut contester la validité sur ce plan d'une telle conception de la vérité. Mais celle-ci n'est plus appropriée au niveau de la compréhension pré-théorique thématisée par exemple par *Les Types de vision du monde*.

De ce point de vue, ce n'est pas le démantèlement heideggérien qui est à opposer à l'édification diltheyenne, l'*Abbau* à l'*Aufbau*, mais leur conception de la destruction susceptible de permettre le retour à un vécu préthéorique. Car, en dehors de la critique de la psychologie constructive, on a peu remarqué la violence impliquée par la critique de la raison historique dénonçant les philosophes qui pensent un sujet dévitalisé, un cadavre, et invitant à « déchirer » la coque des essences abstraites et substantielles de la métaphysique[2]. Ce qui distingue la destruction phénoménologique heideggérienne de la phénoménologie de la métaphysique, c'est la conception de la vérité qui les sous-tend.

C'est dans ce cadre que Heidegger oppose l'interrogation du sens du *suis* dans le *je suis* à la problématique transcendantale dont Dilthey n'arriverait pas à se libérer. Comme l'indique Pöggeler, c'est dans le christianisme primitif qu'il trouve une telle interrogation sur l'être de « la

1. GS VII, 279 et 280.
2. GS I, 383, trad. *Œuvres* 1,334.

concrétion facticielle du sujet dans son maintenant, ici et ainsi »[1]. La conjonction des sources d'inspiration diltheyenne et chrétienne, qui transparaît dans l'expression d'herméneutique de la facticité, semble ainsi au premier abord paradoxale. Car si l'herméneutique en tant qu'art de comprendre implique un sens compréhensible, la facticité signifie par contre ce qui demande à être admis en tant que *factum* sans pouvoir être « compris »[2]. Mais loin d'opposer à Dilthey cette interrogation de l'extérieur, c'est précisément en partant de son interprétation relative au christianisme que Heidegger y parvient.

Si l'on se souvient que ses premières lectures de Dilthey remontent au plus tard à 1909-1910, à l'époque de ses études théologiques[3], il est remarquable que parmi les passages que recopie Heidegger figurent justement les chapitres de l'*Introduction aux sciences de l'esprit* relatifs au christianisme et à Augustin. L'interprétation qu'en donne Dilthey est l'une de celles, la première, dont se démarque le cours de Heidegger consacré en été1921 à Augustin et au néoplatonisme[4]. Et c'est cette mécompréhension que pointera encore le cours de 1923 en considérant que Dilthey n'a pas estimé à sa juste valeur la place d'Augustin dans l'histoire de l'herméneutique. Ce n'est pas la brève *Naissance de l'herméneutique*, effectivement laconique sur Augustin, qui est visée, mais la signification qui lui est accordée par l'interprétation de l'*Introduction* de 1883.

Sur le fond de sa formation initialement théologique, le projet des années de jeunesse de Dilthey était double. D'une part, écrire une histoire de la vision chrétienne du monde, ce qui le conduisit à se plonger en 1859-1860 dans la philosophie médiévale. D'autre part, explorer le mystère de l'âme, c'est-à-dire prolonger la critique kantienne de la raison[5]. Si l'*Introduction aux sciences de l'esprit* répond à ce double projet, le premier d'entre eux se réalise dans le second livre de cette *Introduction* dans le cadre de la phénoménologie de la métaphysique. C'est donc le réexamen de ces chapitres qui montre la façon dont leur lecture comme celle de la *Vie de*

1. Voir *Der Denkweg Martin Heideggers* (1963), trad. M. Simon, *La Pensée de Martin Heidegger*, Paris, Aubier Montaigne, 1967, en particulier le chap. 2.

2. Voir Gadamer, « Die deutsche Philosophie zwischen den beiden Weltkriegen », *Gesammelte Werke*, *op. cit.*, vol. 10, p. 365.

3. Voir sa lettre à Karl Löwith du 13 septembre 1920 citée par Kisiel in *The Genesis of Heidegger's Being and Time*, *op. cit.*, p. 100, note 43.

4. *Phänomenologie des religiösen Lebens*, Matthias Jung, Thomas Regehly et Claudius Strube éd., GA 60, 1995, p. 164. Sur ce cours voir les analyses de Kisiel, *The Genesis of Heidegger's Being and Time*, *op. cit.*, I, 2 et 4, et de Greisch, *L'Arbre de vie et l'arbre du savoir*, Paris, Éd. du Cerf, 2000, chap. 8 et 9.

5. GS V, p. XXIII *sq*.

Schleiermacher a pu contribuer à préparer le déploiement de l'herméneutique de la vie facticielle.

L'*Introduction* considère qu'avec le christianisme, le fondement de la pensée et de l'action n'est plus cherché en se lançant dans une conquête, finalement décevante, du monde extérieur, mais en revenant sur soi-même. Autrement dit, face au souci théorique des Grecs, le christianisme met au premier plan l'expérience vécue personnelle[1]. Et aux yeux de Dilthey, c'est l'essence de Dieu « saisie dans la vie de l'histoire », le combat en l'âme non pas entre des théories, mais entre les diverses croyances et « formes de vie morale et religieuse », qui a permis la naissance de la conscience historique. Mais le tragique du christianisme tient à ce qu'il a simultanément mutilé cette expérience religieuse vivante en l'enfermant dans un réseau de concepts métaphysiques comme ceux de substance, de cause ..., et donc en l'objectivant[2]. La place accordée par Dilthey à Augustin dans cette histoire est éminente.

À l'encontre de la tendance de la métaphysique à intellectualiser la vie psychique en la réduisant à des représentations et à de la pensée, Augustin découvre la vie intérieure en tant que donnée irrécusable, non seulement comme pensée comme chez Descartes, mais précisément comme vie et comme vie historique, le monde n'étant lui-même que pour la conscience d'un moi à laquelle il apparaît. En d'autres termes, la totalité du monde extérieur n'a d'intérêt que dans la mesure où il signifie quelque chose pour la vie de l'âme. La définition augustinienne du monde comme ce qui est donné à la conscience, la découverte que la réalité est à chercher dans sa propre intériorité, tel est le point de départ d'Augustin. Ce dernier apparaît ainsi « comme un élément à part dans la lente et pénible évolution historique qui de la métaphysique objective mène à la théorie de la connaissance », même si cette expérience est immédiatement recouverte par une nouvelle époque de la métaphysique[3]. Autrement dit, cette métaphysique coupe court à la possibilité de constituer un savoir de cette expérience qui ne lui soit pas extérieur, un savoir susceptible de fonder les sciences de l'esprit[4]. Comme le remarque Greisch, l'origine de la thèse heideggérienne selon laquelle le christianisme est le paradigme le plus déterminant du déplacement de la vie facticielle vers le monde propre est donc effecti-

1. GS I, 249 et 251, trad. *Introduction à l'étude des sciences humaines*, p. 311 et 315.

2. GS I, 258 et 272, trad. *Introduction à l'étude des sciences humaines*, p. 323 et 340.

3. *Ibid.*, I, 259, 263 *sq.* et 267, trad. *Introduction à l'étude des sciences humaines*, p. 324 *sq.*, 331 et 333.

4. *Ibid.*, I, 251 *sq.*, trad. *Introduction à l'étude des sciences humaines*, p. 315.

vement diltheyenne[1]. Si Heidegger considère à la suite de Dilthey que l'essentiel de l'expérience augustinienne s'est perdu chez Descartes, c'est en un autre sens. Cette critique heideggérienne, qui se situe entre les deux phases de son appropriation de l'héritage diltheyen, vise la thèse selon laquelle c'est Kant et Schleiermacher qui ont accompli le projet augustinien[2]. Mais ce qui a probablement aussi déterminé la compréhension d'Augustin et du christianisme par Dilthey, ce qui l'a empêché de penser l'existence en termes de dette et d'être-à-la-mort, c'est sa distance à l'égard de la théologie chrétienne et une proximité avec l'affirmation goethéenne de la vie[3].

La lecture de l'*Introduction* de 1883 constitue donc l'arrière-plan de la critique de la brève histoire de l'herméneutique du cours du semestre d'été 1923. Au terme de cette histoire, Heidegger pointe le fait que *La Naissance de l'herméneutique* reprend à son compte l'acception schleiermachienne étroite, c'est-à-dire purement méthodologique, de l'herméneutique. Sur ce fondement, Dilthey cherche essentiellement à dégager dans l'histoire de l'herméneutique les moments du déploiement de la méthodologie des sciences herméneutiques de l'esprit. Ce projet constitue au contraire pour Heidegger « la funeste limitation de sa position ». Elle lui ferait en effet manquer les époques décisives de cette histoire : celles de la patristique et de Luther[4]. L'inspiration kierkegaardienne et plus largement l'anthropologie chrétienne vont en revanche conduire Heidegger à substituer au concept de vie celui d'existence.

La question posée par l'histoire de l'herméneutique de 1923 est donc double : dans quelle mesure Dilthey accomplit-il un pas décisif par rapport à Schleiermacher ? Et que manque-t-il exactement ? Pour le saisir, nous partirons cette fois de Dilthey en mettant l'accent sur ce qui le rapproche le plus de Heidegger. Car c'est seulement sur le fond de ce qui leur est le plus commun que pourra être dégagée la spécificité de l'herméneutique heideggérienne. Il convient en particulier de se pencher sur trois concepts diltheyens dont la présence à l'époque de l'herméneutique de la vie facticielle est très discrète, mais qui se verront progressivement accorder une place de premier plan : les concepts de comportement, d'affection et de discours.

1. GA 58,61, GA 59,91, GA 60,336 et *CC*, 189. Voir aussi *L'Arbre de vie et l'arbre du savoir*, *op. cit.*, p. 221.

2. GA 60,164.

3. En 1861, alors qu'il travaille à son histoire du christianisme, Dilthey note dans son journal la vanité de sa lutte pour surmonter le sentiment de rester complètement étranger à la défiance de cette religion à l'égard de la nature humaine et à son impatience d'atteindre l'au-delà (*Der junge Dilthey*, *op. cit.*, p. 152).

4. GA 63,14.

L'analyse diltheyenne déborde la visée de l'herméneutique classique à un double titre. S'il est juste, comme on le pense communément, que, au-delà de la sphère des textes religieux ou juridiques et de la sphère de la communication intersubjective, Dilthey a étendu l'objet de l'herméneutique à la sphère des formations socio-historiques, c'est dans la mesure où celle-ci permet de comprendre l'homme dans son historicité. La critique de la raison historique implique donc non un simple élargissement de la raison, mais son historicisation. Comme le rappelle Schnädelbach, cela signifie que le problème de la compréhension que les rationalistes croyaient avoir résolu se pose en d'autres termes : avec l'historicisation du comprendre, comprendre, c'est devoir surmonter « l'abîme entre hier et aujourd'hui » – les romantiques pensant très vite ce travail en termes d'empathie, d'*Einfühlung* et de *Sich-hinein-versetzen*..., et cela y compris dans la compréhension d'un texte. « Mais le pas conduisant à l'universalisation du problème herméneutique sous des présuppositions historiques est accompli, écrit Schnädelbach, dès l'instant où les conditions subjectives de la compréhension dans lesquelles se trouve toujours celui qui comprend sont reconnues en tant que l'horizon à l'intérieur duquel tout sens compréhensible est toujours situé »[1]. La pensée transcendantale est alors intégrée à la théorie de la compréhension de sorte que le contexte historique à l'intérieur duquel s'accomplit une compréhension est constitutif de celle-ci. Comme on l'a vu, Dilthey reconnaît qu'il n'y a pas de connaissance sans préjugés et que ceux-ci font donc partie des conditions concrètes de la connaissance. Mais il ne tire pas toutes les conséquences herméneutiques d'une telle historicisation, à savoir qu'avec le passage d'une époque de l'histoire à une autre l'auteur, le texte et son interprète se retrouvent placés dans un autre contexte, ce qui rend infini le processus de la compréhension. La nécessité de repenser la compréhension dans le cadre de l'avènement de la conscience historique ne constitue pourtant pas encore le soubassement donné par Dilthey à l'herméneutique schleiermachienne, car on en reste là au niveau d'une problématique méthodologique.

Le propre de Dilthey, c'est de rapporter le savoir historique à l'historicité de l'existence humaine. Récusant la réduction de l'homme à une pure raison, il historicise non pas la raison, mais l'homme. Et c'est dans le cadre de cette historicisation qu'il pense la compréhension comme une modalité de son être même. L'herméneutique diltheyenne repose ainsi sur une analyse existentielle de l'homme dans laquelle on peut voir une anticipation de l'analytique existentiale du *Dasein*. *Être et temps* affirme en effet que la tâche de l'analytique existentiale est pré-dessinée ou inscrite

1. *Philosophie in Deutschland, 1831-1933*, *op. cit.*, p. 142.

d'avance, du point de vue de sa possibilité et de sa nécessité, dans sa constitution ontique[1]. Or ce n'est pas seulement le comprendre, mais l'ensemble des trois existentiaux – l'affection, le comprendre et le discours clairement thématisés par le cours de l'été 1925 – qui sont « pré-dessinés » dans l'herméneutique diltheyenne de la vie. Et c'est pourquoi si l'on ne met pas l'accent principal sur l'affirmation que la compréhension de soi est compréhension de l'être, la différence entre les pensées herméneutiques de Dilthey et de Heidegger s'estompe considérablement.

C'est dans un manuscrit intitulé « *Das Problem der Geschichte* » (« Le problème de l'histoire ») et appartenant au projet de prolongation de *L'Édification du monde historique* que cette dimension existentielle de la compréhension est la plus incontestable. Dilthey écrit en effet : « Commencement : le monde historique est toujours là, et l'individu ne le considère pas seulement de l'extérieur mais il y est intriqué (...). Il n'est pas possible de couper cette relation », et un peu plus loin : « Nous sommes des êtres historiques avant d'être des spectateurs de l'histoire, et c'est seulement parce nous le sommes qu'il nous est possible d'être spectateurs » – ce qui est affirmer on ne peut plus clairement que tout savoir historique suppose une appartenance plus originelle à l'histoire, c'est-à-dire une existence historique. C'est précisément aussi ce qui donnait son sens à ses recherches relatives à l'histoire de l'esprit allemand. Enfin, rappelant avoir désigné du nom de « critique de la raison historique » la tâche fondamentale de toute réflexion (*Besinnung*) sur les sciences de l'esprit, Dilthey ajoute :

> Il nous faut quitter l'air pur et raffiné de la critique kantienne de la raison pour (être à la hauteur) de la tout autre nature des objets historiques (...). Je suis ainsi jusque dans les profondeurs inaccessibles de mon moi un être historique.

Si c'est un des passages où l'historicité de l'homme est peut-être la plus radicalement affirmée, la thèse n'est pas nouvelle puisque c'est ce que disait déjà les *Idées pour une psychologie descriptive et analytique*, et ce manuscrit va jusqu'à reprendre presque littéralement la formule selon laquelle « c'est seulement dans l'histoire que l'homme se connaît, jamais par l'introspection »[2]. Mais que signifie cet « être historique » de l'homme ? Dilthey pense cet être non comme une simple conscience historique, mais comme une structure psychique douée aussi bien de volonté et de sentiment que d'une aptitude à théoriser ou à voir, et

1. *Sein und Zeit* (désormais cité *SuZ*) Tübingen, Max Niemeyer, 1976, p. 13.

2. Respectivement GS VII, 277 et 278 sq, GS V, 180 (trad. *Le Monde de l'esprit* I, 186), mais cf. aussi GS V, 275 et en particulier la version de l'ébauche originelle.

– conformément au principe de phénoménalité – en relation au monde dans sa globalité. Et c'est dans cette relation relevant à ses yeux d'un comportement (*Verhalten*)[1] que doit être découverte l'historicité de l'homme.

Partant de ce que l'expérience vécue serait d'abord état de conscience, Raymond Aron estime que ce concept de comportement a été importé des *Recherches Logiques* dans la philosophie diltheyenne. À ses yeux, Dilthey précise sa description de l'expérience vécue en empruntant la notion husserlienne d'intentionnalité qui devient dans son langage l'attitude, les ensembles psychiques (intellectuel, affectif et volontaire) étant ainsi pensés non comme des facultés, mais comme des attitudes différentes de la vie[2]. Le comportement dit bien plus : il qualifie l'ensemble de l'homme, c'est-à-dire l'homme incarné. Mais il est remarquable que si cette transformation critique du concept d'intentionnalité correspond bien à quelque chose chez Heidegger, rien n'est moins sûr en ce qui concerne Dilthey. D'une part c'est Heidegger qui substituera comportement (*Verhalten*) à acte (*Akt*)[3], et l'on pourrait plutôt se demander dans quelle mesure Dilthey y aurait été pour quelque chose. En ce qui concerne ce dernier d'autre part, l'emploi du concept de comportement en ce sens là remonte au moins au début des années 1860. Et Aron corrige lui-même immédiatement après cette idée d'une transposition en ajoutant que Dilthey se borne à formuler autrement l'idée déjà présente dans la psychologie analytique. En un mot, le concept husserlien servirait à préciser une idée plus ancienne. Mais l'idée d'une transposition du concept d'intentionnalité reste gênante à un second titre : comme on l'a vu, Dilthey rejette un tel concept dans la mesure où il suppose déjà une dualité postérieure au vécu de l'*Innewerden*[4].

Il nous semble qu'il faut distinguer deux acceptions du terme de comportement. Là où le comportement se donne immédiatement à voir, c'est sous une diversité de formes qui fait qu'il y a non pas un, mais des comportements. Dans le cadre d'une psychologie comparée, Dilthey les ramène à trois modalités fondamentales. Et c'est à ces trois modes que remonte la « phénoménologie du savoir » qui est ce versant positif de la phénoménologie de la métaphysique. Comme le montre en particulier *Les Types de vision du monde*, ce sens du terme de comportement est néanmoins dérivé par rapport au sens premier qui indique une relation ou un savoir préthéorique relatif non à tel ou tel type d'objet, mais à la globalité du monde. Dans les visions du monde dont il analyse la constitution, Dilthey voit en

1. GS VII, 24 *sq.*, 46 *sq.*, etc.

2. *La Philosophie critique de l'histoire*, Paris, Seuil, 1970, p. 75, cf. aussi la note B, p. 274 *sq.*

3. GA 61,58-61.

4. Voir GS XIX, 89 *sq.*, GS V, 97, trad. *Le Monde de l'esprit* I, 102.

effet des formations dont le soubassement est constitué par des images du monde, c'est-à-dire des tonalités affectives et des comportements. « Ces tonalités affectives vitales, les innombrables nuances de l'attitude à l'égard du monde, écrit-il, forment la couche inférieure du déploiement des visions du monde ». Leur « soubassement est toujours une image du monde (*Weltbild*) » issue d'un « comportement global ». Et comme le dit justement Bollnow, c'est à condition qu'une forme suffisamment stable soit donnée à la tonalité affective – ce qui est le fait du génie religieux, poétique ou philosophique – qu'elle engendre une vision du monde[1]. Le concept de tonalité affective n'est certes pas précisément thématisé de sorte que certaines formulations de Dilthey peuvent paraître ambiguës. Celui-ci écrit par exemple : « Toute forte impression fait percevoir à l'homme la vie sous un angle particulier. Le monde en reçoit alors un nouvel éclairage : la répétition de telles expériences engendre nos humeurs à l'égard de la vie ». Si ce passage laisse supposer que des impressions répétées et associées engendreraient des tonalités affectives, non seulement Dilthey a toujours rejeté ce genre d'empirisme, mais il ajoute aussitôt : « L'ensemble de la vie reçoit une coloration et est interprétée à partir d'une relation vitale »[2].

Même s'il y avait une différence de nature, comme le laisse entendre Bollnow[3], et non de degré entre les concepts diltheyens et heideggériens de tonalité affective, c'est malgré tout leur proximité qui explique qu'*Être et temps* ait jugé nécessaire de se démarquer du concept diltheyen. Et c'est tout le sens de l'affirmation selon laquelle les « vécus » supposent une ouverture préalable du *Dasein*, à savoir son être-intoné qui ne saurait être confondu avec un état intérieur qui s'extérioriserait ensuite pour colorer les choses et les personnes, ou encore de l'affirmation selon laquelle l'expérience d'une résistance suppose la possibilité de rencontrer tel ou tel étant[4]. Chez Dilthey, la tonalité affective constitue donc avec le comportement la modalité primitive de la relation au monde en deçà de l'objectivation théorique impliquant la dualité sujet – objet.

Il en résulte qu'un tel monde est immédiatement signifiant. Dilthey écrit ainsi : « Notre relation à la vie, aussi bien à celle qui nous est

1. *Dilthey, Eine Einführung in seine Philosophie* (1936), Stuttgart, Kohlhammer, 1955, p. 84.

2. GS VIII, 81-83, trad. *Théorie des conceptions du monde*, p. 102-104 ; sur *Stimmung* voir aussi GS V, 378 (trad. *Le Monde de l'esprit* I, 378), GS VII, 48-50, 52 et 342.

3. Le concept de tonalité affective ne serait pas « autant » thématisé chez Dilthey qu'il le sera ensuite chez Plessner et Heidegger, estime Bollnow.

4. *SuZ*, 136 et 209 *sq.*, Heidegger reprenant la question des *Contributions* de 1890 à laquelle renvoyait déjà GA 59,158.

personnelle qu'à celle qui nous est étrangère, est “compréhensive” »[1], mais elle est également compréhensive à l'égard de l'ensemble des ustensiles de la vie quotidienne. Cette compréhension, Dilthey la qualifie d'élémentaire. Il est difficile de ne pas voir se profiler la thèse exposée dès le premier des cours fribourgeois et selon laquelle le monde de la vie est signifiant ; c'est ce que rappelle en particulier l'analyse du vécu de la chaire d'amphithéâtre, qui – même pour un paysan de la Forêt-Noire ou un Sénégalais qui serait brusquement transplanté de sa hutte dans cet amphithéâtre – ne se réduit pas à des taches colorées[2]. Ce sont aussi les descriptions heideggériennes de l'ustentialité que l'on entr'aperçoit dans les exemples de compréhension élémentaire donnés par Dilthey. Ayant rappelé que cette compréhension se développe initialement dans le cadre de la vie pratique, Dilthey prend d'abord comme exemples de compréhension celles de la mimique, de la physionomie – exemples probablement plus célèbres, car ils s'inscrivent naturellement dans le cadre de la problématique de la compréhension d'autrui. En revanche, les exemples qui suivent sont « le fait de ramasser un objet, de laisser tomber un marteau, de scier du bois », exemples auxquels Dilthey revient après avoir renvoyé à l'enfant qui, avant d'avoir appris à parler, baigne dans des significations[3]. Et il y a dans la distinction entre compréhension élémentaire et supérieure, qui seule met en jeu une interprétation, comme une esquisse de la distinction entre compréhension et explicitation du paragraphe 32 d'*Être et temps*.

Ainsi, de même que le savoir historique suppose une existence historique, lorsque *De la Psychologie comparée* affirme que « toutes les règles herméneutiques » propres à l'exégèse ou à l'interprétation « ne peuvent déduire les déterminations particulières des divers objets (à comprendre) qu'à partir d'un procédé méthodique reposant sur ce comportement vivant », à savoir la relation vivante à ce qui attend d'être compris[4], ce comportement suppose celui plus originel d'une relation à la totalité d'un donné vital. Autrement dit, toute herméneutique présuppose une précompréhension non seulement de la chose qui est immédiatement à interpréter, mais du monde ; et il n'est pas difficile de penser chez Dilthey l'esquisse du discours qu'*Être et temps* pensera en tant que troisième existential. Mais si le vécu doit donc être pensé en termes de tonalité

1. GS VII, 196.

2. GA 56-57,85 et 71 *sq.*, et c'est en des termes qui font aussi penser à Dilthey que Heidegger parle de la vie qui n'est pas un pur chaos, mais « est comprise comme quelque chose de signifiant, comme s'exprimant concrètement » (GA 58,239).

3. GS VII, 207 et 208 *sq.*

4. GS V, 278, trad. *Le Monde de l'esprit* I, 282.

affective et de comportement compréhensifs, la question initiale se repose : qu'est-ce qui fait l'historicité de ce comportement ?

Le second concept fondamental à partir duquel doit être pensé la compréhension est celui de structure psychique dans ce qui fait simultanément son épaisseur et son dynamisme : cette structure ou configuration psychique est acquise et efficiente[1]. Les *Idées pour une psychologie descriptive et analytique* en font l'objet d'étude principal de la psychologie descriptive et analytique et leur avant-dernier chapitre consacré au développement de la vie psychique pense l'articulation de celle-ci, son développement et sa sclérose, à partir d'une tendance à s'auto-articuler et à se donner une forme qui caractérise tous les vivants[2]. Connaissable seulement par la médiation de ses créations, à savoir aussi bien les œuvres individuelles que les formations culturelles, cette structure psychique acquise échappe en majeure partie à la conscience tout en déterminant les processus conscients particuliers[3], Dilthey pensant à travers ce concept ce qui fut mis sur le compte d'une génialité inconsciente[4]. Comme le voient bien les conférences de Cassel, c'est dans la mesure où elle est acquise que cette structure psychique est déterminée par son histoire[5].

Cette dimension existentielle de l'historicité déborde ainsi la totalité signifiante reconstruite rétrospectivement par le souvenir, c'est-à-dire excède la vie saisie par la bio- ou l'autobiographie, par le travail de l'historien. L'idée d'une compréhension pré-théorique en tant que modalité même de l'existence humaine ne marque donc pas une inflexion nouvelle par rapport à Dilthey. En revanche, plus qu'en procédant à la destruction du problème de l'*Erlebnis* en 1920, c'est en pensant à partir de 1922 l'épreuve de la vie comme l'épreuve de son exposition à la mort, en pensant le souci comme l'être-à-la-mort, que Heidegger se démarque radicalement de la philosophie de la vie. Comme le dit le *Natorp Bericht*, c'est seulement « quand elle prend possession de la mort et de sa certitude propre (que) la vie devient visible en soi-même » – le cours du semestre d'été 1923 étant

1. GS V, 238-240 (trad. *Le Monde de l'esprit* I, 242-245). Peter Krauser qui a analysé ce concept dans le cadre d'une problématique de type plus épistémologique le retrouve dès 1860 et jusque dans les derniers manuscrits. Voir son tableau chronologique de ses principales occurrences in *Kritik der endlichen Vernunft*, Francfort-sur-le-Main, Suhrkamp, 1968, p. 147 *sq.*

2. GS V, 217 *sq.* et 224 *sq.*, trad. *Le Monde de l'esprit* I, 22 *sq.* et 229 *sq.*

3. GS V, 144, 177 *sq.*, 180 et 238 *sq.* (trad. *Le Monde de l'esprit* I, 150, 183, 186, 242), GS VII, 80.

4. Voir GS VI, 167-170, 230 *sq.* trad. *L'Imagination du poète*, in *Œuvres* 7,96-99, 163 *sq.*

5. *CC*, 167.

étrangement laconique sur ce point[1]. Le passage de l'herméneutique de la vie facticielle à l'herméneutique du *Dasein* trace ainsi la limite à l'intérieur de laquelle l'analyse existentielle pré-dessine l'analytique existentiale[2]. Cela permet également de comprendre l'affirmation de Heidegger selon laquelle le coup d'envoi d'*Être et temps* date de 1922-1923. Relayée dans le cours du semestre d'été 1923 par la dénonciation du fourvoiement méthodologique de l'histoire de l'herméneutique de Dilthey, cette pensée du *Dasein* comme être-à-la-mort laissait supposer un congé définitif donné à sa philosophie. Or quelques semaines plus tard un double événement éditorial va pourtant conduire Heidegger à réitérer son invitation à se réapproprier son héritage. Cette réappropriation n'est plus d'abord dirigée contre le néokantisme, mais contre Husserl.

1. *NB*, 25, GA 63,17 et 111 et plus tard le § 65 d'*Être et temps*.

2. Une histoire de l'herméneutique qui, comme celle de Franz Mussner, mettrait essentiellement l'accent sur la compréhension pré-théorique dans *Être et temps* méconnaîtrait sa spécificité aussi bien par rapport à Dilthey que par rapport à Gadamer (voir Mussner, *Geschichte der Hermeneutik von Schleiermacher bis zur Gegenwart*, Fribourg, Herder Verlag, 1970, trad. T. Nieberding et M. Massart, *Histoire de l'herméneutique de Schleiermacher à nos jours*, Paris, Éd. du Cerf, 1972, p. 31-35).

LE DÉPLACEMENT DE LA QUESTION HERMÉNEUTIQUE CLASSIQUE PAR L'HERMÉNEUTIQUE DU *DASEIN* (1923-1925)

En décembre 1923, la publication de la correspondance entre Dilthey et le comte Paul Yorck von Wartenburg puis, au printemps suivant, celle du cinquième volume des *Gesammelte Schriften*, intitulé *Le Monde de l'esprit* et longuement introduit par Misch, ouvrent la seconde phase de réception de Dilthey qui culmine dans les conférences de Cassel et les *Prolegomena zur Geschichte des Zeitbegriffs* (*Prolégomènes à l'histoire du concept de temps*). Ces conférences s'inscrivent directement dans la continuité du projet de recension de la correspondance Dilthey-Yorck et de la conférence marburgeoise de juillet 1924 sur « Le Concept de temps »[1]. De son côté, ce projet de recension montre bien la continuité de la référence à Dilthey entre 1923 et 1925.

Dans sa lettre du 15 décembre 1923, Heidegger propose à un disciple de Dilthey, Erich Rothacker, qui était le co-éditeur d'une nouvelle revue, la *Deutsche Vierteljahrschrift für Literaturwissenschaft und Geistesgeschichte* et l'éditeur de la correspondance entre Dilthey et Yorck de recenser cette dernière. Estimant nécessaire de mettre fin au « bavardage » relatif aux sciences de l'esprit dans une revue qui leur était explicitement consacrée, cette lettre déclare vouloir se situer de façon décisive par rapport à Dilthey à une époque où la radicalité de sa pensée est susceptible de se voir recouvrir par la mode des philosophies de la vie. En avril suivant, il écrit ainsi à Rothaker juger « maintenant nécessaire que l'esprit de Dilthey agisse de façon concrète et correcte »[2]. En novembre, l'ampleur de la recension envoyée à Rothaker est telle – elle comprend soixante-dix

1. Voir *The Genesis of Heidegger's Being and Time*, *op. cit.*, p. 315-361 *et* « *A Philosophical Postscript : on the Genesis of Sein und Zeit* », in *Dilthey-Jahrbuch* 8/1992-93, p. 226.

2. Sur la question de savoir si Heidegger a lu cette correspondance avant même sa publication, voir F. Rodi, « Zur Einführung », in *Dilthey Jahrbuch* 8, p. 125 *sq.*, volume où ont également été publiées les lettres à Rothaker.

feuillets – que la revue renoncera à la publier. Intitulée « le concept de temps », la mention de la correspondance n'apparaît plus que dans son sous-titre. Mais les quelques pages qui lui sont directement consacrées se retrouveront dans le paragraphe 77 d'*Être et temps*. Quel est le sens de la référence à Dilthey dans les conférences de Cassel ?

Comme le fait Rodi, on peut penser que le cours du semestre d'été 1920 reste la source la plus importante pour connaître la relation de Heidegger à Dilthey. Il est vrai que si les conférences casseloises se réfèrent essentiellement aux *Idées pour une psychologie descriptive et analytique* tout en s'appuyant sur l'introduction de Misch au cinquième tome des *Gesammelte Schriften*, ce cours de 1920 s'appuie en revanche aussi bien sur *L'Édification du monde historique* que sur des écrits antérieurs [1]. Mais d'un autre côté, la référence centrale aux *Idées* de 1894 est d'autant plus pertinente que cet essai se situe au cœur de la période la plus fondamentale de la pensée diltheyenne, là où sont posés et se nouent tous les problèmes qui l'ont occupé. En d'autres termes, si cette référence est moins exhaustive, elle est plus centrale.

Considérées en elles-mêmes, les conférences de Cassel commencent par revenir à Dilthey et pointer l'insuffisance de la phénoménologie husserlienne pour répéter sa question. Sa répétition découvre ensuite la mortalité du *Dasein*, c'est-à-dire la temporalité de son être. Réexaminant à la lumière de cette temporalité la question de l'historicité, Heidegger reconduit enfin celle-ci à la question de l'être de l'étant [2]. Mais comme cette culmination de la nouvelle phase de la réception de Dilthey s'inscrit dans le second moment de l'herméneutique heideggérienne inauguré par la découverte de l'être-à-la-mort, il faut commencer par revenir à cette découverte avant d'examiner sa portée quant à la question de l'historicité, puis de la critique de Husserl qui en est indissociable.

Si l'herméneutique du *Dasein* est marquée par la découverte que ce dernier est un être-à-la-mort, Heidegger n'est pourtant pas sans avoir remarqué que conformément à la tradition anthropologique de la théologie chrétienne, Dilthey pense la vie dans sa relation à la mort. La longue note du paragraphe 50 d'*Être et temps* cite en ce sens *Das Erlebnis und die Dichtung*. Dilthey y remarque en effet que ce qui détermine « le plus profondément et universellement le sentiment de notre existence », c'est le

1. *Die Bedeutung Diltheys für die Konzeption von Sein und Zeit. Zum Umfeld von Heideggers Kasseler Vorträgen*, *op. cit.*, p. 119.

2. Voir aussi les pages consacrées par J.-F. Courtine à ces conférences *in* « Historicité, philosophie et théologie de l'histoire chez Heidegger », *Après la fin de l'histoire*, J. Benoist et F. Merlini éd., Paris, Vrin, 1998, p. 206-210.

rapport de la vie à la mort : « La limitation de notre existence par la mort est toujours décisive pour notre compréhension et notre appréciation de la vie »[1]. Comment l'entendre ? On pourrait croire que Dilthey rencontre le thème de la mort dans ces essais uniquement parce qu'il s'agit d'un des thèmes récurrents de la poésie, et cela d'autant plus que Heidegger cite, immédiatement après, l'essai de R. Unger portant sur l'évolution du problème de la mort entre le *Sturm und Drang* et le Romantisme. Comme le passage de *Das Erlebnis et Dichtung* appartient à une monographie sur Goethe, on pourrait également croire que Dilthey adhère à sa fameuse maxime selon laquelle : « La plus grande félicité de l'homme pensant est d'avoir sondé le sondable et de respecter tranquillement l'insondable ». En 1867, la citation de Goethe par le discours de Bâle semble aller dans le même sens, dans la mesure où elle voit dans la mort une simple ruse de la vie[2].

Mais le contexte de la citation d'*Être et temps* montre le caractère critique de ce passage. Dilthey ajoute en effet que Goethe repousse au fond de l'horizon le tragique de la relation entre la vie et la mort qui jette son ombre sur toute existence[3]. Mais est-il si évident qu'il admette lui-même ce tragique ? Car ce qui permet à Dilthey de percevoir la nature muette et cruelle dans ce qu'elle a de « mélodique », n'est-ce pas cette distance – que l'on peut appeler esthétique – à partir de laquelle il n'a en vue que la mort, et jamais ma mort ? C'est manifestement cette distance qui conduirait Bollnow, conformément à la remarque diltheyenne selon laquelle il y a deux grands genres de tonalités affectives, optimiste et pessimiste, à critiquer la primauté accordée par Heidegger à l'angoisse[4]. Dire que Dilthey ne pense pas la relation entre la mort et la vie dans le cadre du monde propre

1. Respectivement *SuZ*, 249, note 1, et *Das Erlebnis und die Dichtung*, *op. cit.*, p. 162, trad. *Œuvres* 7,263 mod.

2. *Maximes et réflexions* § 718, *Gœthes Werke*, Hambourg, 1958, vol. XII, p. 467, et « La vie est sa (celle de la nature) plus belle invention et la mort est le stratagème qu'elle a imaginé pour avoir beaucoup de vie » (GS V, 23, trad. *Le Monde de l'esprit* I, 29).

3. *Das Erlebnis und die Dichtung*, *op. cit.*, p. 162, trad. *Œuvres* 7,263.

4. Respectivement GS VIII, 81, trad. *Théorie des conceptions du monde*, p. 102 *sq.*, et *Das Wesen der Stimmungen*, Francfort-sur-le-Main, V. Klostermann, 1980, p. 51 *sq.*, trad. L. et R. Savioz, *Les Tonalités affectives. Essai d'anthropologie philosophique*, Éd. de La Baconnière, Être et penser, Neuchâtel, *Cahiers de Philosophie* 38, 1953, p. 64 *sq.* Mais la dichotomie entre ces deux genres de tonalités affectives reste elle-même problématique y compris du point de vue de Heidegger comme l'indique « Qu'est-ce que la métaphysique ? » : « L'angoisse de l'audacieux ne souffre pas qu'on l'*oppose* à la joie, ni même à la jouissance facile d'une activité paisible. *En deçà* de telles antinomies, elle entretient une secrète *alliance* avec la sérénité et la douceur du désir créant et agissant », trad. H. Corbin in *Questions I*, Paris, Gallimard, 1968, p. 66, et cf. Jean-François Courtine, *Heidegger et la phénoménologie*, Paris, Vrin, 1990, p. 246, comme Françoise Dastur, *La Mort. Essai sur la finitude*, Paris, Hatier, 1994, p. 79.

ne suffit pas à comprendre la spécificité de la découverte de l'être-à-la-mort. Et d'abord parce que certaines de ses analyses relatives à la connaissance montrent le contraire. Trois d'entre elles méritent que l'on s'y arrête.

Destiné à prolonger sa fondation des sciences de l'esprit et consacré à la logique de la théorie de la connaissance, le manuscrit de 1892-1893 intitulé « Leben und Erkennen » nomme la mort au moment où il thématise le caractère insondable de la vie : « L'expression *vie* dit ce qui nous est à tous le plus connu, *le plus intime* (nous soulignons), mais simultanément le plus sombre, quelque chose de totalement insondable ». Ces ténèbres qui cernent la vie sont celles de la mort et de la naissance : « Notre vie se perd dans l'obscurité dans les deux directions (passé et avenir). Obscur est le commencement et obscure est la fin de la vie. De cette obscurité surgissent crainte et espérance », poursuit Dilthey. La spécificité de la mort semble néanmoins se diluer lorsqu'il en vient à analyser la nature du poids qui pèse sur la vie humaine : la corruptibilité de toute chose et l'indissoluble masse de souvenirs d'une part, l'incompréhensible mutisme d'une nature qui nous reste étrangère d'autre part[1].

Pratiquement vingt ans plus tard, *Les Types de vision du monde* reviennent sur le caractère fragmentaire et divers de notre expérience de la vie en énumérant une série de facticités énigmatiques : le poids et la cruauté aussi bien de l'incessant et aveugle combat auquel sont confrontés les vivants dans la nature que des conflits sociaux. Mais c'est en précisant : « La plus terrible et la plus féconde de ces énigmes, c'est que le vivant aperçoit la mort sans pouvoir la comprendre, car, par rapport à la vie, elle constitue toujours un inconcevable, une sinistre étrangèreté »[2]. Dans quelle mesure ses ténèbres sont-elles les plus terribles et les plus fécondes, et non simplement la corruptibilité inhérente à la vie ou l'une de ses ruses ? Le même essai de 1911 voit en elle « le *point central* de toutes les incompréhensibilités »[3]. La confrontation à la facticité de la mort est en effet la seule dont il est impossible de se préserver, et elle est donc la plus terrible, celle que tous cherchent néanmoins à esquiver.

Mais aux yeux de Dilthey, la véritable vie suppose au contraire cette confrontation comme le montre un passage remarqué par Makkreel qui y a également vu une anticipation de l'analytique du *Dasein*[4]. Dans ce manuscrit destiné à prolonger *L'Édification du monde historique* où il analyse

1. GS XIX, 346 et 357 (la mort est *ein Unerforschliches*, puis, plus loin, les qualificatifs *unanalysierbar*, et *unergründliches*).

2. GS VIII, 147 et 143 *sq.*, trad. *Théorie des conceptions du monde*, p. 184 et 180.

3. GS VIII, 80 *sq.* (nous soulignons), trad. *Théorie des conceptions du monde*, p. 101 *sq.*

4. *Dilthey : Philosopher of the Human Studies*, Princeton University Press, 1975, p. 368.

l'expérience vécue propre à la religion où se nouent le vécu et le comprendre du poète, de l'artiste, du religieux et du philosophe, Dilthey écrit :

> Ce n'est pas un rêve relatif à l'au-delà dans une âme sensible qui caractérisait le génie religieux, mais au contraire la vie, qui – éprouvée conformément à sa nature, vraie, forte dans sa dureté, si étrangement composée de douleur et de bonheur du début à la fin – fait signe vers quelque chose venant du dehors, de nos propres profondeurs, agissant étrangement sur celle-ci, comme si cela venait de (domaines) invisibles. Dans ces natures dépourvues du sens de l'art, aucune production artistique n'allège la pression de la vie, de la réalité, qui pèse sur toute existence. La mort accompagne comme une ombre chaque instant de la vie de Calvin. (...) Le décisif, c'est toujours que, dans le génie religieux, il n'y a pas de fuite dans la superficialité de l'y vivre, dans l'oubli quotidien du remémoré et de l'à venir et dans l'évasion de l'imagination. Et aucune satisfaction dans une forte activité mondaine qui comporte tout de même un oubli de la mort et du salut de l'âme [1].

Ce passage montre que Dilthey et Heidegger reprennent finalement le thème chrétien du divertissement en voyant dans l'immersion des hommes dans leurs activités quotidiennes la tentative de se dissimuler leur propre mort. Dès 1922, l'autosuffisance de la vie telle que la décrivait l'herméneutique de la vie facticielle est ainsi pensée comme l'indifférence de la vie à la modalité subjective de son auto-donation : cette autosuffisance est en réalité « l'indifférence affectée du souci propre à la vie pour sa mort » [2]. Mais quelle est la fécondité de la confrontation à la mort ?

Le manuscrit de 1892-1893 remarquait déjà que cette confrontation engendre la tentation de se vouer à quelque chose d'objectif, « d'éternel, doué d'une valeur inconditionnée » et de surmonter le mutisme de la nature en « interprétant » celle-ci « à travers l'art, en la concevant à travers la science » [3]. C'est donc cette confrontation à l'obscurité de la vie qui est la source des objectivations culturelles, c'est-à-dire le point de départ du chemin qui mène de la facticité à l'idéal. L'essai de 1911 est encore plus clair dans la mesure où il pense la terreur de la mort comme la source des visions du monde. Dilthey note en effet que « c'est sur cela (ce savoir de la mort) que repose *avant tout* notre position (*Stellung*) à l'égard du monde, en tant que quelque chose d'autre, d'étranger et de terrible ». Et, comme on l'a vu, c'est en termes de tonalité affective et de comportement pré-théorique qu'il pense cette position comme le précise la suite : « Les

1. GS VII, 266.
2. Respectivement GA 61,153 et *NB*, 25.
3. GS XIX, 346 et 357.

tonalités affectives, les innombrables nuances de notre position (*Stellung*) constituent la couche sur laquelle se déploient les visions du monde »[1]. S'il revient également sur le fait que la confrontation à la facticité de la mort est le propre du génie artistique, religieux ou philosophique, au niveau le plus primitif ces trois modalités de la génialité sont donc encore confondues.

Heidegger ne pense pas simplement la mort en relation avec le monde propre en insistant sur le fait que la mort n'est pas ce qui survient de l'extérieur au *Dasein*. Comme l'annonce déjà explicitement le *Natorp Bericht*, sa spécificité est de découvrir à partir de la mortalité une autre façon de penser la temporalité et l'historicité. On le voit particulièrement bien dans la septième conférence casseloise, puis quelques mois plus tard dans les *Prolegomena zur Geschichte des Zeitbegriffs*, où le phénomène de la mort est thématisé par rapport à la problématique diltheyenne du tout et des parties. En faisant de la biographie la cellule de l'histoire, Dilthey pense bien en quelque manière l'historicité à partir de l'individu concret. Mais c'est seulement rétrospectivement, c'est-à-dire par le souvenir, que la totalité d'une vie peut être saisie – conformément à la tradition selon laquelle le propre d'une vie reste indéterminé tant que la mort n'est pas venue. Heidegger insiste au contraire sur le fait que « la mort n'est pas une partie manquante d'un tout en tant que *compositum*, mais elle *constitue dès le départ la totalité du Dasein*, de telle sorte que c'est seulement à partir de cette totalité qu'il a l'être de ses parties, c'est-à-dire de ses modalités possibles »[2]. Comme le dit Jean-François Marquet, ce tout est un rien : « Si le *Dasein* (ou le *Selbst*) recule devant lui-même, c'est qu'effectivement, ce qu'il trouve en lui-même n'est *rien*, ou plutôt le rien (...). Je ne suis jamais *en* moi-même, car en moi-même c'est l'abîme »[3]. Dilthey en conviendrait. Mais par rapport à la question de l'historicité, il est décisif que ce soit *l'à venir* de ma mort qui détermine l'unité et la cohérence de la diversité des événements de la vie du *Dasein*. Autrement dit, c'est la découverte de la mort comme la « possibilité la plus extrême, indéterminée mais certaine » en laquelle le *Dasein* s'anticipe qui engage une autre détermination de la temporalité[4].

Dilthey est loin d'avoir négligé la question de la temporalité. Sa propre conception du temps s'est en partie élaborée contre celle de Kant dans la mesure où il voyait dans sa théorie de la phénoménalité du temps la

1. GS VIII, 81 *sq.*, trad. *Théorie des conceptions du monde*, p. 102 *sq.*

2. GA 20,432 ; de façon presque identique, les conférences de Cassel distinguent « das Ganze » en tant que somme de parties qui lui préexistent de « die Ganzheit » en tant que totalité à partir de laquelle sont déterminées les parties, *CC*, 183, 185.

3. « Naissance et développement d'un thème : l'isolement », in *Heidegger 1919-1929*, *op. cit.*, p. 197.

4. *CC*, p. 189, et en général p. 185-193 et *SuZ*, 247 et 250.

réduction de la vie elle-même à une apparence. Ses derniers manuscrits destinés à prolonger *L'Édification du monde historique* vont jusqu'à voir dans le temps la première des catégories de la vie en mettant en évidence le caractère temporel des concepts de développement, du cours de la vie, de signifiance, etc. « Contenue dans la vie, écrit Dilthey, la première détermination catégoriale de celle-ci, celle qui fonde toutes les autres, c'est la temporalité ». Il aurait en cela convenu que *Dasein* est *Zeit-Sein*. Dilthey a également cherché à penser la spécificité du temps historique en mettant en évidence la détermination du temps vécu par l'appartenance de l'individu, en tant qu'être social, à une génération. Autrement dit, si l'histoire suppose l'être historique de l'homme, celui-ci est inversement fonction de la configuration historique à laquelle il appartient, c'est-à-dire fonction de son appartenance à une génération [1].

Seulement dans la mesure où le passé et l'avenir ne sont que pour celui qui vit au présent, le seul temps concret, c'est le présent. En ce qui concerne l'historicité, cela signifie que la consistance du passé tient à la signification qu'il est susceptible d'avoir pour le présent, ou plutôt à celle que lui confère le présent [2]. C'est donc le privilège accordé par Dilthey au présent, alors que Heidegger l'accorde, à partir de la mort, à l'avenir, qui distingue essentiellement leurs conceptions de la temporalité, et, ainsi, de l'historicité [3].

C'est également à partir de l'être-à-la-mort que Heidegger procède à l'ontologisation de l'herméneutique de la facticité. Déjà entreprise par le cours de 1921-1922 affirmant que « la philosophie est ontologie », puis par le *Natorp Bericht* définissant la philosophie comme « ontologie de la facticité » [4] et plus radicalement encore par le cours du semestre d'été 1923, cette ontologisation a souvent conduit à qualifier d'ontologique le tournant pris à cette époque par la phénoménologie. La racine de cette transformation reste la pensée du *Dasein* comme être-à-la-mort, puisque c'est l'expérience de l'angoisse qui révèle la différence ontologique. Et dans la mesure où la

1. Sur ce concept thématisé dès l'essai sur Novalis de 1865, voir *Das Erlebnis und die Dichtung*, *op. cit.*, p. 188-190 et GS VII, 177-187).

2. GS VII, 193, 232 *sq.* et 261. À propos de Kant, voir aussi GS XIX, 340, GS V, 5 (trad. *Le Monde de l'esprit* I, 11).

3. Voir dans le même sens que les conférences de Cassel celle de Marburg intitulée « Le concept de temps » (1924), trad. M. Haar et M. B. de Launay in *Heidegger*, Paris, Cahier de L'Herne, 1983, p. 31 *sq.* et GA 20,426-440. En ce qui concerne la comparaison entre Dilthey et Heidegger sur ce point, voir en particulier « The Overcoming of Linear Time in Kant, Dilthey and Heidegger », in *Dilthey and Phenomenology*, R. A. Makkreel et J. Scanlon éd., University Press of America, 1987, p. 141-156, et Pöggeler, « Dilthey und die Phänomenologie der Zeit », in *Schritte zu einer hermeneutischen Philosophie*, Fribourg-Munich, K. Alber, 1994, p. 162-201.

4. Respectivement GA 61,60 et *NB*, 28.

mortalité conduit à penser l'être du *Dasein* comme être en avant de soi-même ou comme devancement, on comprend la suggestion de Kisiel selon laquelle les conférences casseloises constituent la première ébauche, qu'il appelle diltheyenne, d'*Être et temps*. Si l'on faisait abstraction de cette analyse de la mortalité, il n'y aurait pas de différence entre l'analytique du *Dasein* et la manière dont la recension sur Jaspers pense la facticité comme le caractère d'être de notre propre *Dasein*, l'expression de vie facticielle nommant « notre propre être-là en tant que *là* dans l'une quelconque de ses expressions relatives à l'être de son caractère d'être ».

L'ontologisation de cette herméneutique dans les conférences de Cassel[1] la distingue encore plus nettement de celle de Dilthey. Car, c'est explicitement *contre* la vie que Heidegger va finalement penser l'être du *Dasein* : « Non la vie et le monde, mais l'être et l'être-là »[2]. Autrement dit, ce n'est plus le concept de vie qui permet de penser l'existence ou le *Dasein*, mais l'être-à-la-mort, c'est-à-dire la différence ontologique que fait surgir l'angoisse. Et c'est précisément parce qu'elle « est le surgissement de la différence » que la *Stimmung* de l'angoisse se verra accorder la prééminence par rapport aux autres par *Être et temps*[3]. Une telle mutation de la phénoménologie induit deux effets par rapport à la pensée herméneutique diltheyenne.

Comme le dit explicitement le cours de 1925, la nouvelle détermination du *Dasein* entraîne le déplacement de la question herméneutique traditionnellement centrée, au moins depuis Schleiermacher, sur la communication avec autrui. Le phénomène originaire appelant une herméneutique étant la compréhension que le *Dasein* a de lui-même, la question du malentendu ou de la mécompréhension est reléguée à l'arrière-plan. Plus encore, cette problématique est rejetée dans la mesure où elle évite au *Dasein* de se confronter à lui-même. Les conférences de Cassel insistent ainsi sur le fait qu'autrui, c'est d'abord les autres, c'est-à-dire le *on* « invisible, indéterminable et qui n'est personne »; et l'inauthenticité du *Dasein* quotidien tient précisément au fait que nous ne sommes le plus souvent pas nous-mêmes, car « nous sommes vécus par les autres »[4].

Radicalisant l'analyse de cette conférence, le cours de l'été suivant précise : « La possibilité la plus extrême de la mort est le mode d'être du

1. *CC*, 206.

2. « Nicht Leben und Welt, sondern Sein und *Dasein* », cité par Otto Pöggeler dans « Heideggers logische Untersuchungen » in *Innen- und Außenansichten*, Forum für Philosophie Bad Homburg éd., Francfort-sur-le-Main, Suhrkamp, 1991, p. 89.

3. Voir *Heidegger et la phénoménologie*, *op. cit.*, p. 238 *sq.* et 245 *sq.*

4. *CC*, 181, et antérieurement GA, 63,31 *sq.*

Dasein dans lequel il est rejeté vers lui-même de façon si absolue que même l'être-avec dans sa concrétion en devient négligeable »[1]. Dans le cadre d'une telle injonction au *Dasein* de se comprendre dans son être et d'être, non de comprendre autrui, cette compréhension ne relève pas d'un se rapporter à..., d'une intentionnalité, mais est une *modalité du Dasein* lui-même[2]. Comme l'écrit encore Courtine, « la détermination heideggérienne de l'*Hermeneia* est caractérisée par la non-transitivité, la non-intentionnalité, la déliaison d'avec autrui ». Et c'est cette analyse de 1925 que reprend *Être et temps* en désemphatisant, comme dit Vattimo, le problème de la connaissance de l'autre, la critique de l'empathie supposée jeter un pont entre des sujets primitivement isolés[3] touchant, comme on l'a vu, moins Dilthey lui-même que la compréhension que l'on en a communément.

C'est précisément aussi sur ce point que portait la divergence entre Heidegger et Cassirer qui déclarait son attachement « aux expressions objectives de l'activité subjective parce qu'elles rendent possible la communication entre les hommes »[4]. Sa discussion avec Heidegger pourrait d'autant plus être considérée comme un prolongement de celle que ce dernier aurait pu avoir lieu avec Dilthey[5] que *La Philosophie des formes symboliques* rejoint le projet diltheyen d'une herméneutique de la culture. Rudolf Bernet suggère ainsi que sa critique de la culture opère « un tournant herméneutique » au sein du néokantisme[6]. On pourrait donc y voir une troisième voie possible pour la pensée herméneutique qui se situerait entre l'analytique existentiale du *Dasein* et une perspective plus épistémologique ou logicienne comme celle de Spet. Mais sa distance par rapport à Dilthey tient précisément à la racine néokantienne de son herméneutique. La portée de la critique heideggérienne de cette problématique de la communication tient aussi à ce que celle-ci a également déterminé l'interprétation classique du *Peri Hermeneias*. Tout en indiquant que ce terme n'apparaît nulle part dans ce livre, Pierre Aubenque rappelle qu'il signifie communication ou expression dans d'autres textes comme le

1. GA 20,439 *sq.*
2. GA 63,15.
3. Respectivement J.-F. Courtine, « Phénoménologie et/ ou ontologie herméneutiques » *op. cit.*, p. 169, G. Vattimo, *Éthique de l'interprétation* (1989), trad. J. Rolland, Paris, La Découverte, 1991, p. 129 et *SuZ*, 124.
4. Sur la discussion entre Cassirer et Heidegger, cf. GA 3,265 sq, 288 *sq.* et 291 sqq, comme le compte rendu du *Kantbuch* in *Kantstudien* XXXVI, 1, 1931, et *Philosophy and Rhetorik* 16, n° 3, 1983.
5. Sur Dilthey et Cassirer, voir Makkreel, « Wilhem Dilthey and the Neo-Kantians », *op. cit.*, p. 434-437.
6. R. Bernet, *La Vie du sujet*, Paris, P.U.F., 1994, p. 139-161, ici p. 160.

De anima ou la *Poétique* [1]. On comprend bien que ce souci de la communication ait conduit à l'analyse de la structure du discours et de la définition dans les *Topiques*, et que le problème herméneutique ait été posé à partir des distorsions de la communication. Mais c'est aussi la raison pour laquelle la mutation phénoménologique de l'herméneutique implique une destruction de l'interprétation traditionnelle d'Aristote.

Par rapport à Dilthey, la découverte du *Dasein* comme être-à-la-mort a un second effet. L'herméneutique ne peut en effet plus se définir par rapport à un « objet » ou un genre d'objets, une région de phénomènes. Ce monde d'objets et les divers domaines ou régions d'objets se dissolvent au contraire dans l'angoisse, et c'est aussi pourquoi il n'y a plus là de méthodes au sens technique de ce terme, de procédures susceptibles de se saisir de ce qui ne se laisse éprouver que comme une différence, un écart. Mais la question se pose du même coup de savoir comment articuler la compréhension que le *Dasein* a ainsi de lui-même et celle qui se situe sur le plan des objectivations que s'attachent à connaître les sciences de l'esprit.

Sans qu'il ne l'ait lui-même thématisée, la question se pose à propos de Dilthey. Comme on l'a vu et comme l'ont à juste titre également montré Orth et Makkreel, la question fondamentale de Dilthey n'est pas d'ordre méthodologique, elle n'est pas de penser les divers ordres des savoirs théoriques, mais celle de la donation [2]. Plus originaire que la distinction des *Idées* de 1894 entre compréhension et explication, la compréhension de la vie est initialement pré-théorique et s'élève sur le fond d'une aperception antérieure à la distinction sujet – objet. Dilthey n'a pourtant pas interrogé les limites de la problématique propre au savoir historique des restes ou des traces pour penser l'articulation entre les deux niveaux de son herméneutique [3]. S'il ne pouvait le faire, c'est qu'il n'a pu les distinguer assez clairement.

On connaît la dénonciation par Heidegger du refuge que peut constituer l'historiographie, la fuite dans l'histoire universelle, pour un *Dasein* cherchant à esquiver le face à face avec son être propre. Dilthey suggère lui-même que cette fuite face à la plus terrible des énigmes constitue la face obscure de la quête artistique et scientifique, c'est-à-dire du chemin de la

1. « Herméneutique et ontologie. Remarques sur le *Peri Hermeneias* d'Aristote », in *Penser avec Aristote*, dir. M.A. Sinaceur, Toulouse, Éd. Érès, 1991, p. 95 *sq.*

2. Voir en particulier « Wilhelm Dilthey und Franz Brentano. Zur Wissenschaftsforschung », in *Phänomenologische Forschung* 16, Munich-Fribourg, K. Alber, 1984, p. 41 *sq.* et 46. C'est pourquoi les analyses de J. Barash, éclairantes en ce qui concerne Heidegger, ne nous semblent pas rendre justice à la double dimension de la philosophie diltheyenne (voir *Heidegger et son siècle. Temps de l'être, temps de l'histoire*, Paris, P.U.F., 1995, p. 47 *sq.*).

3. En ce qui concerne ce concept de trace, voir les suggestives analyses de Greisch à propos de Heidegger, in *L'Arbre de vie et l'arbre du savoir*, *op. cit.*, p. 169-175.

facticité à l'idéal. Le déplacement du champ de l'interrogation herméneutique de la problématique gnoséologique classique vers la question de l'authenticité ou de l'inauthenticité du savoir que le *Dasein* met en revanche le problème de cette articulation en lumière. Que ce déplacement ne se réduise pas à une simple substitution de l'herméneutique du *Dasein* à celle des sciences de l'esprit, c'est ce que montre le paragraphe des *Prolegomena* qui revient au comprendre. La nécessité de l'articulation des deux niveaux y est clairement affirmée, mais en termes de dérivation et sans pour autant être considérée comme problématique. Heidegger y déclare en effet que c'est à partir de la structure du comprendre « fondée dans le *Dasein* lui-même et qui détermine le comprendre en tant qu'accomplissement de l'être du découvrement, (qu') on dispose de points de repère décisifs pour s'orienter dans tous les problèmes de l'herméneutique »[1]. Cette remarque distingue clairement l'analyse existentiale propre à l'herméneutique du *Dasein* de « tous les problèmes de l'herméneutique ». On connaît la manière dont Heidegger découvre le fondement ontologique du fameux cercle herméneutique, mais ce cours reste laconique et n'en dit pas plus sur la question[2]. En revanche, il procède à une critique de Husserl qui est indissociable de la culmination de l'hommage à Dilthey et de l'émergence de l'herméneutique du *Dasein*.

Comme la cinquième conférence casseloise, la partie préparatoire du cours de l'été 1925 pointe l'insuffisante radicalité du questionnement husserlien. Entre l'article de *Logos*, dans lequel il voit l'impact de Dilthey dans la mesure où Husserl en vient à penser la conscience comme celle d'une personne, et le cours contemporain consacré à la *Psychologie phénoménologique*, Heidegger estime qu'il n'est pas allé au-delà d'un simple élargissement de sa question initiale quelle qu'ait pu être la supériorité de ses analyses[3]. Et comme ce sont non les *Ideen*, mais les *Recherches Logiques* qui constituent la référence fondamentale pour Heidegger, cela signifie qu'à la limite Husserl serait pratiquement resté stérile depuis ces *Recherches*... Et ce sont les avancées de celles-ci que Heidegger invite à radicaliser. Le premier témoignage d'une pareille transformation de la phénoménologie se trouve dans le premier cours fribourgeois qui introduit l'expression d'« intuition herméneutique ». La qualification de la phénoménologie en tant qu'herméneutique et l'affirmation que l'herméneutique

1. GA 20,356.
2. Voir à ce sujet les analyses de Ricœur, *Du Texte à l'action*, *op. cit.*, p. 88 *sq.* et 94 *sq.* en particulier.
3. Respectivement GA 20,164 *sq.* et 173.

de la facticité est une phénoménologie « plus radicale »[1] montrent qu'en 1921 Heidegger s'est déjà largement engagé dans la critique de Husserl.

La lettre de Heidegger à Löwith du 8 mai 1923 montre encore si besoin était la conscience qu'il a de cette radicalisation. Alors qu'il élabore son cours sur l'herméneutique de la facticité, Heidegger se demande s'il doit continuer à s'engager dans cette transformation de la phénoménologie : « Je suppose que le vieux se rendra alors véritablement compte que je lui tord le cou – et alors c'en sera fini de la succession. Mais je n'y puis rien »[2]. Quelques mois plus tard, son cours du semestre d'été ne mâche pas ses mots. Répondant à l'histoire de l'herméneutique qui en ouvrait la première partie, la seconde partie du cours commence par une histoire de la phénoménologie significativement intitulée « Le chemin phénoménologique vers l'herméneutique de la facticité ». Cette histoire est celle d'un naufrage irrémédiable[3].

Rappelant que la phénoménologie n'est d'abord rien d'autre qu'un mode de recherche portant sur la modalité de ce qui se donne tel qu'il se donne, Heidegger met en question le caractère descriptif et non constructif et argumentatif de sa méthode. D'une part, il dénonce en tant que préjugé l'idée d'une description conforme à un idéal de rigueur scientifique dont le modèle est mathématique : le savoir mathématique est le moins rigoureux des savoirs car le plus immédiatement accessible, alors que « les sciences de l'esprit présupposent au contraire une existence scientifique »[4]. En réalité, par-delà la particularité de ce préjugé, c'est l'introduction même d'un modèle qu'il dénonce comme non phénoménologique. D'autre part, la description est en elle-même insuffisante dans la mesure où le recouvrement fait partie du mode de donation des choses mêmes ; et c'est là la raison d'être de la phénoménologie : faire voir ce qui ne se donne précisément qu'en se retirant. L'idée d'un point de vue dénué de préjugés relève ainsi elle-même d'un préjugé. Les premiers cours fribourgeois pensaient ainsi le retour aux choses mêmes en termes de destruction, c'est-à-dire de démantèlement critique de la tradition[5] en dénonçant l'anhistoricité de la phénoménologie. En d'autres termes, alors que Husserl pense la vérité en termes d'évidence, Heidegger la pense en termes herméneutiques de dévoilement.

Conjointement à la critique de la méthode husserlienne, la radicalisation de la phénoménologie vise les concepts d'intentionnalité et d'intuition catégoriale. Comme on l'a vu, la compréhension que le *Dasein* a de lui-même

1. GA 61,187 et 195.

2. Cité par Pöggeler in « "Eine Epoche gewaltigen Werdens". Die freiburger Phänomenologie in ihrer Zeit », *op. cit.*, p. 18 *sq.*

3. GA 63,74.

4. GA 63,71 *sq.*

5. Respectivement GA 63,82 et 75-77.

doit être pensée comme une modalité de son être même, et celui-ci en termes non d'acte intentionnel de la conscience, mais de souci [1]. Autrement dit, l'intentionnalité effective « n'est pas le se-diriger-vers, mais le devancement de soi du souci » [2]. La critique de ce cours est pour le moins féroce : « Du phénomène du souci en tant que structure fondamentale du *Dasein*, on peut montrer que ce que la phénoménologie en a saisi comme intentionnalité, et la manière dont on l'a saisi, est fragmentaire, un phénomène vu simplement du dehors ». Heidegger voit par ailleurs dans l'intuition catégoriale une première approche de la différence ontologique dans la mesure où Husserl interroge l'étant selon son mode d'être. Mais n'ayant pas interrogé à partir de là l'être de l'intentionnalité, c'est-à-dire du sujet intentionnel, son insuffisance est donc finalement du même ordre que celle des philosophies transcendantale néokantienne et diltheyenne : elles ne s'interrogent pas sur le sens d'être du *je suis*.

Le contraste avec l'hommage rendu à Dilthey est frappant. La compréhension originelle pour la phénoménologie que Heidegger lui a constamment reconnue signifiait essentiellement une compréhension des *Recherches Logiques* de Husserl. Le cours de l'été 1925 lui reconnaît bien plus. Tout en remarquant que la grande indétermination de ses énoncés ne permet pas de le prouver, Heidegger estime que « bien qu'il n'ait pas posé la question de l'être et n'en ait pas non plus eu les moyens, la tendance à le faire était vivante en lui » [3]. Comme on le verra, cette reconnaissance est étonnante au regard de la critique diltheyenne de la catégorie de l'être.

Entre 1922 et 1925, la répétition de Dilthey prend donc un autre visage. Mais au terme de celle-ci, l'essentiel tient au fait que c'est sur le sol d'une phénoménologie de la mort, c'est-à-dire de la temporalité du *Dasein*, que Heidegger répète sa question de l'historicité. Du même coup, cette mutation de la phénoménologie met en question l'herméneutique traditionnelle dont la donnée primitive est l'expérience des distorsions de la communication ; elle met également en évidence la nécessité d'articuler les deux niveaux d'une herméneutique que Dilthey n'avait pas aussi clairement distingué. Par rapport aux conférences de Cassel, la critique du paragraphe 10 d'*Être et temps* marque pratiquement le point le plus bas de la réception de Dilthey. Il est significatif que ce paragraphe parle de la *geisteswissenschaftliche Psychologie* de Dilthey. Car cette expression n'est pas de lui mais d'un membre de son école, Spranger, dans la pensée duquel Heidegger voyait en

1. GA 63,15 et 86.
2. GA 20,420 et Greisch, *Ontologie et temporalité, op. cit.*, p. 66.
3. GA 20,161 et 175.

1923 un « délavement » de la pensée de Dilthey [1]. Mais comme le suggère Rodi, cela montre justement qu'en 1927 il ne s'agit plus de défendre ce dernier contre la banalisation de sa pensée, mais de faire contrepoids à une orientation de la recherche vers la typologie des formes [2].

L'hommage que lui rend le paragraphe 77 d'*Être et Temps* qui affirme devoir à l'appropriation de ses travaux l'accomplissement de l'explicitation du problème de l'histoire est ainsi tempéré par la reconnaissance de la supériorité de Yorck dans « toutes les questions philosophiques fondamentales », de sa conscience plus aiguë de la nécessité d'une méditation historique [3]. Ce paragraphe n'ajoute rien de nouveau par rapport aux conférences de Cassel et aux cours de 1925. Il réitère l'idée que l'intention de Dilthey est de fonder herméneutiquement une compréhension philosophique de la vie, mais qu'elle s'est vue dévier par ses contemporains vers des considérations d'ordre méthodologique [4]. Essentiellement constituée de citations, la suite du paragraphe reprend la critique yorckienne de l'approche oculaire ou esthétique de l'histoire par l'école historique, la jouissance esthétique du spectacle de l'histoire empêchant la confrontation avec l'essentiel, c'est-à-dire la compréhension des « sources retirées » de l'histoire. Et la thèse selon laquelle la radicalisation de la problématique susceptible de fonder la distinction entre l'ontique et l'historique implique de clarifier la question du sens de l'être répète les conférences de Cassel qui affirmaient déjà : « Il s'agit d'élaborer l'être de l'historique, l'historicité et non l'historique, l'être et non l'étant », pour poser la question de cet être [5].

Mais l'allure générale du paragraphe fait que l'on en oublie souvent les premières lignes. Comme l'a remarqué Scharff, ce qui continue de justifier aux yeux de Heidegger la nécessité du débat avec Dilthey, c'est, recouverte par la réception de ses travaux, l'« inquiétude élémentaire » qui habite sa

1. Respectivement *Die Bedeutung Diltheys für die Konzeption von Sein und Zeit. Zum Umfeld von Heideggers Kasseler Vorträgen*, *op. cit.*, p. 120 *sq.* : « L'appropriation du travail de Dilthey est achevée depuis si longtemps, écrit Rodi, que cette pensée ne semble plus être une source "d'inquiétude" pour l'auteur d'*Être et temps* », à propos de Spranger GA 63,14.

2. *Ibid.*, p. 122.

3. *CC*, 209. Voir par ailleurs la lettre de Yorck du 21 octobre 1895 dont l'invitation à penser la connaissance historique non en termes de transposition et de similitude, mais à partir de notre « appartenance à l'histoire » a inspiré Gadamer (cf. *Briefwechsel*, *op. cit.*, p. 192 et la présentation par Rodi de la première ébauche de *Vérité et méthode*, in *Dilthey-Jahrbuch* 8 /1992-93, p. 128-130).

4. *SuZ*, 395 et 398.

5. *CC*, 171, ou encore : « La question en direction de l'être d'un étant déterminé n'est pas encore radicale dans la mesure où je ne sais pas encore ce que j'entends précisément par Être », *CC*, 207.

pensée[1]. Or cette inquiétude qui sous-tend son projet d'une herméneutique de la vie l'a conduit à une critique de la logique qui est également centrale dans la répétition heideggérienne de sa question. Restée pour l'instant à l'arrière-plan, cette problématique logique demande donc à être explicitée dans la mesure où elle constitue le contexte primitif à l'intérieur duquel se déploient les herméneutiques de Dilthey et de Heidegger.

1. Robert C. Scharff, « Heidegger's Appropriation of Dilthey before Being and Time », in *Journal of the History of Philosophy*, 35, January 1997, p. 116.

LA QUÊTE D'UNE NOUVELLE CONCEPTUALITÉ LOGIQUE DE DILTHEY À HEIDEGGER

L'impact discret de la découverte initiale de Dilthey par Heidegger transparaît peut-être dès 1916 dans son écrit d'habilitation. Partant de l'idée selon laquelle « par essence, l'esprit vivant est en tant que tel un esprit historique au sens le plus large de ce terme », cet écrit conclut en effet que l'histoire « doit devenir un élément significatif déterminant en ce qui concerne le problème des catégories »[1]. Au cours de chacune des deux phases de sa pensée herméneutique, c'est en partant de Dilthey, puis contre lui, que Heidegger procède à la destruction de la conceptualité barrant l'accès aux choses mêmes. Dans sa première lettre à Husserl, Dilthey réitère en effet la critique de l'*Introduction aux sciences de l'esprit* visant la tendance métaphysique à intellectualiser la vie psychique en la réduisant à des représentations et à de la pensée, et plus encore sa tentative de réduire la vie « à un ensemble systématique de concepts absolument translucides »[2]. Et c'est en ce sens que la troisième conférence casseloise, comme le début et la fin de la quatrième, reviennent sur le projet diltheyen d'élaborer une conceptualité susceptible de saisir la vie à partir d'elle-même. Répéter la question de Dilthey signifie donc qu'il ne serait pas lui-même parvenu à se libérer d'une conceptualité traditionnelle, et c'est précisément par là que finissaient déjà aussi bien l'exposé relatif à sa philosophie que sa destruction dans le cours du semestre d'été 1920.

Ce cours déclare ainsi : « Dilthey ne voit pas clairement le nouveau vers lequel il tend. Il ne voit pas que seul un radicalisme mettant en question

1. « Die Kategorien- und Bedeutungslehre des Duns Scotus », in *Frühe Schriften*, V. Klostermann, 1972, p. 349 *sq.* C'est assurément la référence à Hegel et non à Dilthey qui clôt cet écrit d'habilitation. Mais dans le commentaire qu'il donne de ses conférences dans le *Kasseler Post* du 15 avril 1925, Heidegger considère que Dilthey est le premier à avoir posé la question de l'histoire depuis Hegel, cf. *Die Bedeutung Diltheys für die Konzeption von* Sein und Zeit. *Zum Umfeld von Heideggers Kasseler Vorträgen, op. cit.*, p. 116, où Rodi retrace l'histoire de ces conférences.

2. GS I, 272, trad. *Introduction à l'étude des sciences humaines*, p. 340.

tous les concepts est capable de conduire plus loin ». Et c'est également à cette absence de radicalité que Heidegger attribue son incapacité à s'approprier véritablement la pensée de Husserl : « Dilthey tentait alors d'accorder sa psychologie avec les résultats phénoménologiques des *Recherches Logiques*. Mais il n'osait toujours pas introduire une nouvelle conceptualité. Aussi la réception plutôt extérieure des pensées husserliennes resta t-elle stérile »[1]. Quelles sont donc les limites de la conceptualité diltheyenne ?

Dès 1859, Dilthey invite à poursuivre les investigations kantienne et fichtéenne relatives aux catégories afin de les reconduire à la mobilité interne de l'esprit, de remonter à leur formation – antérieure à la différentiation entre philosophie et religion – à partir d'un foyer qu'il pense en termes de « pulsion originaire obscure »[2]. Ce projet implique la critique de la logique classique ne traitant des concepts que dans le cadre d'une théorie de la définition destinée à surmonter le supposé problème de l'équivocité des langues naturelles pour passer d'une doctrine des éléments à une doctrine du jugement, et, de là, à celle du syllogisme[3]. Ce qui exclut à ses yeux de partir des catégories kantiennes et plus largement des concepts de la logique aristotélicienne, c'est le fait qu'ils ne sont pas primitifs, mais le résultat du long processus d'abstraction propre à l'histoire de la métaphysique. Indissociable d'une critique du principe de raison, la phénoménologie de la métaphysique de l'*Introduction aux sciences de l'esprit* vise ainsi les catégories d'espace, de temps..., et en particulier de substance et de causalité[4].

Dilthey explique l'abstraction de ces concepts par l'absence chez les Grecs du « moindre pressentiment que dans la conscience de soi se montre une réalité puissante et même la seule et unique réalité que nous puissions percevoir immédiatement (...), que toute réalité ne nous est donnée que dans notre expérience vivante ». Et l'*Introduction* explique cette absence elle-même par le caractère contemplatif, ou oculaire, de leur conception de la connaissance – « connaître est de la même espèce qu'apercevoir » –, c'est-à-dire finalement objectiviste. Pour les Grecs, la connaissance est une « relation qui s'établit entre un sujet et un être », et leur métaphysique

1. GA 59,162 et 168, et en général CC, 159 et 209.

2. *Der junge Dilthey*, *op. cit.*, p. 79 *sq.*

3. C'est par exemple, et parmi beaucoup d'autres, le cas du *Système de logique* de Stuart Mill dont le premier moment traite « Du nom et des propositions » puis « Du raisonnement », et en commençant le second tome des *RL* par une partie intitulée « Expression et signification », Husserl s'inscrit dans cette tradition.

4. GS I, 353 *sq.*, 258, 271 *sq.* et 398-401, trad. *Introduction à l'étude des sciences humaines*, p. 317, 323, 339 *sq.* et 489-494.

s'occupe des objets[1]. Comme on l'a vu, Dilthey considérait que l'expérience chrétienne de la vie ne pouvait être que recouverte lorsque s'imposa l'exigence d'instituer un dogme pour défendre le christianisme. La construction de systèmes au cours de ce nouvel âge métaphysique correspondait parfaitement aux tendances de l'esprit romain à légiférer ; et son juridisme conforme à l'esprit de l'*imperium* a dès lors imprégné la doctrine chrétienne de la foi. À l'intérieur du syncrétisme de la vie chrétienne et de la science du cosmos, les catégories grecques grâces auxquelles on voulait donner une expression conceptuelle à cette expérience de la vie font figure de « plantes d'herbier arrachées à leur sol »[2]. Les apories de la métaphysique qui s'est déployée sur le fond d'une telle conceptualité, la contradiction entre ses systèmes dont part *Les Types de vision du monde*, en étaient la conséquence nécessaire[3].

Dans une telle perspective, mener à son terme le processus de destruction de la métaphysique, revenir de ses abstractions, c'est dissoudre le mirage de l'esprit métaphysique qui ne voit pas qu'il se contemple lui-même dans les théories par lesquelles il croit rendre compte du monde[4]. Pour reprendre une expression par laquelle Heidegger désigne son propre projet, cette destruction doit permettre de revenir aux catégories de la langue vivante, « de la langue immanente à la vie »[5]. Concrètement cela signifie en premier lieu comprendre que « l'expérience vécue de la conscience de soi constitue le point le départ du concept de substance, que ce concept naît de l'adaptation de cette expérience vécue aux expériences extérieures », la théorie des substances spirituelles fondée par les néoplatoniciens et Augustin résultant uniquement du transfert du concept de substance à l'expérience vécue où, dès l'origine, l'ébauche en était donnée[6].

Une telle phénoménologie qui vise à reconduire les catégories traditionnelles aux vécus psychiques dont elles procèdent suppose le réexamen de la doctrine de celui qui a fondé aussi bien la logique que la métaphysique comme sciences : Aristote. Le chapitre de l'*Introduction* qui lui est consacré considère ainsi que son « coup de génie » est d'avoir fait de la réflexion sur les formes du raisonnement, et donc de la démonstration, un

1. GS I, 179, 188 *sq.* et 423, trad. *Introduction à l'étude des sciences humaines*, p. 228, 239 *sq.* et 517. Comme on sait, *Être et temps* fait comme si la caractérisation de cette métaphysique en tant qu'oculaire était propre à Yorck von Wartenburg. Mais Heidegger y a peut-être été d'autant plus sensible qu'il l'avait déjà rencontrée quelques années auparavant…

2. Respectivement GS II, 8-16, trad. *Œuvres* 4,20-27 et GS I, 271 et 388, trad. *Introduction à l'étude des sciences humaines*, p. 340 et 477.

3. GS XIX, 382 et 385.

4. GS I, 406, trad. *Introduction à l'étude des sciences humaines*, p. 498.

5. GA 61,83.

6. GS I, 8 et 314 *sq.*, trad. *Introduction à l'étude des sciences humaines*, p. 17 et 389 *sq.*

savoir autonome. Car l'élaboration de la logique a permis le développement de la métaphysique comme science. Mais cette logique était elle-même déjà métaphysiquement déterminée par l'idée que la connaissance implique un contact avec un être ou, lorsque cette connaissance est complexe, une correspondance entre un discours et une réalité sur laquelle il se prononce. À l'encontre du principe de phénoménalité, concevoir la vérité en termes de correspondance suppose donc que l'on puisse poser des entités, des êtres ou des substances indépendamment d'un moi auquel ils sont donnés. Et la critique de la logique prédicative en découle dans la mesure où le sujet de la proposition prédicative est pensé en termes de substance puisqu'on ne peut prédiquer quelque chose que d'un être ou d'une substance. Une telle conception des catégories comme acceptions de l'être ne pouvait être que récusée par Dilthey qui en dénonçait le dualisme métaphysique implicite. Et c'est en cela qu'il renvoie à la logique de Sigwart en considérant les critiques d'Aristote par Trendelenburg ou Ueberweg comme inessentielles [1].

Constitué d'une citation du *Faust* de Goethe, l'exergue de la seconde partie de cette *Introduction* témoigne de la conscience que Dilthey avait de la portée de sa critique :

> FAUST — Quel chemin faut-il prendre ?
> MÉPHISTO — ... Il n'y a pas de chemin. Des sentiers que personne n'a jamais foulé, et qu'il est interdit de fouler...

À la différence de Rickert et à plusieurs reprises, Heidegger reconnaît dans l'absence de systématicité de l'œuvre de Dilthey non une déficience, mais une vertu. Notant ce qui dans les titres même de ses publications témoigne de son renoncement à conclure, *Contributions* de 1890 et de 1895, *Idées pour*, ou encore *Studien*, etc., les conférences de Cassel rappellent qu'il a préféré « mourir en chemin » [2]. Mais aucun des écrits que Heidegger connaissait en 1925 ne traite spécifiquement de la question des catégories pour elle-même, aucun ne réfléchit la conceptualité forgée au fur et à mesure que se déploie la pensée de Dilthey.

1. GS I, 196-204, trad. *Introduction aux sciences humaines*, p. 250-258, Dilthey renvoyant en particulier à *Métaphysique* Δ, 7, 1017, a, 23 ; en ce qui concerne les catégories de l'activité et de la passivité, voir p. 204 *sq.*, trad. p. 259. La critique d'Aristote par Dilthey est pourtant loin d'être unilatérale dans la mesure où il relève la pertinence, pour les sciences de l'esprit, de la méthode comparative comme du concept de forme qui permet de penser le caractère téléologique de la structure psychique (GS I, 404 *sq.*, trad., p. 519).

2. Voir GA 59,153 et le début de la seconde conférence qui reprend cette expression à Dilthey, voir ci-dessous, p. 151 et 212.

Ces concepts à l'aide desquels les conférences de Cassel exposent l'intention de ses œuvres, ce sont ceux de l'explication et de la compréhension, mais plus encore ceux d'*Innewerden* et de *Selbstbesinnung*, de vécu et de configuration efficiente, de structure psychique acquise et de génération... De son côté, Heidegger donne bien un statut conceptuel à certains mots usuels, comme ceux d'inquiétude, de souci ou de bavardage, mais, comparativement, la nécessité qu'il éprouve de travailler la langue pour en créer une nouvelle le conduit à forger des concepts herméneutiques [1] et des locutions bien plus étrangers à la langue aussi bien commune que philosophique, comme la reluisance ou le fameux *es weltet* visant, conformément au projet de Dilthey, à dé-réifier le monde de la vie [2]. Cela étant, que signifie la déclaration selon laquelle Dilthey n'a pas osé introduire une nouvelle conceptualité, puisqu'il en a tout de même une qui lui est propre? La nouvelle conceptualité susceptible de saisir la vie facticielle, de « disloquer » le système traditionnel des catégories [3], Heidegger la pense en termes d'herméneutique indicative formelle de la facticité.

Le cours du semestre d'été 1920 procédant à la destruction de la position de Dilthey et la troisième conférence casseloise pensent la conceptualité herméneutique en se démarquant du néokantisme de Rickert. Dans le cadre de la problématique néokantienne encore dominante au début du siècle en Allemagne, la reconnaissance de la spécificité des sciences historiques a conduit à repenser la structure et les concepts de la connaissance à l'intérieur de ce qui s'est alors appelé la théorie de la formation des concepts (*Theorie der Begriffsbildung*); c'est sous cet intitulé que Rickert théorise la question dans *Die Grenzen der naturwissenschaftlichen Begriffsbildung*. C'est donc d'abord par rapport à cette problématique gnoséologique qui, à partir des savoirs constitués, vise à déterminer les conditions de la connaissance, que se situe Heidegger dont le cours de ce semestre porte précisément comme sous-titre « Théorie de la formation des concepts philosophiques » [4]. Mais ce sous-titre annonce en réalité la

1. GA 9,32 et 34, trad. P. Collomby, « Remarques sur Karl Jaspers », in *Philosophie* n° 12, automne1986, p. 10 et 12.

2. GA 56-57,73 et 89.

3. GA 60,54.

4. Comme le montre le cours prononcé à l'occasion de son habilitation et consacré au *Concept de temps dans les sciences historiques*, Heidegger est familier de cette problématique néokantienne et du débat entre Rickert et Dilthey au moins depuis 1915. Sur ce point nous renvoyons à F. Dastur, « La problématique catégoriale dans la tradition néokantienne », *Revue de Métaphysique et de Morale*, n° 3, septembre 1998, p. 389-403. En ce qui concerne plus largement la question des catégories, voir J.-F. Courtine, « Les recherches

critique du projet d'une telle théorie dans la mesure où il confond la conceptualité philosophique avec la conceptualité scientifique. Plutôt que de chercher à savoir comment se constituent les sciences, ce cours invite à partir de la vie facticielle en donnant une nouvelle acception à l'expression de théorie de la formation des concepts philosophiques : cette « théorie » vise à « indiquer ce qui est originellement à comprendre ». En quel sens faut-il entendre cette indication ?

Pour permettre un accès au phénomène sans qu'une conceptualité n'introduise subrepticement des préjugés dans la considération de la chose, il faut que ces concepts soient formels, c'est-à-dire ne disent rien du phénomène ou de la chose en question, mais indiquent seulement une direction[1]. Sur un ton et dans des termes très diltheyens au départ, Heidegger reprécise la nature du problème avant d'en déduire les conséquences méthodologiques : « Nous cherchons le sens fondamental de la méthode qui permette à la vie de se saisir elle-même de façon vivante ». Et comme il n'est pas possible de s'approprier ici des concepts appartenant à des sciences constituées, il « faut travailler avec des concepts de la vie quotidienne comme *vie*, *vécu*, *je*, *moi*, *soi* ». Faisant signe vers certains phénomènes, ces concepts ne sont pas fixés de façon univoque[2]. « Travailler » avec ces concepts herméneutiques ou ces indications formelles, c'est se voir obligé de se réapproprier constamment le sens de ce vers quoi ils font signe[3], et l'indication – que l'on peut de ce fait appeler aussi assignation – formelle par excellence est le *suis* du *je suis*. C'est aussi la raison pour laquelle on ne peut considérer l'indication formelle comme un concept « réfléchissant », car ce qualificatif renvoie immédiatement à une problématique kantienne, et en particulier à la distinction windelbandienne entre concepts réfléchissants et constituants qui reste dans l'horizon d'une logique prédicative déjà dénoncée par le cours du semestre d'été 1919[4]. L'expression de théorie de la formation des concepts philosophiques doit donc être entendue à partir des deux concepts simultanément introduits par le cours précédent du semestre 1919-1920 intitulé *Grundprobleme der Phänomenologie* : ceux de destruction (et non de formation ou de construction) et d'indication formelle. Afin de mieux cerner la spécificité de cette herméneutique

logiques de Martin Heidegger », in *Heidegger 1919-1929. De l'herméneutique de la facticité à la métaphysique du Dasein*, Paris, Vrin, 1996, p. 7-31.

1. GA 58,248 *sq.*, et voir GA 59,8, GA 60,55.

2. Voir GA 59,29, et sur le *je suis* en tant qu'indication formelle, GA 9,29 et GA 61,171-178.

3. GA 9,32, trad. *op. cit.*, II, 10.

4. GA 56-57,159-163.

indicative formelle, il convient de revenir aux travaux diltheyens postérieurs à l'*Introduction*.

La phénoménologie de la métaphysique de 1883 trouve en effet un prolongement essentiel dans une doctrine des catégories de la vie. Rédigés entre 1891 et 1893 et entre 1905 et 1910, les deux manuscrits les plus élaborés de cette doctrine n'étaient pas publiés à l'époque de la répétition heideggérienne de la pensée de Dilthey, et ils ne l'ont respectivement été qu'en 1982 et en 1927[1]. Et en 1927, lorsque paraissait le tome VII des *Gesammelte Schriften* qui contenait l'exposé de la seconde version de la doctrine des catégories, Heidegger avait déjà laissé Dilthey derrière lui. La considérable introduction de Misch au *Monde de l'esprit* de 1924 a néanmoins dû lui en donner une idée[2] et le thème se retrouve plus généralement tout au long de l'œuvre de Dilthey.

La continuité entre la doctrine des catégories de 1892-1893 et l'*Introduction aux sciences de l'esprit* est patente. Ce qui est nouveau, c'est que la dénonciation du réalisme propre à la métaphysique contemplative grecque et à la conception objective des catégories conduit à une véritable théorisation des catégories de la vie. Pour l'*Introduction*, remettre sur leur pied les catégories qui ont été mises sur la tête, c'est reconduire les abstractions de la chose, de la substance et de l'accident, de la causalité..., élaborées pour connaître le monde extérieur, à l'expérience de l'ipséité, et de l'agir et du pâtir. Le cours de logique de 1885-1886 marque une étape décisive vers la doctrine des catégories de la décennie suivante. Ce cours dérive aussi bien l'expérience des « choses » que le principe d'identité de l'expérience de l'ipséité[3]. Mais il introduit surtout un troisième concept fondamental, celui d'essentialité ou d'essence (*Essentialität oder das Wesen*). Critiquant la circularité du concept d'essence dans la métaphysique, Dilthey le reconduit à l'expérience de ce qui s'éprouve comme central ou essentiel, comme signifiant par rapport à l'insignifiant ou à l'inessentiel[4]. La remarque selon laquelle l'essentialité est apparentée aux catégories de signification, de valeur et de finalité immanente, est loin d'être anodine. Car c'est la thématisation de cette catégorie dans le cadre de

1. Voir en particulier « Leben und Erkennen » et « Die Kategorien des Lebens » in GS XIX et VII. En ce qui concerne l'analyse de ces catégories de la vie et l'évolution de la pensée diltheyenne entre ces deux versions, voir *La Philosophie herméneutique de Dilthey. Entre néokantisme et phénoménologie*, *op. cit.*, III, 1,3.

2. GS V, p. XXXIV, XXXIX et LXXXVIII par exemple.

3. GS XX, 200 et 203. Sur la première dérivation des catégories à partir de l'expérience vécue dans le cours de logique de 1880, voir les précisions de H.-U. Lessing et F. Rodi, GS XX, p. XXXIII *sq.*

4. GS XX, 206 et GS XIX, 375.

sa poétique de 1887[1] qui va permettre à ses recherches logiques de contribuer à la fondation des sciences de l'esprit.

L'ultime version de sa doctrine des catégories distinguera dans le groupe de celles de la signification un concept éminemment temporel et très proche de celui que Heidegger désigne du même nom dans l'herméneutique de la facticité : celui de signifiance (*Bedeutsamkeit*). Désignant « une relation vitale, écrit Dilthey, et non intellectuelle »[2], plus englobant et plus originaire que celui de la signification, le concept de signifiance désigne dans l'expérience vécue la persistance actuelle et efficiente d'une signification passée. Issues du vécu et donc de la mobilité de la vie insondable, ces catégories gardent une opacité et une indétermination qui excluent d'en dresser une table et de les définir isolément les unes des autres. La catégorie de l'ipséité doit par exemple être saisie en relation à celle de la résistance[3] et la catégorie d'essence à celle de l'ipséité. La critique de la structure prédicative de la logique classique est également plus élaborée en 1892-1893.

Dilthey considère en effet que ce qui est exprimé par la copule dans la proposition prédicative n'a rien à voir avec une identité ou avec la correspondance qui en est une forme atténuée. La chose va de soi lorsqu'un prédicat est attribué à un sujet en termes d'action ou de passion. La copule *est* renvoie à une relation vitale, au sentiment de la permanence de l'identité du moi à travers les changements qui l'affectent; autrement dit, la copule renvoie à l'ipséité du moi. En ce qui concerne en revanche toutes les prédications qui posent des relations plus réelles, il faut distinguer « d'abord l'être effectivement contenu, et ensuite la relation de l'ipséité reliant sujet et prédicat ». Le *est* ne signifie rien d'autre que « la relation vitale du sujet qui étend son ipséité à travers les propriétés (...). Le *a* désigne la possession, la maîtrise »[4].

Il est possible de déduire la critique heideggérienne de cette doctrine s'il en avait eu connaissance. Il aurait réitéré l'essentiel de sa critique de 1920 : Dilthey reste enfermé dans la problématique du vécu. En témoignerait, par exemple, le manuscrit de 1911 intitulé *Le Problème de la religion*[5] auquel renvoie une note marginale de la première lettre de Dilthey à Husserl. Ce manuscrit, que Heidegger ne pouvait pas connaître en rédigeant sa propre introduction à la phénoménologie de la religion, critique la méthode historique de Ritschl et de son école. Du fait d'« une haine non-historique

1. GS VI, 175 *sq.*, trad. *Œuvres* 3,103 *sq.*
2. GS VII, 240.
3. GS XIX, 288 et 382.
4. GS XIX, 289 et 363. Sur l'avoir, la possession et l'appartenance, voir aussi GS XIX, 387.
5. GS VI, 321.

contre le mystique dans la religion », Ritschl perd ce que Schleiermacher avait génialement compris, à savoir que, plus originel que les dogmes, c'est le vécu religieux qui est ici déterminant et qui distingue le phénomène religieux des autres phénomènes qui lui sont apparentés. Aux yeux de Dilthey, c'est la connexion entre les deux moments spécifiques à ce vécu, à savoir, une série d'états psychiques conduisant à l'expérience d'une paix qui comble l'âme, ce vécu engendrant lui-même une transformation durable de la vie psychique, qui doit être le point de départ de « la phénoménologie de la religion » [1]. Pour Schleiermacher, c'est le sentiment de dépendance absolue, c'est-à-dire de finitude, qui constitue la racine du vécu religieux. Comme le fait Heidegger, Dilthey aurait pu y voir une interprétation trop rigide ou objectivante de la relation originaire de l'âme à l'esprit absolu [2]. Le fait que Dilthey ne retienne pas cette détermination de l'expérience religieuse permettrait d'autant plus facilement de considérer son approche comme esthétique. Par ailleurs, la « transformation durable » engendrée par l'expérience religieuse dit de façon bien atténuée l'exigence et l'expérience d'une conversion propre au phénomène religieux. Néanmoins, au regard de ce qu'il dit par ailleurs de la confrontation du génie religieux à la mort, cela tient probablement au fait que Dilthey ne décrit plus la racine du phénomène religieux, mais au contraire la façon dont la terreur de la mort est recouverte. La critique de la problématique du vécu de l'été 1920 s'éclaire à la lumière de ce que Heidegger lui oppose : une compréhension de la vie dont il théorise la conceptualité dans le cours suivant. Les « catégories fondamentales de la vie » (le souci, la dette, le penchant, la distance, le verrouillement et la ruinance...) [3] se verront le plus exhaustivement thématisées dans le cours de 1921-1922. Mais il n'est pas anodin que l'explicitation la plus élaborée et la plus technique de la notion d'indication formelle ait pour cadre le cours du semestre d'hiver 1920-1921 destiné à introduire à la phénoménologie de la religion, et plus précisément sa première partie consacrée au problème de la méthode.

Comme on l'a vu, le christianisme constituait en effet aux yeux de Heidegger le paradigme d'une réorientation du centre de gravité de la vie facticielle vers le monde propre à partir duquel il se proposait d'interroger le sens d'être du *je suis*. Après avoir rappelé qu'une explicitation phénoménologique de la religion devait prendre pour point de départ l'expérience de la vie facticielle historique alors que le néokantisme, Spengler et les philosophies de la vie, réduisent le *Dasein* inquiet à un objet à l'intérieur

1. GS VI, 300 et 301, trad. *Le Monde de l'esprit* II, 302 et 303.
2. GA 60,331.
3. GA 61,84-130.

de l'histoire, Heidegger pose la question de savoir ce que signifie l'historique. Pour éviter qu'elle ne s'arrête à une détermination trop particulière, la réponse traditionnelle de la philosophie est cherchée en direction du plus général : serait historique ce qui devient temporellement et ce qui, en tant que tel, est passé. Il semble qu'il suffise alors de transposer ou d'appliquer ce sens à ce qui paraît n'être qu'une des dimensions de l'historique en général, à savoir à l'historicité de la vie facticielle. La question serait alors de savoir dans quelle mesure elle comporte quelque chose d'historique, de savoir s'il y a un devenir, quelque chose de passé dont on est conscient[1]. Mais une telle conception traditionnelle de la philosophie supposée viser l'universalité (*Allgemeinheit*) – ce qui implique un procédé d'universalisation (*Verallgemeinerung*) – constitue déjà un préjugé fermant tout accès à une compréhension de l'historique.

Pour caractériser l'indication formelle, Heidegger va cette fois partir non plus de la théorie néokantienne de la formation des concepts, mais de la distinction husserlienne entre les deux modalités de l'universalisation : la généralisation (*Generalisierung*) et la formalisation (*Formalisierung*). Alors que l'élévation au général à travers espèces et genres (le passage par exemple de rouge à couleur puis à qualités sensibles) reste liée à un domaine de choses, l'élévation au formel (le passage par exemple de qualité sensible à essence) paraît libre de toute attache à un contenu et se rapporte au sens relationnel[2]. Mais est-ce à dire que *formel* dans « assignation formelle » a le même sens que dans « élévation au formel » ? Heidegger cherche alors à montrer que les deux formes d'universalisation relèvent d'une attitude théorique qui met en ordre un contenu – indirectement en ce qui concerne la formalisation car dans le cadre de l'ontologie formelle le sens relationnel engendre une catégorie d'objet formel correspondant à une région. L'indication formelle laisse en revanche la chose considérée telle qu'elle est. Retrouvant alors la question de l'historique, Heidegger dirige sa critique vers Husserl en estimant qu'il est exclu de saisir l'être de l'historique, du temporel, en partant de l'idée que toute objectité (*Gegenständlichkeit*) est temporelle en tant qu'elle se constitue dans la conscience, et donc en partant de la façon dont le temps se constitue dans la conscience car on présuppose ainsi un cadre d'ordre théorique. Le problème du temps doit au contraire « être saisi à partir de la façon dont nous faisons originellement l'expérience de la temporalité dans l'expérience facticielle – indépendamment de toute conscience pure et de tout temps pur »[3].

1. GA 60,53 et 55.
2. GA 60,57 et 59, et *CC*, 169.
3. GA 60, 61 *sq.*, et 64 *sq.*

Cette dimension assignante des concepts herméneutiques est encore accentuée dans le dernier cours du semestre d'hiver 1929-1930 intitulé *Concepts fondamentaux de la métaphysique* qui commence par introduire une nouvelle qualification des concepts herméneutiques : antérieurs à la dimension argumentative de la pensée, les concepts philosophiques fondamentaux sont « in-clusifs » (*Inbegriffe*). Ils sont « inclusifs » en un double sens dans la mesure où ils renvoient à des questions qui ne portent pas sur des étants particuliers, mais incluent l'ensemble de l'étant, et où ils mettent simultanément en question celui qui interroge, c'est-à-dire l'incluent[1]. La méconnaissance de ce caractère indicatif formel des concepts philosophiques engendre deux types d'erreurs pratiquement aussi inéluctables que l'apparence transcendantale dénoncée par Kant, mais plus originelles que celle-ci dans la mesure où elles ont leur racine dans « l'essence de l'homme »[2]. En d'autres termes, cette plus grande originarité tient à ce que leur racine n'est pas découverte dans le pouvoir théorique de la connaissance, dans la raison, mais dans une relation pré-théorique de l'homme à lui-même. Or il est remarquable que les deux erreurs pointées par cette longue analyse répondent à la critique diltheyenne visant le caractère purement objectif des catégories de la métaphysique et l'abstraction de ses systèmes.

La première erreur est de supposer que les concepts philosophiques se rapportent à « quelque chose qui se trouve être-là » et à ses propriétés, alors que, comme le rappelle Heidegger, « ce dont traite la philosophie ne s'ouvre en définitive que dans et à partir d'une transformation du *Dasein* humain », ce qui est à entendre au sens « d'une ouverture préalable de la dimension du concevable ». La seconde erreur découle pratiquement de la première. N'étant pas rapporté au *Dasein* mais supposé renvoyer à tel ou tel étant, chaque concept perd les relations qu'il avait avec les autres, de sorte que la cohérence des concepts philosophiques est cherchée dans la construction de systèmes. À la cohérence que les concepts trouvaient dans le *Dasein* historique se substitue alors une cohérence apparente, d'un genre logique et intemporel[3]. Cette double erreur est elle-même indissociable de la méconnaissance du caractère nécessairement flottant et indéterminé des concepts philosophiques fondamentaux ; chercher à les définir comme le font la logique classique et la science en général, c'est confondre l'exigence d'exactitude (*Exaktheit*) propre aux sciences avec la rigueur (*Strenge*) plus originelle du questionnement philosophique inclusif[4].

1. GA 29-30,12 *sq.* et 36, trad. D. Panis, *Concepts fondamentaux de la métaphysique*, Paris, Gallimard, 1992, p. 26 *sq.* et 48. Voir aussi GA 29-30,338, trad. p. 339.
2. GA 29-30,430, trad., p. 429.
3. GA 29-30,422 *sq.*, 428 *sq.* et 431 trad., p. 422, 428 et 431.
4. GA 60,3.

La critique de Dilthey du cours de l'été 1925 est également déterminée par la thèse selon laquelle c'est à l'ouverture pré-théorique du *Dasein* que se rapportent les véritables concepts philosophiques. Reprenant le diagnostic de l'*Introduction* de 1883, ce cours reconnaît à Dilthey le mérite d'avoir cherché à dépasser la conception aristotélicienne des catégories qui résultent d'un processus de « dé-mondanisation » (*Entweltlichung*) du monde, de sa dévitalisation. Heidegger rappelle ainsi le souci diltheyen de revenir à un « sujet vivant » qui ne soit pas amputé de ses dimensions affectives et volitives. Mais qu'il n'ait pas pour autant réussi à se déprendre de la vieille psychologie, c'est ce que montrent à ses yeux les catégories à l'aide desquelles il pense, conformément au principe de phénoménalité, la relation fondamentale du moi au monde : la résistance et l'impulsion. Sans avoir eu connaissance de la dérivation de toutes les catégories de la vie de celle de l'ipséité, Heidegger touche donc le cœur de la première doctrine des catégories de 1892-1893. Le caractère à ses yeux dérivé et non originaire du concept de résistance tient au fait que la résistance de quelque chose présuppose un souci ou une préoccupation à l'égard de cette chose. Ce concept de résistance, la pression réciproque entre deux étants, présuppose également le monde. À la résistance et à l'impulsion, ou à la distinction schélerienne de la résistance et de la volonté qui s'en inspire, l'herméneutique du *Dasein* oppose le souci et la signifiance. Tout en considérant qu'il n'est pas évident de parler ici de corrélation, Heidegger conclut : « Cette corrélation est la structure fondamentale de la vie que je désigne aussi en tant que facticité »[1]. La spécificité des concepts herméneutiques de Heidegger n'est pourtant pas si évidente.

La réserve relative à la notion de corrélation retrouve la critique diltheyenne du dualisme propre au concept brentanien d'intentionnalité au nom de l'expérience plus primitive d'un *Innewerden* antérieur à toute distinction entre sujet et objet. Par ailleurs, et conformément à ce que signifie la catégorie de l'essentialité, Dilthey ne pose pas une co-originarité de deux choses ou de deux forces, mais d'un vécu subjectif relatif à des significations mondaines, à un monde toujours déjà signifiant. Par quoi les indications formelles renvoyant à une modalité de l'être du *Dasein*, indications que le cours de l'été 1923 suggèrera d'appeler existentiaux, se distinguent-elles des catégories de la vie telles que Dilthey les pense au début du siècle, celles de la signification et de la signifiance, du vécu et de l'expression, du développement… ?

Ces catégories font signe vers cette « corrélation » que dit l'expression de monde propre. « Les mots signification, compréhension, sens du cours

1. GA 20,301 *sq.* et 304, critique que reprend le § 43 d'*Être et temps*.

de la vie ou de l'histoire écrit Dilthey, ne nous disent rien d'autre qu'un tel indiquer (*Hindeuten*), rien d'autre que cette relation – contenue dans le comprendre – des événements à une configuration interne grâce à laquelle ils sont compris »[1]. En termes heideggériens, ces catégories de la vie explicitent le mode d'être de l'être-au-monde. Et, bien qu'ils ne fassent pas nommément partie des catégories de la vie, il en va de même des concepts qui décrivent le mode d'être du moi concret pré-théorique et anticipent apparemment les existentiaux : le comportement et la tonalité affective. Ce qui distingue essentiellement les existentiaux doit plutôt être cherché du côté de la manière dont Heidegger pense le souci qui est irréductible à de simples pulsions et affects vitaux. Elle se dessine dans les concepts pointant la fuite de la vie devant elle-même, le verrouillement, la ruinance... La modalité d'être cruciale du *Dasein* que cherchaient obscurément à nommer les catégories signifiant la fuite de la vie devant elle-même est clairement pointée à partir de 1922-1923 : c'est son être-à-la-mort. Et c'est là ce qui détermine l'ouverture du *Dasein*. Autrement dit, l'indication telle que la pense Dilthey n'a rien d'assignant.

La façon dont Heidegger pense la relation du langage à l'existence humaine s'inscrit plus directement dans la continuité des *Types de vision du monde* et des manuscrits destinés à prolonger *L'Édification de monde historique*. Car si *La Naissance de l'herméneutique* considère que l'herméneutique a pour objet éminent les expressions langagières dans la mesure où elles permettent au vécu d'accéder à la plus grande clarté de signification, le fondement de cette herméneutique reste un vivre dans un monde toujours déjà signifiant et coloré par des tonalités affectives. De façon analogue, le cours de l'été 1925 et celui du semestre d'hiver 1925-1926 intitulé *Logique. La question en quête de la vérité* reconduisent la langue à l'interprétation et à la compréhension comme structures ontologiques antéprédicatives et pré-logiques du *Dasein* : la langue est une possibilité d'être du *Dasein* vivant dans un monde de significations pré-langagières[2].

En revanche, seule la conception de la vérité en termes de découvrement et d'occultation, pouvait permettre la reconduction par ce cours du logos à la parole « dans l'optique de son sens fondamental : faire/laisser voir le monde, l'être-là humain, l'étant en général »[3]. Et c'est à partir d'une telle conception que Misch cherchera à prolonger la pensée de Dilthey en

1. GS VII, 235.

2. GA 20,360 et plus largement p. 361-375.

3. GA 21,6. En ce qui concerne ce cours voir les analyses de. J.-F. Courtine, « Les recherches logiques de Martin Heidegger », *op. cit.*, et de Franco Volpi, « La question du λόγος dans l'articulation de la facticité chez le jeune Heidegger, lecteur d'Aristote », in *Heidegger 1919-1929*, *op. cit.*, p. 33-65.

élaborant le concept d'énoncé évocateur[1]. La distance par rapport à Dilthey s'accentue dans le cours du semestre d'hiver 1929-1930 intitulé *Les Problèmes fondamentaux de la métaphysique*. Invitant à une nouvelle interprétation d'Aristote, ce cours déplace en effet l'accent antérieurement mis sur le comportement découvrant du *Dasein* sur le découvrement et l'ouverture de l'étant lui-même. La question de l'essence de l'en-tant-que est alors liée à celle de l'essence du *est* de l'être pour interroger le sens du *est* comme copule du jugement prédicatif. Mais par rapport à la pensée heideggérienne ultérieure, c'est encore l'homme qui reste configurateur de monde, l'ouverture du monde étant pensée à partir d'un comportement propre au *Dasein*, à savoir un « être – libre » pour l'événement de la langue en tant que formatrice d'un monde[2]. Il reste pour finir à examiner l'herméneutique indicative formelle au regard de sa source diltheyenne d'inspiration, et ensuite la signification de l'abandon explicite par Heidegger du qualificatif d'herméneutique pour qualifier sa pensée au-delà des années vingt, car il signe apparemment encore plus le congé définitif donné à Dilthey.

Le souci de parvenir à une logique plus originaire qui ne soit pas le résultat d'une dévitalisation ou d'une dé-mondanisation est commun à Dilthey et à Heidegger. Ce qui distingue néanmoins les concepts herméneutiques de Heidegger, ce n'est pas simplement leur caractère indicatif, le fait qu'ils expliciteraient l'être-au-monde de l'être-là, mais le fait qu'ils soient assignants ou inclusifs. Et ce dernier caractère doit lui-même être entendu comme enjoignant le *Dasein* à se comprendre lui-même en tant qu'être-à-la-mort. On peut par ailleurs se demander si, par-delà leur commune critique de l'ontologie classique, Dilthey aurait pu suivre Heidegger, ne serait-ce que dans son invitation à questionner le sens d'être du *je suis*. Au vu de sa critique du concept d'être, il aurait eu du mal à suivre Heidegger lorsque celui-ci lui attribue un pressentiment de la question de l'être. Au mot de Heidegger – « Non la vie et le monde, mais l'être et l'être-là » –, il aurait probablement opposé celui de Yorck von Wartenburg : « Le noyau de l'historicité, c'est que l'ensemble de la donnée psychophysique n'*est* pas, mais vit », ou encore « l'être est un dérivé de la vie »[3]. C'est également sur ce point que porte la critique de Misch. À ses yeux, c'est l'orientation ontologique de Heidegger qui le conduit à procéder « comme un artiste expressionniste » ou comme un anatomiste en

1. *Der Aufbau der Logik auf dem Boden der Philosophie des Lebens*, K. Alber, Fribourg-Munich, 1994, p. 295 *sq.* et 515.

2. GA 29-30, 484 et 496 sq, trad. p. 480 et 496 *sq.*

3. *Briefwechsel*, *op. cit.*, lettres de janvier 1888 et 1896, p. 71 (souligné par Yorck) et 203.

extrayant ses paroles de l'atmosphère dans laquelle vibre la vie, c'est-à-dire en les décomposant, et en leur donnant une « couleur locale » où leur signification n'a souvent rien d'originel mais leur est octroyée par la cohérence constructive de l'ontologie du *Dasein*. Misch relève ainsi le modèle grec des constructions heideggériennes de figures nominales qui substantifient des composés, par exemple « la détermination du *Dasein* : "Être déjà au monde auprès de l'étant intramondain" est formé selon le schéma du τὸ τί ἦν εἶναι » [1].

Heidegger a lu de près *Lebensphilosophie und Phänomenologie* comme le montrent ses annotations marginales de cet essai [2]. Le cours du semestre d'été 1929 intitulé « L'idéalisme allemand et la problématique philosophique contemporaine » répondra aux analyses de Misch [3]. Mais si Husserl se l'est demandé à son propre sujet, il était manifestement trop tard en ce qui concerne Heidegger. Au moment où Nietzsche entre en scène de façon décisive, le cours du semestre d'été 1929 ne considère plus Dilthey que comme un philosophe « académique », lui-même et ses disciples n'étant même pas parvenus à la hauteur de cet idéalisme [4]. L'invitation à répéter la question de Dilthey entre 1920 et 1925 en impliquait, comme toute répétition, la critique : Dilthey a donc seulement donné des indications. Mais cela ne réduit en rien l'hommage de Heidegger qui y voyait le propre « peut-être de tout grand philosophe » [5].

Comme on sait, il a ultérieurement renoncé à qualifier d'herméneutique sa pensée phénoménologique, avant d'abandonner le terme même de phénoménologie. Et il ne figure dans les histoires usuelles de l'herméneutique que jusqu'à *Être et temps*. Mais comme le montre *a contrario* la multiplicité des appropriations abusives de ces deux termes, l'abandon de ces expressions n'est pas nécessairement plus significatif que leur usage explicite. On peut supposer que cet abandon est commandé par le souci d'éviter les malentendus que suscitent nécessairement des termes déjà

1. *Lebensphilosophie une Phänomenologie*, *op. cit.*, p. 98.

2. Voir « Heideggers Marginalien zu Mischs Auseinandersetzung mit der phänomenologischen Ontologie », Claudius Strube éd., in *Dilthey-Jahrbuch* 12 /2000, p. 187-221. La différence entre les annotations de Husserl et de Heidegger relatives à cet essai constituent un autre témoin de la spécificité de leurs dialogues avec Dilthey et Misch ; la particularité des passages qui suscitent leurs remarques est à cet égard aussi significative que leurs commentaires d'un même passage (par exemple ceux qui sont relatifs à la page 186, lignes 27-28 de l'essai de Misch).

3. GA 28,131-139.

4. *Die Bedeutung Diltheys für die Konzeption von* Sein und Zeit. *Zum Umfeld von Heideggers Kasseler Vorträgen*, *op. cit.*, p. 122, renvoyant aussi à Kenzo Katzube, *Wilhelm Diltheys Methode der Lebensphilosophie*, Hiroshima, 1931.

5. GA 59,163 *sq.*

chargés de sens par une tradition, si ce n'est le souci de se soustraire à l'emprise de la langue de la métaphysique. À la question de savoir pourquoi il avait renoncé à l'emploi du terme de phénoménologie, Heidegger répondait ainsi : « Cela n'a pas eu lieu, comme beaucoup le croient pour renier l'importance de la phénoménologie, mais pour laisser mon chemin de pensée sans nom »[1]. Le regard rétrospectif qui fait dire à Heidegger qu'il n'a pas voulu développer la phénoménologie dans une nouvelle direction mais la penser de façon plus originaire[2] vaut peut-être aussi pour le terme d'herméneutique.

Que peut donc bien signifier son abandon qui marque apparemment la fin d'une séquence phénoménologique de l'histoire de la pensée herméneutique ouverte par les travaux de Dilthey[3] ? Il faut pour le comprendre le mettre en relation directe au fait que la question du langage prend *simultanément* une place centrale dans la pensée heideggérienne. La chose est paradoxale si l'on se souvient de l'affirmation de Schleiermacher selon laquelle la seule chose que l'herméneutique ait à présupposer, c'est le langage. Il est évident que l'on peut se demander ce qui reste de ce présupposé lorsque est dénoncée l'incapacité des concepts de signe et d'expression à dire quelque chose de l'essence du langage dans la mesure où ils sont métaphysiques. Et la *Lettre sur l'humanisme* récusera de la même façon la possibilité de penser le langage à partir du concept de signification[4]. Mais l'intérêt de Heidegger est précisément de poser la question de savoir ce qu'il en est de ce présupposé[5]. À l'opposé d'un abandon qui signifierait un laisser à l'abandon, un laisser derrière soi, le geste de Heidegger résulte au contraire du souci explicite de revenir, pour l'interroger, à ce présupposé. En d'autres termes, cet abandon serait plus à entendre transitivement comme un abandon à.

De ce point de vue, le questionnement de la supposition centrale de l'herméneutique, comme celle « de toute philologie et de toute science du langage »[6], suspend le mouvement qui propulse constamment l'herméneu-

1. *Unterwegs zur Sprache*, *op. cit.*, p. 121, trad. p. 114. La *Lettre sur l'humanisme* affirmait déjà en un sens analogue qu'entrer dans la proximité de l'être impliquait d'« apprendre à exister dans ce qui n'a pas de nom » (trad. R. Munier, Paris, Aubier Montaigne, 1964, p. 43). Sur le sens de cette disparition du terme de phénoménologie, cf. J.-F. Courtine, *Heidegger et la phénoménologie*, *op. cit.*, p. 168-171.

2. *Unterwegs zur Sprache*, *op. cit.* p. 95, trad. p. 95.

3. Sur l'idée d'une telle séquence phénoménologique, voir encore *La Philosophie herméneutique de Dilthey. Entre néokantisme et phénoménologie*, *op. cit.*

4. *Lettre sur l'humanisme*, *op. cit.*, p. 65.

5. Voir en un sens analogue Jean-Luc Nancy, *Le Partage des voix*, Paris, Éd. Galilée, 1982, p. 41.

6. GA 21,151, trad. mod. Volpi, *op. cit.*, p. 52 note 1.

tique dans l'interprétation pour la ramener à l'obscurité de son impensé. Dès 1925 au moins, en pensant le discours *en tant* qu'il décèle ou dissimule, l'herméneutique du *Dasein* donnait déjà son congé à une herméneutique qui, comme celle de Schleiermacher, part du phénomène du malentendu, c'est-à-dire en reste à une interprétation de l'*hermeneia* en termes de communication. Ce congé se verra encore accentué par la récusation de la conception instrumentale ou idéaliste de la langue dans le cadre de la méditation de la langue poétique annoncée par le cours du semestre d'été 1931 [1] et clairement entreprise dans les cours de 1934-1935 consacrés aux hymnes de Hölderlin *Germanie* et *Le Rhin*. Si le terme d'indication formelle est lui-même abandonné, le mouvement même du faire signe vers, Heidegger l'appellera à partir de sa lecture de Hölderlin un *Winken* qui n'est pas un *Zeichen*, un *Hinzeigen auf etwas*, un *Bemerkbarmachen von etwas*, comme l'est par exemple l'affirmation selon laquelle « le langage est la maison de l'être » [2].

Dans le cadre du chemin dans lequel il s'engage par la suite, le sens donné par Heidegger au terme d'herméneutique, les très rares fois où il l'emploie, n'a plus grand rapport avec son acception schleiermacherienne ou diltheyenne. Il ne désigne plus l'entreprise infinie de déchiffrement des significations constitutives des œuvres ou du monde, mais le « porter annonce » d'une parole qu'il est requis à l'homme de « prendre en garde » et qui définit la relation herméneutique dans laquelle il se tient et est tenu [3]. Mais le sens de l'abandon du terme d'herméneutique à la fin des années vingt ne peut être entendu comme un simple laisser à l'abandon de l'herméneutique elle-même pour une seconde raison.

L'intérêt de l'œuvre ultérieure de Heidegger est en effet indubitable pour la pensée herméneutique dans la mesure où il renoue avec la problématique de la traduction qui l'a nourrie dès son origine, mais qui est passée à l'arrière-plan au cours du XIXe siècle. Cette problématique transforme à partir des années trente la façon dont Heidegger répète la

1. Voir *Aristoteles, Metaphysik IX*, Heinrich Hüni éd., GA 33, 1981, p. 128 *sq.* et 149, trad. *Aristote, Métaphysique Θ 1-3. De l'essence et de la réalité de la force*, trad. Bernard Stevens et Pol Vandevelde, Paris, Gallimard, 1991, p. 132 et 150.

2. Respectivement GA 39,31-33, d'une part, et *Lettre sur l'humanisme*, *op. cit.*, p. 27, *Unterwegs zur Sprache*, *op. cit.*, p. 111-117 et 202, trad. p. 107-111 et 188 d'autre part.

3. *Unterwegs zur Sprache*, *op. cit.*, p. 121, 125, et 253, trad. p. 115, 118 et 241. Comme suffit à l'indiquer l'intitulé du chapitre de son *Introduction à Heidegger* « L'herméneutique comme pensée de l'être », c'est par exemple la perspective de Vattimo, qui la précise dans les termes suivants : « Dans la mesure où elle est écoute du langage, la pensée est herméneutique, pour reprendre un mot qui, même si Heidegger l'emploie toujours moins après *Être et temps*, peut être pris comme un des mots clés de toute sa pensée », trad. J. Rolland, *La Nuit surveillée*, Paris, Éd. du Cerf, 1985, p. 44.

question diltheyenne relative à l'historicité[1]. Penser l'historicité en recourant à la méthode de la destruction phénoménologique, c'est entreprendre la critique des traductions à travers lesquelles s'est constituée la tradition métaphysique occidentale. Et dans la mesure où la traduction des concepts grecs en latin constitue un moment essentiel de cette histoire, il est remarquable que le cours du semestre d'été 1923 en décèle l'effet en ce qui concerne le concept même d'herméneutique. Retraçant l'histoire de l'herméneutique, ce cours pointe explicitement le recouvrement de l'*hermeneia* grecque par sa traduction byzantine. Si son concept grec nomme l'opération visant à découvrir l'étant, cette traduction lui fait correspondre la recherche de la signification jusqu'à ce que, par glissement, herméneutique signifie commentaire dans l'église chrétienne[2].

1. Sur la façon dont cette problématique permet de nouer les pensées relatives à l'être de la langue et à l'histoire de l'être, voir Éliane Escoubas, « De la traduction comme origine des langues : Heidegger et Benjamin » in *Les Temps modernes*, mai-juin 1989, n° 514-515.

2. GA 63,11. Il resterait à préciser l'intention d'un tel commentaire. Pour autant que ce dernier serait déterminé par l'esprit de l'église « romaine », il est notable que sans penser la vérité en termes de dévoilement, Dilthey ait pointé jusque dans « la structure de la langue latine » l'empreinte de l'esprit romain de l'*imperium* (voir GS VIII, 56, trad. *Théorie des conceptions du monde*, p. 74).

HEIDEGGER

LES CONFÉRENCES DE CASSEL

précédées de la

CORRESPONDANCE DILTHEY – HUSSERL

BRIEFWECHSEL
DILTHEY-HUSSERL

DILTHEY AN HUSSERL, 29. VI. 1911

Hochverehrter Herr College!

Ich will den kleinen Aufsatz über Niebuhr[1], der aus einem neuerlichen Akademievortrag entstanden ist, nicht abgehen lassen, ohne mich endlich auf Ihre Abhandlung im « Logos »[2] zu äussern.

Offen gestanden war mir unter dem ersten Eindruck eine solche Äusserung schwer, denn Ihre Charakteristik meines Standpunktes als Historizismus, dessen legitime Consequenz Skeptizismus sei, musste mich billig wundern. Ein grosser Teil meiner Lebensarbeit ist einer allgemeingiltigen Wissenschaft gewidmet, die den Geisteswissenschaften eine feste Grundlage und inneren Zusammenhang zu einem Ganzen schaffen sollte. Dies war die ursprüngliche Conzeption meiner Lebensaufgabe im ersten Band der « Geisteswissenschaften »[3]. Wir sind darin einig, dass es, ganz allgemein angesehen, eine allgemeingiltige Theorie des Wissens gibt. Wir sind weiter darin einverstanden, dass der Zugang zu ihr erst durch Untersuchungen eröffnet wird, die den Sinn der Bezeichnungen aufklärt, deren zunächst eine solche Theorie bedarf, und die weiterhin allen Teilen der Philosophie notwendig sind. In dem weiteren Aufbau der Philosophie trennen sich dann unsere Wege. Mir erscheint eine Metaphysik unmöglich, welche den Weltzusammenhang durch einen

1. W. Dilthey, « Anfänge der historischen Weltanschauung Niebuhrs », *Deutsche Rundschau* 37 (1911), S. 294-299 (in Husserls Bibliothek).

2. E. Husserl, « Philosophie als strenge Wissenschaft », *Logos* I (1911), S. 289-341 (=*Husserliana XXV*, S. 3-62).

3. W. Dilthey, *Einleitung in die Geisteswissenschaften. Versuch einer Grundlegung für das Studium der Gesellschaft und der Geschichte, 1.* Band, München 1883.

LA CORRESPONDANCE DILTHEY-HUSSERL [a]

LETTRE DE W. DILTHEY À E. HUSSERL DU 29 JUIN 1911

Très honoré collègue,

Je ne veux pas laisser partir le petit essai sur Niebuhr [b], né d'une récente conférence à l'Académie [1], sans m'exprimer enfin sur votre article publié dans *Logos* [2].

J'avoue qu'il m'était difficile de le faire sous l'effet de sa première impression, car votre caractérisation de ma position en tant qu'historicisme, dont la conséquence légitime serait le scepticisme, devait à juste titre m'étonner. Une grande partie du travail de ma vie est consacré à une science à validité universelle qui devait procurer aux sciences de l'esprit un fondement solide et la cohérence interne d'un tout. Telle a été la conception initiale de la tâche de ma vie dans le premier volume des *Sciences de l'esprit* [3]. Nous nous accordons sur le fait qu'il existe de façon tout à fait générale une théorie-du-savoir à validité universelle. Nous nous entendons aussi sur ce que l'accès à celle-ci ne sera ouvert que par des recherches éclairant le sens des dénominations dont a d'abord besoin une telle théorie et qui est par ailleurs nécessaire à toutes les parties de la philosophie. En ce qui concerne la suite de l'édification de la philosophie, nos voies se séparent. Une métaphysique qui entreprend d'exprimer de façon valable la

1. Voir « Anfänge der historischen Weltanschauung Niebuhrs » publié dans la *Deutsche Rundschau* en mai 1911 (dans la bibliothèque de Husserl). Entre temps in *Studien zur Geschichte des deutschen Geistes*, Paul Ritter éd., *Gesammelte Schriften* III, 1927, p. 269-275.

2. *La Philosophie comme science rigoureuse*, publié dans *Logos* 1, (1910-11), trad. M. B. de Launay, Paris, P.U.F., 1989.

3. *Introduction aux sciences de l'esprit*, traduction partielle S. Mesure in *Œuvres* I, Paris, Éd. du Cerf, 1992, et pour le second livre *Introduction à l'étude des sciences humaines*, trad. Louis Sauzin, Paris, P.U.F., 1942.

Zusammenhang von Begriffen in giltiger Weise auszusprechen unternimmt (« Typen », S. 6)[1].

Dieser Standpunkt kann, wenn ich Ihre Definition von Historizismus (S. 323)[2] recht verstehe, kaum als Historizismus bezeichnet werden. Und wenn nach dem allgemeinen Sprachgebrauch der Skeptiker die Möglichkeit der Erkenntnis ganz allgemein leugnet, so kann ich unmöglich als Skeptiker angesprochen oder überhaupt in irgendein Verhältnis zum Skeptizismus gebracht werden. Ich schliesse mich eben an die Bewegung an, welche seit der 2. Hälfte des 18. Jahrhunderts zur Leugnung der Metaphysik, das Wort im oben angegebenen Sinn genommen, fortgegangen ist.

Es scheint mir aber auch nach dem angegebenen Zusammenhang nicht billig, aus einigen Sätzen aus der Introduktion meiner « Typen », die nur aus dem Satz von der Relativität der Weltanschauungen die Bedeutung des Problems von deren Wahrheitsgehalt sichtbar machen wollten, um das Interesse des Lesers hervorzurufen, eine Interpretation meines Standpunktes abzuleiten, nach welcher die bewusste oder unbewusste Consequenz meines Standpunktes der Skeptizismus sei.

Ich bin an dem Missverständnis nicht ohne Schuld. Der Aufsatz im Weltanschauungsbuch war teils Zusammenziehung, teils Erweiterung eines Manuskriptes über Weltanschauungslehre, aus dem ich vor vielen Jahren einen Vortrag in der Akademie gehalten. Und zwar der ersten Hälfte desselben. Die Enge des mir gestatteten Raumes nötigte mich abzubrechen, und es war mir nicht unerwünscht, zu weiterem Nachdenken die zweite Hälfte zurückzubehalten. Wie ich nun in dieser Sammlung freier Aufsätze das zu sagen nicht nötig fand, konnte die Ansicht leicht entstehen, die mir (Logos, 326 Anm.) zu Grunde zu liegen scheint, als sei schon im Mitgeteilten die Begründung der Relativität und dann der sie überwindenden höheren Ansicht enthalten. Ich habe damals gleichzeitig mit der Veröffentlichung eine Verabredung mit dem Verleger getroffen, das Ganze der « Weltanschauungslehre » separat in einiger Zeit zu edieren.

1. W. Dilthey, « Die Typen der Weltanschauung und ihre Ausbildung in den metaphysischen Systemen », in *Weltanschauung. Philosophie und Religion in Darstellungen von Wilhelm Dilthey, Bernhard Groethuysen, Georg Misch u.a.*, Berlin 1911, S. 6 : « So zerstört die Ausbildung des geschichtlichen Bewußtseins gründlicher noch als der Überblick über den Streit der Systeme den Glauben an die Allgemeingültigkeit irgendeiner der Philosophien, welche den Weltzusammenhang in zwingender Weise durch einen Zusammenhang von Begriffen auszusprechen unternommen haben ».

2. *Husserliana XXV*, S. 41 : « Der Historizismus nimmt seine Position in der Tatsachensphäre des empirischen Geisteslebens, und indem er es absolut setzt, ... erwächst ein Relativismus... Uns interessiert hier nur das Eigentümliche der historizistischen Skepsis ».

cohérence du monde par une connexion de concepts me paraît impossible (*Types*, p. 6)[1].

Cette position, si je comprends bien votre définition de l'historicisme (p. 323)[2], peut difficilement être caractérisée en tant qu'historicisme. Et si, conformément à l'usage commun de la langue, le sceptique nie en général la possibilité de la connaissance, il est impossible que je sois considéré comme un sceptique ou mis en une relation quelconque au scepticisme. Je me rattache précisément au mouvement de contestation de la métaphysique – au sens donné ci-dessus à ce terme – qui s'est développé depuis la deuxième moitié du XVIIIe siècle.

Mais, conformément au contexte indiqué, il ne me semble pas plus équitable de déduire une interprétation de ma position selon laquelle elle aurait pour conséquence – consciente ou non – le scepticisme, à partir de quelques propositions de l'introduction de mes *Types*, laquelle voulait seulement rendre visible, en partant du principe de la relativité des visions du monde, la signification du problème de leur contenu de vérité afin d'éveiller l'intérêt du lecteur.

Je ne suis pas sans porter une part de responsabilité de cette mécompréhension. L'essai contenu dans le livre sur les visions du monde était en partie une contraction et en partie un élargissement d'un manuscrit sur la doctrine des visions du monde, à partir duquel j'ai tenu une conférence à l'Académie il y a de nombreuses années[c]. Et à vrai dire de la première moitié de celui-ci. Le peu d'espace qui m'était alloué m'obligea à m'interrompre, et je ne fus pas déçu de garder par-devers moi la seconde moitié pour en poursuivre la méditation. Or comme je ne jugeais pas nécessaire de le mentionner dans ce recueil de libres essais, on pouvait facilement en venir à l'idée, apparemment fondamentale pour moi (*Logos*, p. 326, Rem.)[d], que serait déjà contenu dans ce qui a été rendu public la fondation de la relativité et le point de vue plus élevé le surmontant. À cette époque, au moment de la publication, je me suis entendu avec l'éditeur pour éditer à part un peu plus tard l'ensemble de la « Doctrine des visions du monde ».

1. Entre temps in GS VIII, 339-416, trad. Louis Sauzin, « Les types de visions du monde et leur déploiement dans les systèmes métaphysiques », in *Les Théories des conceptions du monde*, Paris, P.U.F., 1946, p. 93-152. Voir ici GS VIII, 77 *sq.*, trad. p. 96.

2. « L'historicisme se situe dans la sphère concrète de la vie empirique de l'esprit, et dans la mesure où il pose cette vie de manière absolue (...), on y voit se développer un relativisme (...). Ce qui nous occupe ici, c'est uniquement la spécificité du scepticisme historiciste », *La Philosophie comme science rigoureuse*, *op.cit.*, p. 61.

Aber wie jene Sätze gemeint sind, das erläutert ja der kurze Entwurf meiner Weltanschauungslehre, dargelegt nach ihrer Stellung im Ganzen der Philosophie, wie er in der Abhandlung über das Wesen der Philosophie vorliegt (« Kultur der Gegenwart, » « systematische Philosophie », S. 37ff.)[1]. Und ich habe ja auch (Typen, S. 28) auf diese Abhandlung hingewiesen. Aus der Abhandlung wird ja ganz klar, dass mein Standpunkt nicht auf Skeptizismus führt; sie schliesst Ihre Interpretation meiner Sätze aus. Denn ich berufe mich dort für den Nachweis der Unmöglichkeit einer allgemeingiltigen Metaphysik auf « die seit Voltaire, Hume und Kant entwickelten Gründe »[2]. Ich schliesse (pag. 60/61) nicht etwa aus dem bisherigen Misslingen der Metaphysik, sondern aus dem allgemeinen Verhältnis zwischen ihren Aufgaben und unseren Mitteln der Lösung. Auch ist dort das Resultat der Analyse von Wert und Zweck benutzt. Der Widerstreit der Systeme, das bisherige Misslingen der Metaphysik, treten hier nur als die historischen Tatsachen auf, welche das philosophische Denken zur Auflösung der Metaphysik geführt haben, nicht als die Begründung ihrer Unmöglichkeit. Diese wird im Wesen derselben aufgesucht. Und mit dieser Darstellung ist die Ihren Argumentationen zu Grunde gelegte Äusserung (S. 6)[3] ganz zusammenstimmend. Ihre Flüchtigkeit erklärt sich aus ihrem vorbereitenden Charakter. Ich definiere dort die metaphysischen Systeme, von denen ich rede, dadurch, « dass sie den Weltzusammenhang in zwingender Weise durch einen Zusammenhang von Begriffen darzulegen unternommen haben »; ich ordne solche Systeme, die eine Weltanschauung als Religion oder Metaphysik enthalten, unter die geschichtlichen « Lebensformen », wie Verfassungen und Religionen solche sind; sie haben ein besonderes Verhältnis zum Leben, unterschieden von allgemeingiltigen Wissenschaften: ein Verhältnis, das in der Akademieabhandlung durch die Stellung von Wertgebungen und Zwecksetzungen in den Weltanschauungen expliziert wird; endlich behaupte ich, dass diese Lebensformen, wenn man nun das Verständnis der Entwicklung des Geistes hinzunimmt, sich als relativ erweisen. Diese Andeutungen der flüchtigen Introduktion weisen also auf eine in der Geschichte gegründete, den ganzen Zusammenhang meiner philosophischen Gedanken benutzende

1. W. Dilthey, « Das Wesen der Philosophie », in *Systematische Philosophie* (Die Kultur der Gegenwart, Teil 1, Abteilung VI), Berlin und Leipzig 1907, S. 37-49.

2. W, Dilthey, « Die Typen der Weltanschauung », S. 60 : « Die seit Voltaire, Hume und Kant entwickelten Gründe, welche den beständigen Wechsel der metaphysischen Systeme und ihr Unvermögen, den Anforderungen der Wissenschaft zu genügen, erklärlich machen, sollen hier nicht wiederholt werden ».

3. Von Husserl zitiert in « Philosophie als strenge Wissenschaft », S. 324 *(=Husserliana XXV*, S. 42f.).

Mais ce que j'entends par ces propositions, c'est ce qu'éclaire la courte esquisse de ma doctrine des visions du monde exposée en fonction de sa place à l'intérieur du tout de la philosophie, comme on peut le voir dans l'article sur l'essence de la philosophie (*Kultur der Gegenwart, Systematische Pbilosopbie*, p. 37 *sq.*)[1]. Et j'ai même renvoyé à cet article (*Types*, p. 28)[2]. Au vu de celui-ci il est tout à fait clair que ma position ne conduit pas au scepticisme; il exclut votre interprétation de mes propositions. Car je m'y réfère pour prouver l'impossibilité d'une métaphysique à validité universelle aux « raisons avancées depuis Voltaire, Hume et Kant »[e]. Ce n'est pas de l'échec jusqu'à nos jours de la métaphysique que je conclus (p. 60-61), mais de la relation en général entre ses tâches et les moyens dont nous disposons pour les résoudre. Y est aussi mis à contribution le résultat de l'analyse de la valeur et de la finalité. La contradiction des systèmes, l'échec de la métaphysique jusqu'à nos jours n'interviennent ici que comme des faits historiques qui ont conduit le penser philosophique à la dissolution de la métaphysique, et non comme ce qui fonde l'impossibilité de celle-ci. Cette fondation est cherchée dans l'essence de cette dernière. Et l'expression qui est à la base de ses argumentations (p. 6)[3] concorde totalement avec cette exposition. Sa forme peu soignée s'explique du fait de son caractère préparatoire. J'y définis les systèmes métaphysiques dont je parle par le fait qu'« ils ont entrepris d'exhiber de façon contraignante la cohérence du monde par une cohérence de concepts », je subordonne de tels systèmes comportant une vision du monde en tant que religion ou métaphysique à des « formes de vie » historiques, comme le sont les constitutions et les religions; ils ont une relation particulière à la vie, différente de celle des sciences à validité universelle : une relation qui dans l'article de l'Académie est explicitée dans les visions du monde par la place des donations de valeur et des positions de fin; en fin de compte, j'affirme que ces formes de vie s'avèrent relatives quand on y intègre la compréhension du développement de l'esprit. Ces indications de la brève introduction renvoient donc à une recherche systématique fondée sur l'histoire, faisant usage de l'ensemble de mes pensées philosophiques, et celle-ci doit ensuite

1. Entre temps in GS V, 339-416, trad. M. Remy, « L'Essence de la philosophie » in *Le Monde de l'esprit*, tome 1, Paris, Aubier Montaigne, 1947, p. 341-415.

2. GSVIII, 97, trad. *Les Théories des conceptions du monde*, *op.cit.*, p. 124.

3. Cité par Husserl dans *La Philosophie comme science rigoureuse*, *op.cit.*, p. 63.

systematische Untersuchung hin, und diese soll dann auch die Auflösung des Problems, das uns die Relativität aufgibt, in eine höhere Auffassung leisten (vgl. dazu Philosophieabhandlung, 61).

Ich bin hiernach weder ein Anschauungsphilosoph, noch ein Historizist, noch ein Skeptiker, und ich meine auch, dass die Argumentation Ihrer Abhandlung (Seite 324-328) nicht erweist, dass die Consequenz jener Sätze (S. 6) zum Skeptizismus führt.

Sie schliessen (S. 324/ 25) daraus, dass nicht nur Weltanschauung historisch bedingt und Wandlungen unterworfen sei, sondern auch die strenge Wissenschaft, man müsse historische Bedingtheit ganz von der Giltigkeit sondern : wenn jene historische Bedingtheit der Wissenschaften ihre Giltigkeit aufheben würde, so verlöre die Idee des Wissens selbst ihre Geltung, und nicht einmal der Satz, dass eine solche Idee keine Giltigkeit habe, bliebe bestehen. Ich bin damit ganz einverstanden. Ebenso bejahe ich selbstverständlich, dass man jede Aussage aus dem Weltanschauungsgebiet (etwa eine religiöse) ebensogut auf ihre Giltigkeit untersuchen kann, wie eine wissenschaftliche. Die Leistung der Aufklärung hat ja gerade hier ihren Mittelpunkt. Was Sie dann von S. 325 unten ab (der Mathematiker etc.) [1] bis Ende des Absatzes sagen, unterschreibe ich ebenso. Es ist ja das alles in dem Standpunkt meiner Grundlegung enthalten.

Aber wenn Sie dann weiter (von Seite 325 ab « haben wir aber » etc.) aus der allgemeinen Geltung der Idee des Wissens die Möglichkeit folgern, eine « giltige Religion oder Kunst » anzunehmen, und wenn Sie zwischen einer solchen und der historischen Religion das Verhältnis von Idee und getrübter Erscheinungsform möglich finden, so glaube ich allerdings, dass die Methode, welche in dem dargestellten Begründungszusammenhang meiner philosophischen Gedanken die historische Analyse von Weltanschauung, von Religion, Kunst, Metaphysik, Entwicklung des menschlichen Geistes etc. verwertet, die Unmöglichkeit jener Begriffe aufzeigen und die Frage nach dem Wahrheitsgehalt der Weltanschauung auflösen kann.

Und wenn sie letzteres nun nicht könnte ? Dann folgte eben daraus, dass die Frage nach der Möglichkeit einer Metaphysik in dem von mir definierten Sinne unentschieden bleiben müsste, bis eine Entscheidung sich herbeiführen liesse. Wie aber sollten aus solcher Einsicht in die zeitweilige Unentschiedenheit der Frage Consequenzen auf einen in meinem Standpunkt enthaltenen Skeptizismus gezogen werden können, wie Sie diese (S. 326) ziehen ?

1. *Husserliana XXV*, S. 44 : « Der Mathematiker wird sich ja auch nicht an die Historie wenden, um Belehrung über die Wahrheit mathematischer Theorien zu gewinnen ».

aussi permettre de résoudre, dans le cadre d'une conception plus élevée, le problème qui nous est posé par la relativité (cf. l'article relatif à la philosophie p. 61).

De ce fait je ne suis pas plus un philosophe de l'intuition qu'un historiciste ou un sceptique, et je pense aussi que l'argumentation de votre article (p. 324-328) ne démontre pas que la conséquence de ces propositions (p. 6) conduit au scepticisme.

Vous en concluez (p. 324-325) que ne serait pas seulement historiquement conditionnée et soumise au changement la vision du monde, mais aussi la science rigoureuse; qu'il faudrait absolument séparer la conditionnalité historique de la validité : si cette conditionnalité historique de la science devait supprimer la validité de celle-ci, l'idée même de savoir perdrait sa valeur, et même la proposition selon laquelle une telle idée n'aurait pas de validité ne subsisterait plus. J'en conviens tout à fait. J'affirme évidemment aussi que tout énoncé relevant du domaine de la vision du monde (par exemple religieux) peut tout autant être analysé quant à sa validité qu'un énoncé scientifique. C'est précisément ici que se trouve le point central de la performance des Lumières. Je souscris également à ce que vous dites ensuite à partir du bas de la page 335 (le mathématicien, etc.)[1] jusqu'à la fin de l'alinéa. Tout cela est compris dans la position de ma fondation.

Mais quand vous inférez ensuite (de la page 325 depuis « Mais si nous avons » etc) de la valeur universelle de l'idée du savoir, la possibilité d'adopter « une religion, ou un art, valable » et lorsqu'entre celle-ci et la religion historique vous pensez pouvoir trouver la relation de l'idée à la forme troublée de la manifestation, je crois assurément que la méthode, qui – dans le contexte fondationnel exposé de mes pensées philosophiques – met en œuvre l'analyse historique de la vision du monde, de la religion, de l'art, de la métaphysique, du développement de l'esprit humain, etc, peut montrer l'impossibilité de ces concepts et résoudre la question du contenu de vérité de la vision du monde.

Et si elle ne le pouvait pas ? Il en résulterait justement que la question relative à la possibilité d'une métaphysique telle que je l'ai définie devrait rester indécidée jusqu'à ce qu'une décision puisse s'imposer. Mais comment pourrait-on tant que la question resterait indécidable tirer d'une telle considération, comme vous le faites (p. 326), des conséquences quant à un scepticisme impliqué par ma position ?

1. *La Philosophie comme science rigoureuse*, *op.cit.*, p. 65 : « Le mathématicien, en effet, ne se tournera certainement pas vers l'histoire pour en tirer leçon sur la vérité des théories mathématiques ».

Ebensowenig triffl mich Ihre Beweisführung (S. 326 Abs<atz> bis S. 327 Abs<atz>). Auch ich betrachte ja die Instanz gegen Metaphysik aus dem bisherigen Misslingen nicht als entscheidend. Und weiter soll ja nicht historische Empirie, sondern « Ausbildung des geschichtlichen Bewusstseins », eine von geisteswissenschaftlicher Analyse ausgehende systematische Untersuchung, die Unmöglichkeit der Metaphysik dartun.

– ich endige hier, da ich nur meinen Standpunkt klarlegen wollte. Wie ich schon oben sagte, hoffe ich in absehbarer Zeit die andere Hälfte einer Weltanschauungslehre liefern zu können. Sie geht erheblich über das in der Philosophie-Abhandlung Gesagte hinaus.

Sie sehen : wir sind wirklich nicht so weit voneinander entfernt, als Sie annehmen, wir sind in sehr umstrittenen Hauptpunkten Bundesgenossen. Und für Ihr neues Werk[1] werden Sie, falls ich so lange lebe, keinen unbefangeneren Leser unter den Älteren als mich haben. Solchen Zusammenarbeitens sich zu freuen ist besser, als unser freundschaftliches Verhältnis Kraftproben zu unterwerfen, wie Ihre Polemik im Logos eine ist.

In treuer Gesinnung
der Ihrige
W. Dilthey.

1. Vgl. *Husserliana XXV*, S. 37 : « Ich hoffe die inzwischen allseitig gefestigten und zu umfassenden systematischen Einheiten gediehenen Erforschungen zur Phänomenologie und phänomenologischen Kritik der Vernunft in nicht zu femer Zeit der weiteren Öffentlichkeit vorlegen zu können. »

Votre démonstration (p. 326-327) ne me touche pas plus Je ne considère pas non plus qu'en appeler à l'échec jusqu'à nos jours de la métaphysique contre celle-ci est décisif. Et par ailleurs, ce n'est pas l'empirie des faits historiques, mais « la formation de la conscience historique », une recherche systématique partant d'une analyse propre aux sciences de l'esprit, qui doit montrer l'impossibilité de la métaphysique.

– Je m'arrête là, dans la mesure où je voulais seulement éclairer ma position. Comme je le disais déjà ci-dessus, j'espère pouvoir fournir dans un avenir proche l'autre moitié d'une doctrine des visions du monde. Elle va bien au-delà de ce qui est énoncé dans l'article de *Philosophie*.

Comme vous le voyez, nous ne sommes vraiment pas si éloignés de l'autre que vous le pensez, nous sommes alliés sur des points capitaux très controversés. En ce qui concerne votre nouvelle œuvre[1], vous ne trouverez pas parmi les plus âgés, si je vis suffisamment longtemps, de lecteur plus impartial que moi. Il vaut mieux se réjouir d'un tel travail en commun, que de soumettre notre relation amicale à des épreuves de force comme l'est votre polémique dans *Logos*.

Fidèlement vôtre,
Wilhelm Dilthey.

1. Voir *La Philosophie comme science rigoureuse*, *op.cit.*, p. 54 note : « J'espère, à plus ou moins brève échéance, être en mesure de présenter, à un public plus large, des recherches sur la phénoménologie et la critique phénoménologique de la Raison, recherches qui ont été entre temps confirmées de toute part et sont parvenues à former des unités systématiques et d'ampleur suffisante ».

HUSSERL AN DILTHEY, 5./6. VII. 1911

... wie ich aus Ihren Zeilen zu entnehmen glaube, im Wesentlichen auch Ihre wirkliche Auffassung getroffen.

Ich danke Ihnen, hochverehrter Herr Geheimrat, für all Ihre näheren Ausführungen, die mir als entschieden und scharf ausgeprägte Äusserungen Ihres Geistes lieb und wert sind. Aber Sie müssen sich davon durchaus überzeugen, dass die Voraussetzung, von der Sie ausgehen, nicht zutrifft: nämlich als ob meine Argumentationen gegen Sie gerichtet wären. Ich will auch sogleich im Logos eine Note veröffentlichen[1], um weiteren Missdeutungen vorzubeugen.

Ich komme nun zu Ihrem Versuche, auf Grund der freilich allzuknappen Andeutungen meines Artikels die Grenzen zu bezeichnen, bis zu welchen unsere philosophischen Anschauungen zusammengehen, um sich von da ab zu trennen.

Alles wohlerwogen, möchte ich diese Grenzen lieber nicht anerkennen, und wirklich will es mir scheinen, dass ernstliche Differenzen zwischen uns gar nicht bestehen. Ich glaube, dass ein ausführliches Gespräch zu voller Verständigung führen würde. *Alle* objektive Giltigkeit, also auch die der Religion, Kunst usw. weist auf ideale und damit auf absolute (in einem gewissen Sinn « absolute ») Prinzipien hin, auf ein Apriori, das als solches also in keiner Weise durch anthropolog<isch> historische Faktizitäten beschränkt ist. Genau so weit, als dieses Apriori reicht, dessen allseitige Herausstellung in ontologischer und specifisch phänomenologischer Hinsicht die grosse Aufgabe ist, genau so weit reicht der Sinn der betreffenden Art objektiver Giltigkeit. Das schliesst aber keineswegs Relativitäten aus. So ist – apriori – die Gesamtsphäre der körperlichen Natur eine Sphäre von Relativitäten. Körperliches Sein ist Sein in einem Zusammenhang endloser Relativitäten. Aber sofern es « Sein » ist, also Correlat empirischer Giltigkeit, steht es unter Idealgesetzen, und diese Gesetze umgrenzen den Sinn dieses Seins (bezw. den Sinn naturwissenschaftl<icher> Wahrheit) als eines prinzipiell Relativen und doch in seinen Relationen Identischen. Alle objektive Giltigkeit im Aposteriori hat ihre Prinzipien im Apriori. Analog mag eine Religion « wahre Religion » sein und ihre « Wahrheit » eine

1. Nicht erschienen.

RÉPONSE D'EDMUND HUSSERL EN DATE DU 5/6 JUILLET À LA LETTRE DE WILHELM DILTHEY DU 29 JUIN 1911

... comme je crois pouvoir le conclure de vos lignes, touché aussi pour l'essentiel votre véritable conception [f].

Je vous remercie, honoré Monsieur le conseiller, pour tous vos éclaircissements détaillés que j'apprécie et estime en tant qu'expressions résolues et pénétrantes de votre esprit. Mais vous devez absolument vous convaincre que la présupposition dont vous partez n'est pas pertinente : à savoir que mes arguments seraient dirigés contre vous. Je vais derechef publier une note dans *Logos* [1] pour prévenir des mésinterprétations à venir.

J'en viens maintenant à votre essai de circonscrire, sur la base des indications certes bien trop succinctes de mon article, les limites de la convergence de nos intuitions philosophiques, à partir desquelles celles-ci divergent.

Tout bien pesé, je préférerais ne pas reconnaître ces limites et je veux vraiment croire qu'il n'y a aucune différence sérieuse entre nous. Je crois qu'un entretien approfondi conduirait à une entente complète. Toute validité objective, et donc aussi celle de la religion, de l'art, etc., renvoie à des principes idéaux, et par là absolus (« absolus » en un certain sens), à un a priori qui n'est donc en tant que tel en aucune manière limité par des facticités historiques anthropologiques. L'extension du sens de ce genre-là de validité objective est exactement aussi vaste que celle de cet a priori, la grande tâche étant de mettre cet a priori entièrement à jour d'un point de vue ontologique et spécialement phénoménologique. Mais cela n'exclut aucunement des relativités. Ainsi l'ensemble de la sphère de la nature corporelle est – a priori – une sphère de relativités. L'être corporel est (un) être dans une connexion de relativités infinies. Mais pour autant qu'il est (un) « être », et donc corrélat d'une validité empirique, il dépend de lois idéales, et ces lois délimitent le sens de cet être (ou encore le sens de la vérité des sciences de la nature) en tant que sens principiellement relatif et néanmoins identique dans ses relations. Toute validité objective dans l'a posteriori a ses principes dans l'a priori. De façon analogue, une religion peut être une « vraie religion » et sa « vérité » n'être que

1. Cette note ne paraîtra pas.

« bloss relative » – nämlich mit Bezug auf eine « Menschheit », die im Zusammenhang mit einer « Natur » lebt, sich in einem gewissen Entwicklungsstadium befindet usw. Die Wahrheit hängt hierbei von ideal zu fassendem Inhalt ihrer Voraussetzungen <ab> – (*Idee* der spezifisch so und so bestimmten « Menschheit », *Idee* einer so und so gearteten « Natur », *Idee* so und so zu charakterisierender individueller oder socialer Motivationen usw.). Dächten wir die Voraussetzungen geändert, ihrem Wesensgehalt nach, so wäre eine andere oder gar keine Religion die « wahre ». Also Wahrheit einer Religion wäre etwas Relatives und doch wie alle Wahrheit ein Ideales, nämlich bezogen auf Relationen, die durch ihren Wesensgehalt Prinzipien apriori bestimmen als Bedingungen der Möglichkeit *solcher* Wahrheit überhaupt.

Es ist die Aufgabe einer phänomenologischen Theorie der Natur das Natur-konstituierende Bewusstsein nach allen seinen Gestaltungen und Correlationen einer Wesensforschung zu unterziehen, so weit, dass alle Prinzipien, unter denen Sein im Sinne der Natur apriori steht, zu letzter Klarheit kommen und alle Probleme, welche in dieser Sphäre die Correlationen von Sein und Bewusstsein angehen, ihre Auflösung finden können. *Genau ebenso* wäre es die Aufgabe einer Theorie der Religion (Phänomenologie der Religion) mit Beziehung auf mögliche Religion überhaupt das Religion-konstituierende Bewusstsein in entsprechendem Sinne zu durchforschen. (« Mögliche » Religion verstanden wie Kants « mögliche Natur »[1], deren Wesen reine Naturwissenschaft auseinanderlegt.) Phänomenologische Theorie der Religion fordert also, bzw. *ist* einem Hauptteile nach, genau das, was *Sie* immer wieder fordern, Rückgang auf das *innere Leben*, auf die im Nacherleben der innerlichen Motivationen allererst zu wirklichem Verständnis kommenden « Lebensformen ». Dieses Nacherleben und Verstehen ist das konkrete, intuitive Bewusstsein, aus dem wir Religion als ideale Einheit schöpfen, bezw. die Unterschiede vermeintlich und wirklich gültiger Religion und die dazugehörigen Wesenszusammenhänge zur Klarheit und begründe<n>den Ausweisung bringen sollen und können. Das Historisch-Faktische dient dabei als Exempel, wenn wir auf das *rein* Ideale gerichtet sind. Beurteilen wir aber das historische Faktum selbst hinsichtlich seiner Giltigkeit, so liegt darin : dies faktische religiöse Verhalten ist das richtige, weil *überhaupt*, aus idealen Gründen, ein religiöses Verhalten *so* gearteten Motivationsgehalts bezogen auf so *geartete* « Voraussetzungen » giltig, berechtigt ist.

1. Vgl. Kant, *Prolegomena,* Titel von § 36 : « Wie ist Natur selbst möglich ? ».

« simplement relative » – à savoir en rapport à une « humanité » vivant en connexion avec une « nature », se situant à un certain stade de développement, etc. La vérité dépend ici du contenu de vos présupposés qui demandent à être saisi idéalement – (*Idée* spécifique de l'« humanité » déterminée de telle et de telle façon, *Idée* d'une « nature » faite de telle et de telle manière, *Idée* de motivations individuelles ou sociales à caractériser de telle et de telle façon, etc.). Si nous pensions les présupposés changés selon leur contenu d'essence, une autre religion ou aucune autre ne serait la « vraie ». La vérité d'une religion serait donc quelque chose de relatif et malgré tout, comme toute vérité, quelque chose d'idéal, à savoir en rapport à des relations déterminant par leur contenu d'essence des principes a priori en tant que conditions de possibilités d'une *telle* vérité en général.

La tâche d'une théorie phénoménologique de la nature, c'est de soumettre à une recherche d'essence la conscience constituante-de-la nature selon toutes ses figures et ses corrélations, jusqu'à ce que parviennent à l'ultime clarté tous les principes dont dépend l'être au sens de la nature a priori, et que puissent être résolus tous les problèmes concernant dans cette sphère les corrélations entre être et conscience. De façon *exactement semblable*, la tâche d'une théorie de la religion (phénoménologie de la religion) serait d'explorer en un sens correspondant la conscience constituante-de-la-religion en relation à (une) religion possible en général. (Religion « possible » comprise comme la « nature possible » de Kant[1], dont la pure science de la nature expose l'essence). La théorie phénoménologique de la religion exige donc, ou encore *est* selon sa partie principale, exactement ce que *vous* exigez toujours à nouveau, retour à la *vie intérieure*, aux « formes de vie » qui parviennent à une compréhension effective avant tout en revivant les motivations intérieures. Ce revivre et ce comprendre est la conscience intuitive concrète à partir de laquelle nous créons la religion comme unité idéale, ou encore pouvons et devons porter à la clarté et à une exhibition fondatrice les différences entre la prétendue religion et celle qui est effectivement valable, et les connexions d'essence lui appartenant. L'historique-facticiel sert ici d'exemple lorsque nous sommes orientés vers le *pur* idéal. Mais si nous jugeons le fait historique lui-même du point de vue de sa validité, on peut dire que : *ce* comportement religieux facticiel est le véritable, car *en général*, pour des raisons idéales, est légitime un comportement religieux dont la valeur réside dans un contenu de motivation de *tel* genre en rapport à des « présupposés » de tel *genre*.

1. Voir le titre du § 36 des *Prolégomènes à toute métaphysique future* : « Comment est possible la nature elle-même ? ».

Ich glaube nicht, dass die Überzeugungen, die mich hier leiten, und dass die Ziele, die ich speziell einer phänomenologischen Philosophie der Kultur stelle, von dem, was Sie hochverehrter Herr Geheimrat fordern, eigentlich abweichen, dass prinzipielle Differenzen uns wirklich trennen. Es will mir also auch scheinen, dass, was Sie als Metaphysik bekämpfen, nicht dasselbe ist wie das, was ich als Metaphysik zugestehe und treibe.

5./6. Juli

Jede Daseinswissenschaft, z. B. Wissenschaft von der physischen Natur, vom menschlichen Geiste usw. wandelt sich *eo ipso* in « Metaphysik » (nach meinem Begriffe), sowie sie auf die phänomenologische [konstitutive] Wesenslehre bezogen wird und aus ihren Quellen letzte Sinneserklärung, also letzte Bestimmung ihres Wahrheitsgehaltes erfährt. Das so herausgestellte, z. B. naturwissenschaftlich Wahre im *letzten* Sinne, wie beschränkt und relativ es in anderer Hinsicht sein mag, ist ein Bestand « metaphysischer » Wahrheit, seine Erkenntnis metaphysische Erkenntnis, nämlich letzte Daseinserkenntnis. Dass es einer Metaphysik in diesem Sinne prinzipiell bedarf, gegenüber den in der grossen Arbeit der Neuzeit erwachsenen Natur- und Geisteswissenschaften, hat darin seine Quelle, dass im Wesen der Erkenntnis eine Schichtung, und damit zusammenhängend eine doppelte Erkenntniseinstellung begründet ist : die eine rein auf das Sein gerichtet, das bewusstseinsmässig gemeint, so und so gedacht und erscheinungsmässig gegeben ist, die andere aber gerichtet auf die rätselhaften Wesensbeziehungen zwischen Sein und Bewusstsein. Alle natürliche Daseinserkenntnis, alle Erkenntnis innerhalb der ersten Einstellung, lässt eine Dimension von Problemen offen, von deren Lösung die letzte endgültige Sinnesbestimmung des Seins und die letzte Auswertung der in der « natürlichen » (I^{ten}) Einstellung vermeintlich schon erreichten Wahrheit abhängt. Ich glaube einsehen zu können, dass es hinter den vollständigen, d.h. die « Constitution » des Seins im Bewusstsein mit einbeziehenden Seinsproblemen, sinnvoll keine mehr geben kann, dass also hinter der phänomenologisch erweiterten und fundierten [universalen] Daseinswissenschaft (die in ihre Arbeit alle natürlichen Daseinswissenschaften einbezieht) keine Wissenschaft mehr liegen kann, bezw. dass von einem noch dahinter liegenden, *prinzipiell* unerkennbaren Sein zu sprechen, Widersinn ist. Das schliesst jede sich an Kant anlehnende Ding-an-sich- « Metaphysik » aus, ebenso wie jede ontologistische, aus einem System reiner Begriffe Daseinswissenschaft herausholende Metaphysik à la Spinoza. – Sollten wir in all dem nicht au fond dasselbe meinen? Wenn Sie hier von geisteswissenschaftlicher Analyse sprechen (durch welche Sie den Beweis der Unmöglichkeit einer Metaphysik führten), so deckt sich das

Je ne crois pas que les convictions qui me guident ici, et que les buts que je donne spécifiquement à une philosophie-de-la-culture phénoménologique, divergent véritablement de ce que vous exigez, Monsieur le conseiller, que des différences principielles nous séparent vraiment. Je veux donc croire que ce que vous combattez en tant que métaphysique n'est pas la même chose que ce que je considère et pratique comme métaphysique.

5/ 6 juillet

Toute science de l'existant, par exemple la science de la nature physique, de l'esprit humain, etc., se transforme *eo ipso* en métaphysique (selon mon concept) dès qu'elle est rapportée à la doctrine phénoménologique des essences et parvient à l'ultime éclaircissement de sens à partir de ses sources, donc à l'ultime détermination de sens de son contenu de vérité. Ce qui est ainsi exhibé, par exemple le vrai au sens *ultime* de ce qui relève des sciences de la nature, appartient – aussi limité et relatif qu'il puisse être d'un autre point de vue – à la vérité « métaphysique », sa connaissance à la connaissance métaphysique, à savoir à l'ultime connaissance de l'existant. Que face aux sciences de la nature et de l'esprit nées du grand travail des temps modernes une métaphysique en ce sens soit principiellement nécessaire à sa source en ce que – et cela est fondé dans l'essence de l'attitude connaissante – l'une est purement orientée vers l'être entendu comme ce dont une conscience est possible et est ainsi pensé et donné comme susceptible de se manifester, mais que l'autre est orientée vers les relations d'essence énigmatique entre l'être et la conscience. Toute connaissance naturelle de l'existant, toute connaissance à l'intérieur de la première attitude, laisse ouverte une dimension de problèmes de la solution desquels dépend la plus ultime détermination de sens de l'être et l'ultime évaluation de la vérité déjà atteinte dans l'attitude « naturelle » (la première). Je crois pouvoir reconnaître que par-delà l'ensemble des problèmes de l'être, c'est-à-dire incluant la « constitution » de l'être dans la conscience, il ne peut y en avoir aucun qui soit sensé, que donc par-delà la science de l'existant phénoménologiquement étendue et fondée (universelle) (intégrant dans son travail *toutes* les sciences de l'étant naturelles), il ne peut y avoir d'autre science, ou encore que c'est une absurdité de parler d'un être *principiellement* inconnaissable qui se trouverait encore au-delà. Cela exclut toute « métaphysique » de la chose en soi s'appuyant sur Kant, aussi bien que toute métaphysique ontologique *à la Spinoza* extrapolant une science de l'être à partir d'un système de purs concepts. – Ne voulons-nous pas dans tout cela dire *au fond* la même chose ? Lorsque vous parlez ici d'analyse propre aux sciences de l'esprit (par laquelle vous avez prouvé l'impossibilité de la métaphysique), cela recouvre de

vielfach mit dem, [was ich], nur nach gewissen methodischen Gesichtspunkten begrenzt und gestaltet, als phänomenologische Analyse ansehe. Und natürlich : die Unmöglichkeit einer Metaphysik – sc. in jedem falschen, insbesondere ontologistischen Sinne – kann nur solche « geisteswissenschaftliche Analyse » dartun.

Was wir, von verschiedenen Studien herkommend, durch verschiedene historische Motive bestimmt, durch verschiedene Entwicklungen hindurchgegangen – erstreben und erforschen, stimmt zusammen und gehört zusammen : die phänomenologische Elementaranalyse und phänomenologische Analyse im Grossen, an der Hand der von Ihnen erschlossenen Morphologie und Typik der grossen Kulturgestaltungen.

multiples façons ce que j'entends par analyse phénoménologique – mais formée et limitée par des points de vue méthodiques déterminés. Et naturellement : l'impossibilité d'une métaphysique – à savoir en ce faux sens en particulier ontologique – ne peut être montrée que par une telle « analyse propre aux sciences de l'esprit ».

Ce que nous recherchons et approfondissons, partant d'études différentes, déterminés par des motifs historiques différents, passés par des développements différents, concorde et ne fait qu'un : l'analyse phénoménologique élémentaire et l'analyse phénoménologique globale s'aidant de la morphologie et de la typique des grandes figures culturelles que vous avez mis à jour.

DILTHEY AN HUSSERL, 10. VII. 1911

10. Juli 11

Verehrter Freund!

Haben Sie vielen Dank für Ihren wohltuenden und eingehenden Brief und für die Aufklärung meines Missverständnisses. Vorab mögen Sie überzeugt sein, dass mich Ihre gütigen Äusserungen nie verleiten werden, das Verhältnis meiner Lebensarbeit zu Ihrem frischen Schaffen falsch abzuschätzen. Ich verehre in Ihnen ein Genie philosophischer Analyse. Nur die Freude nehme ich für mich aus diesen Äusserungen, dass meine Arbeit für Sie nicht ohne Nutzen war. Dass Sie es fühlen, wie wir beide, und ich zu einer Zeit wo einiger Muth dazu gehörte, von verschiedenen Seiten her gemeinsam gegen die Herrschaft der Naturwissenschaften über die Philosophie kämpfen, dass wir in der Bemühung um eine allgemeingiltige Grundlegung der realen Wissenschaften, im Gegensatz gegen construktive Metaphysik, gegen jede Annahme eine<s> An-Sich hinter der uns gegebenen Wirklichkeit einig sind. Unsere Differenz, wie ich sie in meinem früheren Brief andeutete, mag dabei in Geltung bleiben, bis zu näheren Veröffentlichungen von Ihnen, von denen ich nur hoffen will, dass sie für mich nicht zu spät kommen. Ich habe mich mit den Ausführungen Ihres Briefes die Tage über immer wieder aufs lebhafteste beschäftigt; aber, verehrter Freund, Sie wissen nicht, und es ist natürlich, dass Sie es nicht wissen, wie schwer es auch nach denselben ist, in eine so ganz andere Gedankenwelt einzudringen.

Dass Sie beabsichtigen, in einer Notiz im nächsten Heft des Logos das Missverständnis zu berichtigen, als seien Ihre Argumentationen, den Historicismus betreffend, gegen mich gerichtet, nehme ich mit aufrichtigem Dank an. Denn das Missverständnis ist nicht nur das meinige, es ist von verschiedenen und beachtenswerthen Seiten getheilt worden. Vielleicht giebt Ihnen meine Arbeit über den

RÉPONSE DE WILHELM DILTHEY EN DATE DU 10 JUILLET À LA LETTRE D'EDMUND HUSSERL DU 5-6 JUILLET 1911

10 juillet 1911

Honoré ami,

Merci beaucoup pour votre lettre agréable et détaillée et pour l'éclaircissement de mon malentendu. Soyez avant tout convaincu que vos bienveillantes déclarations ne m'entraîneront jamais à estimer faussement la relation entre le travail de ma vie et votre nouvelle œuvre. J'honore en vous un génie de l'analyse philosophique. Je ne garde pour moi-même de ces déclarations que la joie de savoir que pour vous mon travail n'a pas été inutile. Que vous sentez, comment tous deux, et moi à une époque où il y fallait un certain courage, nous luttons de différents côtés en commun contre la domination des sciences de la nature sur la philosophie, que nous nous accordons dans l'effort visant à une fondation à validité universelle des sciences réales, en opposition à une métaphysique constructive, contre toute reconnaissance d'une réalité en soi par-delà celle qui nous est donnée. Comme je vous l'indiquais dans ma précédente lettre, l'estimation de notre différence peut en cela rester en suspens jusqu'à vos prochaines publications, dont j'ose espérer qu'elles ne viendront pas trop tard pour moi. Ces jours-ci je me suis penché avec l'intérêt le plus vif et constamment renouvelé sur les explications de votre lettre ; mais, honoré ami, vous ne savez pas, et il est naturel que vous ne le sachiez pas, combien il est difficile de pénétrer dans un monde mental complètement autre.

Je vous suis sincèrement reconnaissant de votre intention de corriger par une note dans le prochain cahier de *Logos*, le malentendu, qui laisserait croire que vos arguments concernant l'historicisme seraient dirigés contre moi. Car le malentendu n'est pas seulement le mien, nombreux et dignes d'attention ont été ceux qui l'ont partagé. Peut-être que mon travail sur

Aufbau der Geisteswissenschaften[1] einen natürlichen, unauffälligen Anlass, da ja in ihr meine Richtung auf eine allgemeingiltige Grundlegung der Geisteswissenschaften und auf Darstellung der Objektivität der geschichtlichen Erkenntnis so deutlich hervortritt.

Mit aufrichtigem Antheil habe ich Ihre Mittheilungen über Ihre gegenwärtige Situation vernommen. Von Tübingen aus befragt[2], habe ich sogleich auf Sie hingewiesen, und zwar zunächst, da ich ja von Ihrer Neigung zu gehen nur Unbestimmtes wusste, in Verbindung mit anderen Möglichkeiten. Sobald ich näher von Ihrer Absicht fortzugehen vernahm, habe ich dorthin erklärt, es gebe für Tübingen nur die eine Wahl, Sie unter allen Umständen zu gewinnen. Seit Wochen ist ja nun diese Aussicht geschwunden. Die Kaiser-Wilhelmsgesellschaft[3] beschränkt sich leider wenigstens zunächst auf Naturwissenschaften. Aber gewiss... wird sich doch bald eine andere Aussicht eröffnen, eine Lage zu verlassen, die Ihnen nun einmal so unangenehm geworden ist.

In treuer Gesinnung
der Ihrige
Wilhelm Dilthey.

1. W. Dilthey, *Der Aufbau der geschichtlichen Welt in den Geisteswissenschaflen*, 1. Hälfte, Berlin 1910 (*in* Husserls Bibliothek, mit handschriftlicher Widmung : « In freundschaftlicher Gesinnung Wilhelm Dilthey. 21. Dec<ember> 1910 »).

2. Der Tübinger Heinrich Maier ging zum Winter 1911 als Professor nach Göttingen. Sein Nachfolger wurde Karl Groos.

3. Gegründet am 11. Januar 1911 als Trägerin der Kaiser-Wilhelm-Institute (Vorläuferin der Max-Planck-Gesellschaft).

L'édification des sciences de l'esprit[1] constituera pour vous un motif naturel et discret, dans la mesure où y paraît si clairement mon orientation vers une fondation à validité universelle des sciences de l'esprit et vers l'exhibition de l'objectivité de la connaissance historique.

J'ai appris avec un intérêt sincère ce que vous m'avez communiqué relativement à votre situation actuelle. Consulté par Tübingen, j'ai immédiatement renvoyé à vous, dans un premier temps, il est vrai, parmi d'autres possibilités car je ne savais rien de précis quant à votre désir d'(y) aller[2]. Dès que j'en su plus de votre intention de partir, j'y ai immédiatement fait savoir que le seul choix pour Tübingen était de vous gagner par tous les moyens. Hélas, depuis des semaines cette perspective a disparu. La Société Kaiser-Wilhelm se limite malheureusement, tout au moins dans l'immédiat, aux sciences de la nature[3]. Mais il est certain... qu'une autre perspective s'ouvrira néanmoins bientôt d'abandonner une situation qui vous est maintenant devenue si désagréable.

Fidèlement vôtre,
Wilhelm Dilthey.

1. Entre temps *in* GS VII, trad. S. Mesure, *L'Édification du monde historique dans les sciences de l'esprit*, Paris, Éd. du Cerf, 1988. Dilthey lui avait envoyé l'ouvrage avec la dédicace manuscrite : « Avec mes sentiments amicaux. Wilhelm Dilthey. 21 décembre 1910 » (dans la bibliothèque de Husserl).

2. Appelé à Göttingen, Heinrich Maier quittera Tübingen en hiver 1911. Son successeur sera Karl Groos.

3. Fondée en janvier 1911, cette société, qui fut l'organe de l'Institut Kaiser Wilhelm, a été le précurseur de la Société Max Planck.

HUSSERL AN K. DILTHEY, 5. X. 1911

Göttingen 5. X. 1911

Hochverehrte Frau Geheimrat!

Ist es wahr, muß ich es glauben, daß Ihr verehrungswürdiger Gemahl aus dem Leben geschieden ist[1], daß er Ihnen und Ihren Kindern, daß er seinen Freunden und Schülern, daß er der wissenschaftlichen Welt entrissen worden ist, deren Stolz er war? Ich lese die unbarmherzige Notiz wieder und wieder in der Zeitung. Ich frage mich, ob und wie es möglich ist, da er doch noch jüngst gesund und im Vollbesitz seiner schöpferischen Kräfte war, erfüllt von großen Plänen, im Zuge die neuerlichen Publikationen, Niederschläge abgeklärtester Weisheit fortzuführen. Wie sollen seine Freunde, und alle, die von seiner reinen und großen Persönlichkeit tiefste Eindrücke empfangen haben, den Gedanken ertragen, daß Er nicht mehr auf Erden weile, an dem Halt zu finden, dem als Führer zu folgen uns allen innerstes Lebensbedürfnis war?

Ich bin tief betrübt. Ich werde ganz mutlos : denn ich bin eben dabei, größere Arbeiten abzuschließen, bei denen ich immerfort und in erster Linie an Ihn gedacht habe, in der Hoffnung Ihn zu erfreuen, mit dem ich mich im Kampf um eine neue Philosophie vereint fühlte.

Doch was bedeuten all solche Klagen, Klagen um den großen Forscher und Führer, um versiegte Quellen großer Ideen und selbst um den Freund und Gönner gegenüber Ihrem großen Schmerze um den edlen Gatten! Verzeihen Sie meine Ergüsse. Nehmen Sie gütig den Ausdruck meiner innigsten und dankbarsten Verehrung entgegen und den meiner Theilnahme, die so tief und bewegt ist, wie Sie es nur noch bei Ihren nächsten und ältesten Freunden voraussetzen dürften. Und nicht minder herzlich empfindet meine Frau, in deren Namen ich zugleich aufrichtige Theilnahme Ihren Kindern ausspreche.

Ihr verehrungsvoll ergebener
E. Husserl.

Soeben empfange ich die traurige Bestättigung der Zeitungsnotiz durch Ihre Anzeige.

1. Dilthey war am 1. Oktober 1911 an einer Ruhrinfektion gestorben.

Lettre de Husserl à K. Dilthey du 5 octobre 1911[g]

Göttingen, le 5 octobre 1911

Très honorée Madame le Conseiller aulique,

Est-il vrai, dois-je croire, que votre vénérable époux nous a quitté, qu'il vous a été arraché à vous et à vos enfants, à ses amis et à ses étudiants, au monde scientifique dont il était la fierté[1] ? Je lis et relis l'implacable notice nécrologique dans le journal. Je me demande si cela est possible et comment, dans la mesure où il était encore récemment en bonne santé et en pleine possession de ses forces créatrices, plein de grands projets, en voie de poursuivre les récentes publications issues de la sagesse la plus éclairée. Comment ses amis et tous ceux qui ont reçu les plus fortes impressions de sa pure et grande personnalité doivent-ils supporter la pensée qu'il a quitté la terre, lui auprès duquel on trouvait un soutien et que nous avions le besoin vital le plus profond de suivre en tant que guide ?

Je suis profondément troublé. Je suis complètement démoralisé : car je suis justement sur le point d'achever de grands travaux au cours desquels j'ai surtout et constamment pensé à lui – dans l'espoir de le réjouir – avec lequel je me sentais uni dans le combat pour une nouvelle philosophie.

Mais que signifient de telles plaintes, des plaintes relatives au grand chercheur et guide, aux sources taries de grandes idées, et même de l'ami et bienfaiteur, face à la grande douleur que vous éprouvez pour votre noble époux ! Pardonnez mes effusions. Veuillez recevoir l'expression de mon respect le plus intime et le plus reconnaissant et de ma sympathie qui est aussi profonde et émue que celle que vous ne pouvez supposer que de la part de vos amis les plus proches et les plus anciens. Les sentiments de mon épouse ne sont pas moins cordiaux, et je vous adresse simultanément en son nom sa sincère sympathie pour vos enfants.

Votre respectueux et dévoué
E. Husserl.

Je reçois à l'instant la triste confirmation de l'encart du journal par votre faire-part.

1. Dilthey est décédé d'une dysenterie le premier octobre 1911 au cours d'un séjour à Seis am Schlern au Tyrol.

NOTES DU TRADUCTEUR

a) p. 113

Traduction antérieurement parue dans *Philosophie* n°46, juin 1995, et reproduite ici avec l'aimable autorisation de Claude Romano. Initialement publiée sous forme d'extraits par G. Misch dans *Lebensphilosophie und Phänomenologie*, Verlag von Friedrich Cohen, Bonn, 1930, cette correspondance l'a ensuite successivement été par W. Biemel, dans *Revista de Filosofia de la Universidad de Costa Rica*, 1, 2, 1957, p. 101-124, dans *Man and World*, 1, 1968, p. 428-446, par F. Rodi et H.-U. Lessing, dans *Materialen zur Philosophie Wilhelm Diltheys* Francfort-sur-le-Main, Suhrkamp, 1984, p. 110-120, et enfin dans. E. Husserl, *Briefwechsel*, tome VI, *Philosophische Briefe*, éd. Elisabeth et Karl Schuhmann *Husserliana. Dokumente*, Dortrecht-Boston-Londres, Kluwer Academic Publishers, 1994, p. 43-53.

Voir dans le même volume les pages 486-488 en ce qui concerne la nature des documents qui ont servi à l'édition de ces lettres. Celles-ci sont essentiellement conservées sous forme de transcriptions dactylographiées, la première et la seconde lettre ayant été transcrites par Landgrebe à la demande de Husserl.

b) p. 113

Marqué par Kant, Reinhold et Jacobi, Barthold Georg Niebuhr (1776-1831) est considéré comme le fondateur de la science critique de l'histoire.

c) p. 115

La première publication de Dilthey relative à sa classification des visions du monde, « Die drei Grundformen der Systeme in der ersten Hälfte des 19. Jahrhunderts », date de 1898 (*Archiv für Geschichte der Philosophie*, Bd. XI, p. 557 *sq.*, voir entre temps GS IV). Cette lettre fait manifestement allusion à la conférence, non publiée, du 20 juillet 1899 à l'Académie Prussienne des Sciences : « Ideen zu einer Bildungslehre und Klassification der philosophischen Systeme » (voir GS II, 521).

d) p. 115

Pour trouver la correspondance entre les paginations du recueil dans lequel « Les Types de visions du monde » sont initialement parus et auquel

renvoie la correspondance et celle du volume XXV des *Husserliana*, le lecteur poura se reporter à la traduction de *La Philosophie comme science rigoureuse* par Marc B. de Launay qui les indique toutes deux.

e) p. 117
Voir GS V, 404, trad. *Le Monde de l'esprit*, *op.cit.*, tome 1, p. 404 : « Nous ne rappellerons pas ici les raisons avancées déjà par Voltaire, Hume et Kant, qui expliquent le constant changement des systèmes métaphysiques et leur incapacité à satisfaire aux exigences de la science ».

f) p. 123
Comme l'indique Schuhmann dans son édition de cette correspondance, le début de cette lettre manque. Dans son édition partielle de ces lettres, Misch affirmait que Husserl commençait ainsi sa lettre à Dilthey : « Nous préparons, en partant de chemins différents, une nouvelle philosophie qui est au fond la même ». Indépendamment du fait que la lettre originale n'a pas été retrouvée pour le confirmer, l'édition de Schuhmann ne l'a pas retenue en estimant que cette phrase correspond probablement plus à un précipité de divers éléments de la correspondance qu'au souvenir précis du texte même (voir *Briefwechsel*, Band VI, *op.cit.*, p. 487).

g) p. 135
Käthe Dilthey, née Püttmann, avec laquelle Dilthey s'était marié en 1874.

WILHELM DILTHEYS FORSCHUNGSARBEIT UND DER GEGENWÄRTIGE KAMPF UM EINE HISTORISCHE WELTANSCHAUUNG

10 Vorträge
(Gehalten in Kassel vom 16.IV.- 21.IV. 1925)

Nachschrift von Walter Bröcker
Herausgegeben von Frithjof Rodi (Bochum)

Inhaltsübersicht

LE TRAVAIL DE RECHERCHE DE WILHELM DILTHEY ET LA LUTTE RELATIVE À UNE VISION HISTORIQUE DU MONDE

10 conférences
(tenues à Cassel du 16.IV. au 21.IV. 1925).

Transcription de Walter Bröcker
Éditées par Frithjof Rodi (Bochum) [a].

Vue synoptique du contenu.

I. Introduction. Thème, modalité de traitement et édification des discussions à venir.

II. La vie et les œuvres de Dilthey.

III. La problématique diltheyenne : la question relative au sens de l'histoire.

IV. Rayonnement sur la philosophie contemporaine. Limites de la problématique diltheyenne. Possibilité de reprise par la phénoménologique.

V. Essence et buts de la phénoménologie.

VI. La question phénoménologique relative au sens de l'histoire en tant que question relative au sens de l'homme.

VII-VIII. Le temps en tant que détermination fondamentale de l'homme.

IX. Le temps en tant que détermination de l'histoire.

X. L'essence de l'être historique. Retour à Dilthey.

I.

Das Thema erscheint vielleicht abgelegen und unbekannt, aber es liegt darin ein Fundamentalproblem der ganzen abendländischen Philosophie : das Problem des Sinnes des menschlichen Lebens. Was für eine Wirklichkeit ist das Leben? Für die Frage nach der Wirklichkeit ist die nächste Wirklichkeit die Welt, die Natur. Dabei ist aber immer schon einbegriffen die nach dem Sein des Menschen selbst. Die Entdeckung des eigentlichen Sinns des Seins und der Wirklichkeit des menschlichen Lebens hat eine verworrene Geschichte. Sie ist erst in jüngster Zeit auf eine Basis gekommen, daß wissenschaftlich, philosophisch gefragt werden kann. In der Geschichte dieser Frage hat die Arbeit Diltheys eine zentrale Stelle. Damit verknüpft sich zugleich eine Umwälzung der philosophischen Fragestellung, eine Krisis der Philosophie als Wissenschaft. Und sie ist nicht die einzige. Alle Wissenschaften und Wissenschaftsgruppen stehen in einer großen Revolution, und zwar produktiver Art, die neue Fragestellungen, neue Möglichkeiten, neue Horizonte eröffnet. In der Physik das Auftreten der Relativitätstheorie; in der Mathematik, wo die Grundlagen fraglich geworden sind, wo man von einer Grundlagenkrisis spricht; in der Biologie, wo man sich vom Mechanismus freizumachen versucht; in den historischen Wissenschaften, wo die Frage nach dem Verständnis der geschichtlichen Wirklichkeit, nach den Deutungsmöglichkeiten der Vergangenheit gestellt wird; selbst in der Theologie, d.h. in der protestantischen, wo sich eine Abkehr von der bloßen Religionsgeschichte vollzieht, wo man sich über ihr Thema und die Wege seiner Behandlung neu besinnt. In dieser Krisis steht auch die Philosophie. – Die Krisis leitet sich her aus der Vorkriegszeit. Sie ist also aus der Kontinuität der Wissenschaft selbst erwachsen, und das ist die Gewähr für den Ernst und die Sicherheit ihrer Umwälzungen.

Zunächst haben wir uns klarzumachen, wonach mit dem Thema gefragt werden soll. Was heißt : historische Weltanschauung, was heißt Kampf um sie und wer ist Dilthey, was hat er damit zu tun?

Wir besprechen also zunächst das Thema, die Behandlungsart und den Aufbau der folgenden Diskussionen.

Historische Weltanschauung

Was bedeutet der Ausdruck und wie ist das Problem entstanden? – Weltanschauung : der Ausdruck ist im 18. Jahrhundert aufgekommen. Er ist so für sich vieldeutig und gibt wörtlich genommen nicht eigentlich was er meint : eine Anschauung von der Welt haben, von der Natur. Er meint

I.

Le thème semble peut-être lointain et inconnu, mais il recèle un problème fondamental propre à toute la philosophie occidentale : le problème du sens de la vie humaine. Quelle est la réalité de la vie ? Relativement à la question de la réalité, la réalité immédiate, c'est le monde, la nature. Mais elle inclut toujours déjà la question relative à l'être de l'homme lui-même. L'histoire de la découverte du sens authentique de l'être et de la réalité de la vie humaine est confuse. C'est seulement très récemment qu'une base permettant de poser la question scientifiquement et philosophiquement a été trouvée. Dans l'histoire de cette question, le travail accompli par Dilthey a une position centrale. Il est indissociable d'un bouleversement simultané de la problématique philosophique, d'une crise de la philosophie en tant que science. Mais elle n'est pas isolée. Toutes les sciences et ensembles de sciences connaissent une grande révolution, une révolution féconde ouvrant de nouvelles problématiques, de nouvelles possibilités, de nouveaux horizons. Ainsi, en physique est apparue la théorie de la relativité, en mathématiques les fondements sont devenus problématiques et on parle de crise des fondements, en biologie on tente de se libérer du mécanisme, dans les sciences historiques se pose la question de la compréhension de la réalité historique, des possibilités d'interprétation du passé ; même en théologie, celle qui est protestante, on se détourne de la pure histoire de la religion et médite de façon nouvelle son thème et les modalités de son traitement. Cette crise est aussi celle de la philosophie. Elle a son origine dans la période antérieure à la guerre. C'est de la continuité de la science même qu'elle est née, et c'est là une garantie du sérieux et de la certitude de ses bouleversements.

Il nous faut d'abord clarifier dans quelle direction ce thème appelle à s'interroger. Que signifie la vision historique du monde, la lutte qui lui est relative, qui est Dilthey et en quoi cela le concerne t-il ?

Nous traiterons donc d'abord du thème, de la modalité de son traitement et de l'organisation des discussions suivantes.

Vision historique du monde

Que signifie l'expression et comment le problème est-il né ? Vision du monde : l'expression est apparue au XVIIIe siècle. Elle est en elle-même équivoque et, littéralement, elle n'indique pas véritablement ce qu'elle signifie : avoir une vision du monde, de la nature. Elle signifie

zugleich mit ein Wissen um das Leben, um das eigene Sein in der Welt. Aus diesem Wissen heraus bilden sich bestimmte Zwecksetzungen, die das Handeln regeln. In der Weltanschauung liegt also eine gewisse Stellungnahme. Weltanschauung ist nicht nur theoretische Kenntnis, sondern praktische Stellungnahme, und zwar nicht eine momentane, sondern eine sich durchhaltende Position zur Welt und eigenen Existenz. Sie wird vom Menschen selbst gebildet und zugeeignet. Diese Möglichkeit ist erst gegeben seit der Renaissance, seit der Freiheit von der religiösen Bindung. In einer weiteren Bedeutung sprich man auch von einer natürlichen Weltanschauung, die jeder Mensch als solcher schon mitbringt durch Milieu, Anlage, Erziehung etc. bestimmt. Sie heißt vorwissenschaftlich gegenüber der wissenschaftlichen, eine Position, die gewonnen ist auf dem Grunde theoretisch-wissenschaftlicher Erkenntnis.

Historische Weltanschauung ist eine solche, in der das Wissen um die Geschichte die Auffassung von Welt und Dasein bestimmt. Sie gründet in dem geschichtlichen Charakter der Weltentwicklung und des menschlichen Daseins. – *Kampf* besagt Kampf um die Erringung einer solchen Position aus dem Wissen um den geschichtlichen Charakter von Welt und Dasein. Er geht darauf, die bestimmenden Mächte der Geschichte zu den primären für die Überzeugungsbildung und das Daseinsbewußtsein zu machen. Das ist nur da möglich, wo die Geschichte als eigene Wirklichkeit in das menschliche Bewußtsein getreten ist. Das ist nichts Selbstverständliches. Primitive Völker leben, und wir selbst lebten lange Zeit ohne Geschichte. Es gab wohl auch schon bei den Griechen eine gewisse Erfahrung des Geschichtlichen. Aber ein gewisses Wissen um den Wandel bildet noch kein historisches Bewußtsein. Dieses ist an bestimmte Voraussetzungen gebunden. Im Humanismus und in der Reformation erwachten historische Kritik am und Auseinandersetzung mit dem Katholizismus. Man bestrebte die Rückkehr zu den reinen Formen christlichen Lebens, was in die Geschichte zurückführte. Andererseits erwachte das Nationalbewußtsein der einzelnen Völker, das darauf drang, den eigenen Ursprung zu kennen. All das ist aber noch nicht « historisches Bewußtsein » zu nennen. Erst wenn Geschichte so gesehen wird, daß die eigene Wirklichkeit in diesen Zusammenhang mit hineingesehen wird, kann man sagen, daß das Leben um die Geschichte, in der es steht, weiß, daß ein historisches Bewußtsein da ist. Die eigene Epoche wird erfahren als Situation, in der die Gegenwart selbst steht, und das nicht nur gegenüber der Vergangenheit, sondern zugleich als Situation, in der sich die Zukunft entscheiden wird bzw. entschieden hat. So ist das Wachwerden und Wachsein des historischen Bewußtseins nicht selbstverständlich und dem Leben gegeben. Es ist vielmehr eine Aufgabe, es zu entwickeln.

simultanément un savoir relatif à la vie, à son propre être dans le monde. Différentes positions de fins déterminées et réglant l'action se forment à partir de ce savoir. La vision du monde implique ainsi une certaine prise de position. La vision du monde n'est donc pas uniquement un savoir théorique, mais elle implique une prise de position pratique qui n'est pas seulement momentanée : c'est une attitude permanente à l'égard du monde et de sa propre existence. Elle est formée par l'homme lui-même qui se l'approprie. C'est seulement depuis la Renaissance, depuis la liberté à l'égard du lien religieux, que cette possibilité existe. En un sens plus large, on parle également d'une vision naturelle du monde que tout homme en tant que tel porte déjà en lui et qui est déterminée par le milieu, la situation, l'éducation, etc. Par rapport à celle qui est scientifique, c'est-à-dire par rapport à une position à laquelle on parvient à partir d'une connaissance scientifique théorique, elle est pré-scientifique.

Une vision *historique* du monde se caractérise par le fait que c'est le savoir relatif à l'histoire qui détermine l'appréhension du monde et du *Dasein*. Elle se fonde sur le caractère historique du développement du monde et du *Dasein* humain. Le *combat* signifie un combat pour conquérir une telle position à partir du savoir relatif au caractère historique du monde et du *Dasein*. Il tend à faire des puissances déterminantes de l'histoire les puissances primitives qui régissent la formation de la conviction et de la conscience du *Dasein*. C'est possible seulement là où l'histoire est entrée en tant qu'effectivité propre dans la conscience humaine. Cela ne va absolument pas de soi. Les peuples primitifs vivent, et nous avons nous-mêmes longtemps vécu, sans histoire. Certes, les Grecs avaient déjà une certaine expérience de ce qui est historique. Mais un certain savoir relatif au changement ne suffit pas à former une conscience historique. Celle–ci implique certaines conditions. La critique historique et la discussion du catholicisme sont apparues avec l'humanisme et la Réforme. On tentait de revenir aux formes pures de la vie christique, ce qui reconduisait à l'histoire. D'un autre côté, est née la conscience nationale des peuples particuliers qui cherchait à connaître sa propre origine. Mais tout cela ne suffit pas encore pour parler de « conscience historique ». C'est seulement lorsque l'histoire est considérée de telle sorte que l'on voit simultanément sa propre effectivité dans cette configuration, qu'il est possible de dire que la vie a un savoir de l'histoire dans laquelle elle se tient, qu'il y a une conscience historique. La propre époque est éprouvée comme la situation dans laquelle se tient le présent lui-même et cela non seulement par rapport au passé, mais simultanément comme la situation à l'intérieur de laquelle l'à venir se décidera, c'est-à-dire s'est décidé. L'éveil, la vigilance de la conscience historique ne va donc pas de soi et n'est pas une donnée vitale. La développer est au contraire une tâche.

Für die historische Weltanschauung wird das geschichtliche Wissen zum Prinzip der Gesamtanschauung der menschlichen Dinge. Geschichte wird Universalgeschichte. – Die Frage ist : welchen Sinn die Geschichte hat, welche Ziele der Existenz daraus zu entnehmen sind für die Zukunft. Die Entnahme der Lebensziele aus der Geschichte hat sich seit dem 18. Jahrhundert entwikkelt : Kant, Herder, Humboldt, Hegel. Aller Grundansicht ist letztlich, daß die Entwicklung dahin geht, daß der Mensch aus der Gebundenheit zur Freiheit kommt (Hegel : Die Humanität der europäischen Kulturen verkörpert im Staat.). Damit ist der Weg frei für die eigentliche historische Forschung, für die Wissenschaften, die die Geschichte theoretisch-wissenschaftlich auf Grund der in kritischer Arbeit gesicherten Quellen erschließen. (Wolff, Niebuhr, Savigny, Bopp, Baur, Schleiermacher, Ranke, Jacob Grimm).

1780-1840 ist eine Epoche, die schöpferische Kräfte löste, die wir uns jetzt nicht mehr vergegenwärtigen können. Dann trat nach dem Zusammenbruch der Hegelschen Philosophie die Besinnung auf die historische Wirklichkeit zurück. Es blieb die positiv-systematische Arbeit an der Geschichte, während die Frage nach dem Sinn des geschichtlichen Seins erstirbt. Vielmehr waren es die Naturwissenschaften, die wieder die eigentliche Führung in der Ausbildung der Weltanschauung übernahmen. Als in den sechziger Jahren die Philosophie sich wieder auf sich selbst besann, geschah das im historischen Rückgang auf Kant, und zwar Kant als Verfasser der drei Kritiken, besonders der *Kritik der reinen Vernunft,* die eine Theorie der mathematischen Naturwissenschaft gibt. Philosophie wurde verstanden als Erkenntnistheorie. Das vollzog sich in der neukantischen Marburger Schule. Die Philosophie versucht nicht mehr die Einzelwissenschaften zu meistern und ihre Resultate zu überspringen, sondern beschränkt sich auf ein eigenes Gebiet : sie wurde zu einer Theorie der Wissenschaft. Kant hatte in seiner Kritik lediglich eine Theorie der mathematischen Naturwissenschaft gegeben. – Inzwischen hatten sich die historischen Wissenschaften entwickelt. Es bestand also die nächste Aufgabe einer Erweiterung : die Theorie der historischen Wissenschaften daneben zu setzen. Mit dem Zurücktreten dieser Fragestellung Ende des 19. Jahrhunderts und dem Anwachsen der konkreten historischen Forschung wurde die Frage nach dem Sinn des geschichtlichen Seins selbst dringlicher. Die Frage nach den formalen Grundlagen wurde abgelöst von der nach den materialen (Troeltsch im Anschluß an Windelband und Rickert, die ihre Antriebe von Dilthey empfangen. Aus dieser Position auch Spengler).

Die moderne Geschichtsphilosophie verdankt ihre Antriebe und Anstöße Dilthey. Die moderne Theorie hat aber die eigentliche Tendenz Diltheys nicht verstanden, sorgte gradezu dafür, daß diese bis heute vergraben blieb.

Pour la vision historique du monde, le savoir historique devient le principe de la vision globale des choses humaines. L'histoire devient histoire universelle. La question est : quel est le sens de l'histoire, quels buts de l'existence pour l'avenir peut-on en dégager? La vie s'est vu assigner des fins à partir de l'histoire depuis le XVIIIe siècle : Kant, Herder, Humboldt, Hegel. Leur point de vue fondamental, c'est en fin de compte que le développement conduit l'homme de la servitude à la liberté (Hegel : l'humanité des cultures européennes incarnée dans l'État). Le chemin de l'authentique recherche historique, celui des sciences qui font accéder scientifiquement – théoriquement à l'histoire à partir de sources assurées par un travail critique, est ainsi libéré (Wolff[b], Niebuhr, Savigny, Bopp, Baur, Schleiermacher, Ranke, Jacob Grimm).

1780-1840 est une époque où ont été libérées des forces créatrices, que nous ne sommes plus aujourd'hui en mesure de nous représenter. Puis, après l'effondrement de la philosophie hégélienne, la méditation est revenue à l'effectivité historique. Tandis que mourrait la question du sens de l'être historique, il restait le travail positif systématique relatif à l'histoire. Ce sont en revanche les sciences de la nature qui ont à nouveau véritablement dirigé le déploiement de la vision du monde. Lorsque la philosophie médita à nouveau sur elle-même au cours des années soixante, cela se produisit dans le cadre du retour historien à Kant, c'est-à-dire à l'auteur des trois *Critiques* et en particulier de la *Critique de la raison pure* qui théorise la science mathématique de la nature. La philosophie fut comprise en tant que théorie de la connaissance. Cela s'est accompli dans le cadre de l'école néokantienne de Marburg. La philosophie ne cherche plus à se rendre maître des sciences particulières et à sauter par-dessus ses résultats, mais elle se limite à un domaine qui lui est propre : elle devint une théorie de la science. Dans sa *Critique*, Kant avait finalement élaboré une théorie de la science mathématique de la nature. Entre temps, les sciences historiques s'étaient développées. La tâche immédiate était ainsi d'élargir cette théorie : de lui adjoindre une théorie des sciences historiques. Avec le recul de cette problématique à la fin du XIXe siècle et le développement de la recherche historique concrète, la question relative au sens de l'être historique lui-même devint plus pressante. La question relative aux fondements formels se détacha de celle relative aux matériaux (Troeltsch en connexion avec Windelband et Rickert qui reçurent de Dilthey leur impulsion. À partir de cette position, Spengler également)[c].

La philosophie moderne de l'histoire doit ses impulsions à Dilthey. Mais la théorie moderne n'a pas compris la véritable tendance de Dilthey, et elle s'est carrément arrangé pour l'empêcher de se déployer jusqu'à aujourd'hui.

Wir versuchen nun den Sinn der historischen Weltanschauung schärfer zu fassen, d.h. es ist das Wissen um das geschichtliche Sein der Welt zu charakterisieren. Die Ausbildung dieses Wissens ist eine Aufgabe der Philosophie und der historischen Wissenschaften selbst. Die Möglichkeit einer historischen Weltanschauung gründet auf der erreichten Klarheit und Durchsichtigkeit des menschlichen Standes. Diese Bedingtheit müssen wir uns ganz klarmachen. Der Kampf um eine historische Weltanschauung spielt sich also nicht ab in den Auseinandersetzungen über das historische Weltbild, sondern über den Sinn des historischen Seins selbst. – Wir reden von der Forschungsarbeit Diltheys. Es ist nachzusehen, wie die philosophische Fragestellung die Durchsichtigkeit erarbeitet, die nötig ist, um eine historische Weltanschauung auszubilden. Wir fragen also : welche Wirklichkeit ist im eigentlichen Sinne geschichtlich und was heißt geschichtlich ?

Wir verfolgen zunächst Dilthey auf seinem Wege. Er war es, der von den sechziger Jahren (mit dem Grafen Yorck zusammen) ein eigentlich radikales Bewußtsein um dieses Problem hatte. Diese Arbeit sich näherbringen, heißt selbst fragen, die Fragen selbst stellen, die Dilthey bewegten. Wir fragen, ob er das Problem gelöst hat, ob seine philosophischen Mittel überhaupt so waren, daß er es lösen konnte. Wir fragen also über ihn hinaus, und zwar auf dem Boden der Phänomenologie (*Logische Untersuchungen*[1] von Dilthey als epochemachend bezeichnet). Wir werden sehen, daß die eigentliche Wirklichkeit, die geschichtlich ist, das menschliche Dasein selbst ist und welche Strukturen das menschliche Dasein hat. Seine Grundbestimmung ist nichts anderes als die Zeit. Von der Bestimmung der Zeit aus werden wir verständlich machen, daß der Mensch geschichtlich ist. Mit der Frage nach der Zeit stoßen wir auf ein anderes Problem, auf die Zeit in der Relativitätstheorie. Wir werden zugleich versuchen, uns diesen Sinn philosophisch verständlich zu machen. Von der Geschichtlichkeit des Daseins kommen wir auf Dilthey zurück, um die kritische Frage zu stellen nach dem Ganzen der Diltheyschen Arbeit.

1. E. Husserl : *Logische Untersuchungen*. Erster Teil : *Prolegomena zur reinen Logik*; Zweiter Teil : *Untersuchungen zur Phänomenologie und Theorie der Erkenntnis*. Halle a. Saale, 1900, 1901; jetzt in E. Husserl, *Gesammelte Werke* (*Husserliana*) Band XVIII : Erster Band : *Prolegomena zur reinen Logik* (Text der 1. und der 2. Auflage, herausgegeben von E. Holenstein) und Band XIX/ I und XIX/ 2 : Zweiter Band Erster Teil und Zweiter Band Zweiter Teil : *Untersuchungen zur Phänomenologie und Theorie der Erkenntnis* (Text der 1. und der 2. Auflage ergänzt durch Annotationen und Beiblätter aus dem Handexemplar, herausgegeben von U. Panzer), Den Haag, 1975, und Dordrecht-Boston-London, 1984.

Nous allons maintenant tenter de saisir avec plus d'acuité le sens de la vision historique du monde, c'est-à-dire qu'il nous faut caractériser le savoir relatif à l'être historique du monde. Élaborer ce savoir est une tâche de la philosophie et des sciences historiques elles-mêmes. La possibilité d'une vision historique du monde dépend du degré de clarté et de transparence auquel on est parvenu en ce qui concerne la condition humaine. Cette condition doit être pleinement élucidée. La lutte relative à une vision historique du monde se déroule dans le cadre de discussions qui portent non sur l'image historique du monde, mais sur le sens de l'être historique lui-même. Nous parlons du travail de recherche de Dilthey. Il est nécessaire d'examiner la façon dont la problématique philosophique travaille à la transparence nécessaire à la formation d'une vision historique du monde. Nous demandons donc : quelle effectivité est authentiquement historique, et que signifie historique ?

Nous allons d'abord suivre Dilthey sur son chemin. Dans les années soixante, c'est (avec le comte Yorck)[d] lui qui avait une conscience vraiment radicale de ce problème. Entrer dans la proximité de ce travail implique de s'interroger soi-même, de poser soi-même les questions qui ont mû Dilthey. Nous demandons s'il a résolu le problème, si ses moyens philosophiques lui permettaient de le résoudre. Nous questionnons donc au-delà de lui, à savoir sur le sol de la phénoménologie (Les *Recherches logiques*[1] caractérisées par Dilthey comme faisant époque). Nous verrons que la véritable effectivité historique est le *Dasein* humain lui-même, et examineront les structures propres à ce *Dasein*. Ce qui le détermine fondamentalement, ce n'est rien d'autre que le temps. Avec la question relative au temps, nous touchons à un autre problème, à celui du temps dans la théorie de la relativité. Nous tenterons simultanément d'en comprendre le sens philosophique. De l'historicité du *Dasein* nous reviendrons à Dilthey afin d'interroger de façon critique l'ensemble de son travail.

1. *Recherches logiques*, 1re partie, *Prolégomènes à la logique pure*, et 2e partie, *Recherches pour la phénoménologie et la théorie de la connaissance*, trad. H. Elie, A.L. Kelkel, R. Scherer, Paris, P.U.F., 1959 et 1961-1963.

Was erreicht werden soll, ist ein Verhältnis zu den Sachen, daß gesehen wird, es handelt sich um Sachen, die den Menschen angehen. Es soll das Bewußtsein erweckt werden, daß in den modernen Wissenschaften wirklich produktiv gearbeitet wird und daß keine Veranlassung zur Resignation besteht. Es wird gearbeitet ohne Aufmachung und ohne Lärm, und damit ist die Wissenschaft vorbildlich für die Existenz unserer ganzen Nation.

II.

Das Leben Diltheys ist nach außen ereignislos. Gegenwärtig ist das innere Leben und was für jede Frage des Philosophen lebendig ist. Das kann sich in Werken und Schriften ausdriicken, die nach ihrer Absicht zunächst sachlicher Behandlung bestimmter Probleme dienen. Wir vergegenwärtigen uns zunächst den äußeren Aufriß des Lebens, dann die « geistige Welt », die bestimmenden Kräfte seines geistigen Lebens, schließlich die Werke.

Geboren 1833 als Sohn eines Pfarrers; studierte zuerst Theologie, später Philosophie und historische Wissenschaften : fünfziger und Anfang der sechziger Jahre. 1867 berufen nach Basel, 1871 nach Breslau, 1882 nach Berlin. 1887 Mitglied der Akademie. Am 1. Oktober 1911 gestorben in Tirol. – Aufzeichnungen über sein Leben in der Studentenzeit in den Tagebüchern *Ethica* (1854-64)[1], sie bewegen sich meist in der wissenschaftlichen Sphäre. In der Privatdozentenzeit Verkehr in dem « Selbstmörderklub » (Scherer, Grimm, Erdmannsdörffer, Usener). In den Jahren 1877/ 97 Briefwechsel mit Yorck[2], der eine philosophische Freundschaft kennzeichnet, die selten ist. – Dilthey wünschte sich oft eine ruhigere Existenz, als es die Berliner war. Er war keiner von denen, die leicht mit ihrer Arbeit fertig werden, und so wurde ihm wenigstens durch den Zwang der Akademie manches abgepreßt, was er sonst wohl nie veröffentlicht hätte.

1. *Ethica.* Aus den Tagebüchern Wilhelm Diltheys (1851-1864). Für die Literaturarchiv-Gesellschaft in Berlin herausgegeben, Berlin, 1915; jetzt in: *Der junge Dilthey. Ein Lebensbild in Briefen und Tagebüchern 1852-1870.* Zusammengestellt von Clara Misch geb. Dilthey, Leipzig und Berlin, 1933.

2. *Briefwechsel zwischen Wilhelm Dilthey und dem Grafen Paul Yorck v. Wartenburg. 1877-1897.* Hrsg. von Sigrid v.d. Schulenburg. Halle (Saale), 1923.

Ce qui doit être atteint, c'est une relation aux choses dont on voit qu'elles concernent les hommes. Il faut éveiller la conscience qu'on travaille de façon véritablement productive dans les sciences modernes et qu'il n'y a aucune raison de se résigner. On travaille sans publicité et sans tapage, et la science est ainsi exemplaire pour l'existence de l'ensemble de notre nation.

II.

La vie de Dilthey est extérieurement dénuée d'événements. La vie intérieure et ce qui anime chacune des questions du philosophe nous sont encore présents. On peut en trouver l'expression dans les œuvres et écrits dont l'intention première est de servir à résoudre concrètement des problèmes déterminés. Nous retracerons d'abord le contour extérieur de la vie, puis le « monde de l'esprit », les forces déterminantes de sa vie spirituelle, et enfin les œuvres.

Né en 1833, il est fils de pasteur; au cours des années cinquante et au début des années soixante, il étudia d'abord la théologie et plus tard la philosophie et les sciences historiques. Il est appelé à Bâle en 1867, à Breslau en 1871 et à Berlin en 1882. En 1887, il est membre de l'Académie. Il décède le 1er octobre 1911 au Tyrol. Les journaux intitulés *Ethica*[1] (1854-1864) comportent des notes relatives à l'époque de sa vie estudiantine; elles concernent le plus souvent la sphère scientifique. À l'époque où il est *Privatdozent*, relation au « club des suicidaires » (Scherer, Grimm, Erdmanndörffer, Usener)[e]. Dans les années 1877-1897, correspondance avec Yorck qui témoigne d'une rare amitié philosophique[f]. Dilthey a souvent souhaité avoir une existence plus tranquille que celle qu'il avait à Berlin. Il n'était pas de ceux qui achèvent rapidement leur travail, de sorte que de nombreux écrits ne seraient sans doute jamais parus sans la pression de l'Académie.

1. *Ethica*. Extrait des journaux de Wilhelm Dilthey. Publié en 1915 à Berlin pour la *Literaturarchiv-Gesellschaft*; aujourd'hui inclus dans *Der junge Dilthey. Ein Lebensbild in Briefen und Tagebüchern 1852-1870*, Clara Misch éd., Leipzig et Berlin, 1933.

Für Dilthey war die geistige Welt die eigentliche Existenz. Wir betrachten zunächst den inneren Wuchs und Impuls, dann die bestimmenden Mächte aus Geschichte und Gegenwart. Dilthey war anfangs Theologe und damit sind für ihn bestimmte Horizonte und eine Aufgeschlossenheit für das Dasein gegeben, die auch später wirksam blieben. Die Theologie hatte Bezug zur Philosophie und zur Geschichte : Geschichte des Christentums und ihr Grundfaktum, das Leben Jesu. Dilthey plante eine Geschichte des Christentums des Abendlandes ; aber am Studium des Mittelalters brach ihm sein Plan und sein ganzes theologisches Studium zusammen. Er schlug sich im Kampf zwischen Glauben und Wissen auf die Seite des Wissens, der Diesseitigkeit. Er verzichtet auf Abschluß und Fertigwerden, ist zufrieden überall nur anbohren zu können, nur zu forschen und « auf der Wanderschaft zu sterben »[1]. Er nahm von der Theologie aber wesentliche Antriebe mit für das Verständnis des menschlichen Lebens und seiner Geschichte. Seine Leidenschaft ist für die wissenschaftliche Erforschung des menschlichen Lebens offen.

Von hier aus ist verständlich, wie er auf die gegenwärtigen und zeitlichen Mächte reagiert : Positivismus – Historische Schule – die Philosophie Kants (wesentlich gesehen durch Schleiermacher).

Der französische *Positivismus* war Kritik der Metaphysik, er erstrebte eine rein wissenschaftliche Erkenntnis, die mit dem zusammenfiel, was man heute als Soziologie bezeichnet. Was Dilthey positiv nahm, ist die Kritik der Metaphysik und die Betonung der reinen Diesseitigkeit. Der Positivismus verkannte aber grade das geistige Leben und seine Geschichte. Er suchte den Geist als Natur zu bestimmen. So erschien es Dilthey als seine Aufgabe, die Eigenart der geistigen Welt zu retten. Er übernahm die Tendenz, « daß man sich nichts wollte vormachen lassen »[2], lehnte es aber ab, den Geist als Produkt der Natur begreifen zu wollen, er nahm den Positivismus nur auf als ein Prinzip der Erkenntnis der Bestimmung der Sachen aus ihnen selbst.

Historische Schule : Hier lernte Dilthey historisch denken. Er erfuhr die lebendige Wirkungskraft geistiger Vergangenheit. Dilthey hat diesen Eindruck zeitlebens bei sich frisch gehalten (siehe *Rede zu seinem 70. Geburtstage*)[3]. Die Welt der Geschichte und das erlebte Leben der Geschichtsforschung war das Fundament, von dem Dilthey die Frage nach der Geschichte stellte.

1. *Der junge Dilthey, op. cit.*, 87.
2. *Vorrede* (1911), in *Ges. Schr.* V, 3.
3. *Rede zum 70. Geburtstag* (1903), in *Ges. Schrift.* V, 7-9.

Pour Dilthey, la véritable existence était celle du monde de l'esprit. Nous considèrerons d'abord la croissance et l'impulsion internes, puis les forces historiques et contemporaines déterminantes. Dilthey était initialement théologien, et cela lui a donné des horizons déterminés et une ouverture au *Dasein* dont les effets continueront à se faire sentir par la suite. La théologie avait une relation à la philosophie et à l'histoire : histoire du christianisme et de son fait fondamental, la vie de Jésus. Dilthey projetait une histoire du christianisme occidental; mais l'étude du Moyen Âge lui fit renoncer à ce projet et à l'ensemble de ses études théologiques. Dans la lutte entre la foi et le savoir, il se rallia au savoir, au monde d'ici-bas [g]. Il renonce à conclure et à achever, et ce qui le satisfait, c'est toujours et seulement d'investiguer, de rechercher et de « mourir sur le chemin de sa quête » [h]. Mais il reçut de la théologie des impulsions essentielles pour la compréhension de la vie humaine et de son histoire. Sa passion le dispose à l'exploration scientifique de la vie humaine.

On comprend à partir de là sa réaction aux forces contemporaines : le positivisme, l'école historique, la philosophie de Kant (vue essentiellement à travers Schleiermacher).

Le *positivisme* français était une critique de la métaphysique, il visait à une connaissance purement scientifique qui coïncidait avec ce que nous appelons aujourd'hui sociologie. Dilthey pris positivement la critique de la métaphysique et l'accent mis sur la réalité purement mondaine. Mais le positivisme méconnaissait justement la vie de l'esprit et son histoire. Il cherchait à déterminer l'esprit en tant que nature. Dilthey considéra ainsi qu'il était de son devoir de sauver la spécificité du monde de l'esprit. Il prit à son compte la tendance « à ne pas s'en laisser conter » [1], mais renonça à comprendre l'esprit comme un produit de la nature; il ne reprit du positivisme que le principe de la connaissance de la détermination des choses à partir d'elles-mêmes.

L'école historique : là, Dilthey apprit à penser historiquement. Il fit l'expérience de la vitalité de la force agissante du passé spirituel. Dilthey a conservé toute sa vie cette impression dans sa fraîcheur initiale (voir son discours à l'occasion de son soixante-dixième anniversaire) [2]. Le monde de l'histoire et l'expérience de la vie propre à la recherche historique était le fondement à partir duquel Dilthey a posé la question relative à l'histoire.

1. Préface (1911), trad. M. Remy, *Le Monde de l'esprit*, tome 1, Paris, Aubier Montaigne, 1947, p. 9.

2. « Discours pour son soixante-dixième anniversaire » (1903), trad. S. Mesure, in Dilthey, *Œuvres* 1, *Critique de la raison historique*, Paris, Éd. du Cerf, 1992.

Die *Philosophie Kants* kam Dilthey wesentlich in der Auffassung nahe, daß Kant die Frage nach dem Wesen der Erkenntnis stellt. Doch Dilthey sah unter dem Einfluß Schleiermachers die Erkenntnis im Zusammenhang des *ganzen* Lebens. Die sechziger Jahre waren bestimmend nicht im Sinne eines Neukantianismus, sondern grade aus der vollen Erfassung des Menschen, die menschliche Stellung zu verstehen. So kam Dilthey nie in die extreme Stellung seiner Zeit gegen Hegel. Er wußte Hegels positive Bedeutung zu würdigen, schon vor dem Neuhegelianismus.

Sich öffnen für alles, was in sich Substanz hat, sich verschließen gegen alles leere und bodenlose Denken, das um sich selbst kreist und nie zu den Dingen selbst gelangt – das hat es ihm ermöglicht, ein Fundamentalproblem neu zu stellen und zu fördern. Die Wirkung seiner Produktion war zunächst gering. Nur einige sehr geschickte Leute machten Gebrauch von Diltheys Anstößen. Windelband in seiner *Rektoratsrede* 1894[1] : Hier sind die innersten Absichten Diltheys veräußerlicht und auf den Kopf gestellt. Auf ihn fußend, versucht Rickert Natur- und Geschichtswissenschaften gegeneinander abzugrenzen, in einer ganz leeren und formalen Art. Diese Wirkungsart Diltheys ist mitgeführt von der Art seiner Publikation. Nur zwei Werke kamen heraus und die blieben beide Band I: *Das Leben Schleiermachers*[2] und die *Einleitung in die Geisteswissenschaften*[3]. Sonst schrieb er Aufsätze, Beiträge zu, Ideen zu, Versuche über... Alles vorläufig, unvollendet und unterwegs. Durch diese Art blieb die Resonanz seiner Arbeiten lange ungeweckt; aber positive Entdekkungen wie seine lassen sich nicht auf die Dauer zurückdrängen. Heute haben wir die Möglichkeit, die positiven Wirkungskräfte aufzunehmen und nicht einfach nachzureden, sondern neu und weiter zu fragen.

III.

Welches ist die Frage, die Dilthey stellt? Welches sind die Mittel, die er zu ihrer Lösung in der Hand hat? Wir versuchen den Zusammenhang der Diltheyschen Fragestellung von den Werken Diltheys und in Abhebung

1. W. Windelband : *Geschichte und Naturwissenschaft* (Straßburger Rektoratsrede, 1894), in *Präludien. Aufsätze und Reden zur Philosophie und ihrer Geschichte*, 2. Band, Tübingen, 1924,136-160.

2. *Leben Schleiermachers*, 1. Band, Berlin, 1870; jetzt in *Ges. Schrift.* XIII.

3. *Einleitung in die Geisteswissenschaften.* Versuch einer Grundlegung für das Studium der Gesellschaft und der Geschichte, 1. Band, Leipzig, 1883; jetzt in *Ges. Schrift.* I.

Dilthey a appréhendé la *philosophie de Kant* essentiellement en considérant que sa question est relative à l'essence de la connaissance. Sous l'influence de Schleiermacher, il a néanmoins pensé la connaissance en relation à *l'ensemble* de la vie. Les années soixante furent déterminantes non par une orientation en direction d'un néokantisme, mais précisément parce qu'elles l'ont conduit à comprendre la position de l'homme à partir d'une appréhension globale de celui-ci. Il n'en est donc jamais arrivé à la position extrême de son époque contre Hegel. Avant le néo-hégélianisme, il sut reconnaître le mérite de Hegel[i].

S'ouvrir à tout ce qui est doué de substance, se fermer à toute pensée vide et inconsistante, et qui tourne en rond sur elle-même sans jamais parvenir aux choses mêmes, cela lui a permis de poser et d'approfondir de façon nouvelle un problème fondamental. L'impact de sa production fut d'abord restreint. Seules quelques personnes très savantes ont tiré profit des impulsions de Dilthey. Windelband dans son discours de rectorat de 1894[1] : là, les intentions les plus intimes de Dilthey sont tronquées et renversées sur la tête. S'appuyant sur lui, Rickert tente de façon complètement vide et formelle de délimiter les sciences naturelles et historiques les unes par rapport aux autres. La modalité de cet impact est induite par le genre de ses publications. Seules deux œuvres parurent, et elles en restèrent toutes deux au tome 1 : la *Vie de Schleiermacher* et l'*Introduction aux sciences de l'esprit*[2]. Il écrivit par ailleurs des articles, des contributions à, des idées pour, des essais sur… Tout est préparatoire, inachevé et en chemin. Du fait de cette modalité, la résonance de son travail se fit longtemps attendre ; mais, à la longue, il n'est pas possible de refouler des découvertes positives comme les siennes. Aujourd'hui, nous avons la possibilité de reprendre les forces agissantes positives, non simplement de ressasser, mais de poursuivre et de renouveler le questionnement.

III.

Quelle est la question posée par Dilthey ? De quels moyens dispose-t-il pour la résoudre ? Nous allons chercher à comprendre l'ensemble de la problématique de Dilthey à partir de ses œuvres et dans sa spécificité par

1. Windelband, « Histoire et science de la nature », trad. S. Mancini, in *Études philosophiques* 1/2000, p. 1-16.

2. *Introduction aux sciences de l'esprit*, trad. de la première partie, S. Mesure, in *Critique de la raison historique*, *Œuvres* 1, Paris, Éd. du Cerf, 1992, et sinon trad. L. Sauzin, *Introduction à l'étude des sciences humaines*, Paris, P.U.F., 1942.

gegen seine Zeitgenossen zu verstehen. – Wir sahen, alle Arbeiten Diltheys sind unabgeschlossen. Wenn wir jetzt eine inhaltliche Charakteristik versuchen, so ist zu bedenken, daß eine Inhaltsangabe der Schriften so lange unverständlich bleiben muß, als die Grundfrage Diltheys nicht bekannt und nahe gebracht ist. Daher geben wir zunächst nur im Hinblick auf diese Fragestellung die historische Folge der Werke.

Dissertation : *Über die Ethik Schleiermachers.* Schon hier kein theoretisches Thema, sondern ein Problem der praktischen Stellung des Menschen.

Zur selben Zeit Preisaufgabe : *Über Schleiermachers Hermeneutik,* d.h. die wissenschaftliche Theorie des geschichtlichen Verstehens, der Interpretation von Schriften. Schleiermacher hat diese Theorie zum ersten Male ausgearbeitet als eine allgemeine Theorie des Verstehens. Die Hermeneutik ist eine Disziplin, die in Gegenwart und Zukunft eine fundamentale Bedeutung bekommen wird. Dilthey hat diese Arbeit nie veröffentlicht. Er hat später ein Stück daraus aufgenommen in die Festschrift für Sigwart : *Entstehung der Hermeneutik.* Der Zusammenhang mit der Geschichte ist deutlich, denn Geschichte als Wissenschaft ist Interpretation der durch vorherige philologisch historische Kritik gesicherten Quellen. Habilitationsschrift (1864) : *Versuch einer Analyse des moralischen Bewußtseins.* Wiederum ein Thema, das ihn zwang, sich mit dem Sein des Menschen auseinanderzusetzen. – Aufsätze über Novalis, Hölderlin, Goethe *(Erlebnis und Dichtung).* Diese aus Diltheys Produktion scheinbar herausfallenden Schriften haben in ihr ihren bestimmten Sinn. Konkrete geschichtliche Individuen werden in ihrem geistigen Kern (« aus ihrer Mitte », wie man in der George-Schule sagt) zu verstehen gesucht. Dilthey redet von Realpsychologie. – 1870 *Schleiermacher Biographie.* – 1875 Aufsätze, die den Kerngedanken der *Einleitung in die Geisteswissenschaften* enthalten : *Über das Studium der Geschichte der Wissenschaften vom Menschen, von der Gesellschaft und vom Staate.* – *Einleitung in die Geisteswissenschaften.* Untertitel : Versuch einer Grundlegung der Wissenschaften der Gesellschaft und der Geschichte. 1. Buch gibt eine Übersicht der Einzelwissenschaften des Geistes, stellt das Problem einer Grundlegung dieser Wissenschaftsgruppe. 2. Buch behandelt die Metaphysik als Grundlage dieser Wissenschaften, ihre Herrschaft und ihren Verfall. Durch die Einordnung in den Weltzusammenhang als Natur kann der Mensch als historisches Wesen nicht verstanden werden. Der 2. Band des Buches ist nie geschrieben worden, so schließt das Buch mit dem Mittelalter ab. Weitere Versuche in dieser Richtung einer Anthropologie macht Dilthey in einer Reihe von Aufsätzen : *Auffassung und Analyse des Menschen..., Das natürliche System der Geisteswissenschaften.*

rapport à ses contemporains. Nous avons vu que tous ses travaux sont restés inachevés. Si l'on tente maintenant de les caractériser du point de vue du contenu, l'indication du contenu de ses œuvres restera nécessairement incomprise aussi longtemps que l'on ignorera et ne se se familiarisera pas avec la question diltheyenne fondamentale. C'est pourquoi c'est seulement en ayant à l'esprit cette problématique que nous présenterons d'abord la succession chronologique des œuvres.

Dissertation : *Sur l'éthique de Schleiermacher*. Déjà là, ce n'est pas un thème théorique, mais un problème relatif à l'attitude pratique de l'homme.

À la même époque, le mémoire couronné : *Sur l'herméneutique de Schleiermacher*, c'est-à-dire la théorie scientifique de la compréhension historique, de l'interprétation de textes. Schleiermacher a pour la première fois élaboré cette théorie en tant que théorie générale du comprendre. L'herméneutique est une discipline qui aura une signification fondamentale dans le présent et l'avenir. Dilthey n'a jamais publié ce travail. Il en a ultérieurement extrait une partie dans le volume écrit en hommage à Sigwart : *La Naissance de l'herméneutique*. La connexion avec l'histoire est claire, car l'histoire en tant que science est interprétation des sources assurées par une critique philologico-historique préalable. Écrit d'habilitation (1864) : *Essai d'analyse de la conscience morale* [j]. À nouveau un thème qui l'obligea à se confronter avec l'être de l'homme. Essais sur Novalis, Hölderlin, Goethe (*Das Erlebnis und die Dichtung*). Ces écrits, apparemment des bribes de sa production, ont en eux-mêmes un sens déterminé. On tente de comprendre le noyau spirituel d'individus historiques concrets (à partir de leur « centre » pour reprendre l'expression de l'école de George). Dilthey parle de « psychologie concrète » [k]. 1870, biographie de Schleiermacher. 1875, essais contenant en germe l'*Introduction aux sciences de l'esprit* : « De l'étude de l'histoire des sciences humaines, sociales et politiques ». *Introduction aux sciences de l'esprit*. Sous-titre : « Essai pour fonder les sciences de la société et de l'histoire ». Le livre 1 donne une vue d'ensemble des sciences particulières de l'esprit et pose le problème de la fondation de ce groupe de sciences. Le livre 2 traite de la métaphysique en tant que fondement de ces sciences, de sa prépondérance et de sa chute. L'homme en tant qu'être historique ne peut être compris en l'insérant dans la configuration du monde en tant que nature. Le second tome n'a jamais été achevé de sorte qu'il se termine avec le Moyen Âge. Dilthey fait d'autres tentatives dans cette direction anthropologique dans une série d'essais : *Conception et analyse de l'homme...*, *Le système naturel des sciences de l'esprit*.

Die Anthropologie ist für Dilthey historische Forschung, die zum Ziel hat zu verstehen, wie der Mensch früher gesehen wurde. – 1890 *Beiträge zur Lösung der Frage nach dem Ursprung unseres Glaubens an die Außenwelt.* Die Frage ist : Wie ist das Grundverhältnis des Menschen zur Welt zu bestimmen? – 1894 *Ideen über eine beschreibende und zergliedernde Psychologie.* (Wird uns nachher noch näher beschäftigen.) – Daran anschließend: *Beiträge zur Bestimmung der menschlichen Individualität.* – Nebenher arbeitete Dilthey an *Schleiermacher* weiter, *Geschichte des deutschen Idealismus, Jugendgeschichte Hegels.* – 1905 *Studien zur Grundlegung der Geisteswissenschaften.* Diese Schrift zeigt, daß Diltheys Denken zu dieser Zeit erneut in Fluß gekommen ist. Das geht vielleicht auf die Wirkung der *Logischen Untersuchungen* Husserls zurück, die Dilthey damals kennenlernte und epochemachend nannte, und über die er jahrelang Übungen mit seinen Schülern hielt. 1907 eine grundsätzliche Arbeit, in der sich Dilthey über seine eigene Tätigkeit besinnt : *Das Wesen der Philosophie.* – 1910 *Aufbau der geschichtlichen Welt in den Geisteswissenschaften*[1].

Was hält diese vielgestaltige Produktion im inneren zusammen? Kein System von Begriffen, sondern eine lebendige Frage nach dem Sinn der Geschichte und des menschlichen Seins. – *Fragen* ist ein Suchen

1. *De principiis ethices Schleiermacheri. Diss. Phil.*, Berlin, 1864 (1. Teil der deutschen Übertragung unveröffentlicht; 2. Teil der deutschen Übertragung veröffentlicht unter dem Titel : *Kritik der ethischen Prinzipien Schleiermachers,* in *Ges. Schr.* XIV, 339-357. – *Das hermeneutische System Schleiermachers in der Auseinandersetzung mit der älteren protestantischen Hermeneutik* (1860); jetzt in *Ges. Schr.*, 597-787. – *Die Entstehung der Hermeneutik,* in *Philosophische Abhandlungen.* Christoph Sigwart zu seinem 70. Geburtstag, 28. März 1900 gewidmet, Tübingen, 1900, 185-202; jetzt in *Ges. Schr.* V, 317-331. – *Versuch einer Analyse des moralischen Bewußtseins* (1864); jetzt in *Ges. Schr.* VI, 1-55. – *Das Erlebnis und die Dichtung. Lessing, Goethe, Novalis, Hölderlin.* Leipzig, 1906. – *Über das Studium der Geschichte der Wissenschaften vom Menschen, der Gesellschaft und dem Staat* (1875); jetzt in *Ges. Schr.* V, 31-73. Siehe auch *Vorarbeiten zur Abhandlung von 1875* sowie *Fortsetzungen der Abhandlungen von 1875* in *Ges. Schr.* XVIII, 17-37, resp.. 57-111. – *Auffassung und Analyse des Menschen im 15. und 16. Jahrhundert* (1890/ 91); jetzt in *Ges. Schr.* II, 1-89. – *Das natürliche System der Geisteswissenschaften im 17. Jahrhundert* (1892-1893); jetzt in *Ges. Schr.* II, 90-245. – *Beiträge zur Lösung der Frage vom Ursprung unseres Glaubens an die Realität der Außenwelt und seinem Recht* (1890); jetzt in *Ges. Schr.* V, 90-138. – *Ideen über eine beschreibende und zergliedernde Psychologie* (1894); jetzt in *Ges. Schr.* V, 139-240. – *Beiträge zum Studium der Individualität (Über vergleichende Psychologie*) (1895/ 96); jetzt in *Ges. Schr.* V, 241-316. – Siehe *Leben Schleiermachers* Zweiter Band, in *Ges. Schr.* XIV sowie *Die Jugendgeschichte Hegels und andere Abhandlungen zur Geschichte des deutschen Idealismus*, in *Ges. Schr.* IV. – *Studien zur Grundlegung der Geisteswissenschaften* (1905); jetzt in *Ges. Schr.* VII, 3-75. – *Das Wesen der Philosophie* (1907); jetzt in *Ges. Schr.* V, 339-416. – *Der Aufbau der geschichtlichen Welt in den Geisteswissenschaften* (1910); jetzt in *Ges. Schr.* VII, 79-188.

Pour Dilthey, l'anthropologie relève d'une recherche historique visant à comprendre la façon dont l'homme a antérieurement été perçu. 1890, *Contributions pour résoudre la question de l'origine de notre croyance au monde extérieur.* La question est de savoir comment déterminer la relation fondamentale de l'homme au monde. 1894, *Idées pour une psychologie descriptive et analytique* (nous nous en occuperons plus tard de plus près). Y sont liées les *Contributions à l'étude de l'individualité.* Dilthey continua de travailler parallèlement à *Schleiermacher*, à l'*Histoire de l'idéalisme allemand*, à l'*Histoire de la jeunesse de Hegel.* 1905, « Études relatives à la fondation des sciences de l'esprit ». Cet écrit montre qu'à cette époque la pensée de Dilthey trouve un nouveau souffle. Cela tient peut-être à l'effet des *Recherches logiques* de Husserl qu'il a alors connu en les considérant comme faisant époque, et auxquelles il consacra des séminaires des années durant. 1907, un travail fondamental dans lequel Dilthey médite sa propre activité : *L'Essence de la philosophie.* 1910, *L'Édification du monde historique dans les sciences de l'esprit*[1].

Quelle est l'unité interne de cette production aux visages si divers ? Elle ne tient pas à un système de concepts, mais à une question vivante relative au sens de l'histoire et de l'être humain. *Interroger* est une quête

1. Traductions françaises : *Le système herméneutique de Schleiermacher dans son débat avec l'herméneutique protestante antérieure* (1860) a été partiellement traduit (GS XIV, 651-677) par D. Thouard in *Critique et herméneutique dans le premier romantisme allemand*, Presses Universitaires du Septentrion, Lille, 1996, p. 334-363. Dédiée à Christoph Sigwart, *La Naissance de l'herméneutique*, trad. D. Cohn et E. Lafon in *Œuvres* 7, Paris, Éd. du Cerf, 1995, et pour les compléments *Le Monde de l'esprit* II, 333-340. Parmi les essais de *Das Erlebnis und die Dichtung*, « Goethe et l'imagination poétique » a été traduit in *Œuvres* 7, p. 227-288. *Sur l'étude de l'histoire des sciences humaines, sociales et politiques* et la suite de cette étude, trad. S. Mesure in *Œuvres* 1, p. 43-142. *Conception et analyse de l'homme aux XVe et XVIe siècles* et *Le système naturel des sciences de l'esprit au XVIIe siècle* traduits par F. Blaise in *Œuvres* 4. Les *Contributions pour résoudre la question de l'origine de notre croyance au monde extérieur*, les *Idées pour une psychologie descriptive et analytique* et les *Contributions à l'étude de l'individualité*, trad. in *Le Monde de l'esprit* I, 95-317. L'*Histoire de la jeunesse de Hegel et autres essais relatifs à l'histoire de l'idéalisme allemand* sont à paraître aux Éd. du Cerf. *L'Essence de la philosophie*, trad. in *Le Monde de l'esprit* I, 341-416. *L'Édification du monde historique dans les sciences de l'esprit*, trad. S. Mesure, *Œuvres* 3.

im Felde des Erkennens, das die Entdeckung einer Wirklichkeit und ihre Bestimmung zum Ziele hat. In jeder Frage ist etwas *be*fragt und befragt in einer bestimmten Hinsicht, dem Befragten wird etwas *ab*gefragt. Um also eine Frage zu stellen, bedarf es einer ursprünglichen Anschauung des befragten Objekts. Wo findet sich nun das Objekt « Geschichte », um an ihm den Sinn seines Seins, das Geschichtlich-Sein abzulesen ? Dieser Sinn der Frage ist es, der auch den Sinn einer wissenschaftlichen Krise ausmacht. Jede Krisis ist dadurch bestimmt, daß die bisherigen Begriffe ins Wanken geraten, daß sich Phänomene zeigen, die zu ihrer Revision führen.

Auf welchem Wege bahnt sich Dilthey den Zugang zur Geschichte, so daß er den Sinn ihres Seins ablesen kann ? Auf drei Wegen :

1. dem wissenschafts-geschichtlichen ;
2. dem erkenntnistheoretischen ;
3. dem psychologischen.

Die beiden ersten Wege gründen im dritten, haben ihn zur Voraussetzung, und wir werden sehen, wie sie auf ihn hindeuten. Psychologie besagt aber etwas ganz Bestimmtes und es ist das erste Erfordernis für das Verständnis zu fragen, was Dilthey selbst damit gemeint hat.

Die *wissenschafts-geschichtliche* Fragestellung setzt ein mit den Aufsätzen über die Hermeneutik *Schleiermachers* und den über das Studium der Geschichte der Wissenschaften etc. Sie sind nicht einfach geschichtliche Forschungen über die Geschichte der Wissenschaften, sondern Dilthey versucht zu verstehen, wie in früheren Zeiten menschliches Leben aufgefaßt wurde. Das letzte Interesse ist die Frage nach dem Begriff des Lebens. Die Geschichte der historischen Wissenschaften hat einen anderen Sinn als die der Naturwissenschaften. Wenn die Geschichte der historischen Wissenschaften verfolgt wird, wird das Leben verfolgt hinsichtlich seiner Erkenntnis. Leben als erkennendes, verfolgt also sich selbst in seiner Geschichte. Der Erkennende ist das Erkannte. Das ist der Sinn, den eine Geschichte der Wissenschaften vom Menschen und seiner Struktur hat.

Denselben Grund hat auch die *erkenntnistheoretische* Fragestellung. Auch hier ist die Frage nach dem Begriff des Lebens zu betonen. Diese Tendenz ist hier bis heute mißverstanden. Die Frage tritt in der traditionellen Formulierung der Abgrenzung der Geistes- von den Naturwissenschaften auf, die schon vorher *Stuart Mill* versucht hatte, der mit Hilfe der naturwissenschaftlichen Begriffsbildung Geschichte verstehen will. Dilthey sucht die eigenartige Stellung der Geisteswissenschaften durchzusetzen. Aber sein Interesse ist nicht Methodenlehre und System, ihn kümmert nicht, in welche Fakultät eine bestimmte Wissenschaft hineingeordnet werden muß.

dans le champ de la connaissance visant à découvrir une réalité et sa détermination. Dans chaque question quelque chose est interrogé, et interrogé dans une perspective déterminée ; on questionne le questionné au sujet de quelque chose. Pour poser une question, une intuition originaire de l'objet interrogé est ainsi nécessaire. Où trouve-t-on l'objet « histoire » pour que l'on puisse y déchiffrer le sens de son être, de l'être historique ? Ce sens de la question constitue aussi le sens d'une crise scientifique. Chaque crise est déterminée par le fait que les concepts antérieurement en usage sont ébranlés, que des phénomènes nouveaux obligent à les réviser.

Quelles voies Dilthey emprunte-t-il pour accéder à l'histoire afin de déchiffrer le sens de son être ? Elles sont au nombre de trois :

1. la science historique,
2. gnoséologique,
3. psychologique.

Les deux premières se fondent sur la troisième, la présupposent, et nous verrons la façon dont elles y renvoient. Mais la psychologie signifie quelque chose de très déterminé, et la première chose qu'il faut comprendre c'est ce que Dilthey entendait par là.

La problématique *historique scientifique* a pour point de départ les essais relatifs à l'herméneutique de Schleiermacher et à l'étude de l'histoire des sciences, etc. Ce ne sont pas simplement des recherches historiques relatives à l'histoire des sciences, mais Dilthey essaie de comprendre la façon dont on appréhendait jadis la vie humaine. En fin de compte, c'est la question relative au concept de la vie qui l'intéresse. L'histoire des sciences historiques a un autre sens que celle des sciences de la nature. Si l'on s'engage dans l'histoire des sciences historiques, on s'engage dans la vie du point de vue de sa connaissance. La vie en tant que connaissante se poursuit ainsi elle-même dans son histoire. Le connaissant est le connu. Tel est le sens d'une histoire des sciences de l'homme et de sa structure.

Le fond de la problématique gnoséologique est identique. Là encore, il faut mettre l'accent sur la question relative au concept de vie. Cette tendance a été mécomprise jusque de nos jours. La question a été initialement formulée de façon traditionnelle dans la mesure où elle interrogeait la spécificité des sciences de l'esprit par rapport aux sciences de la nature, question à laquelle Stuart Mill avait tenté de répondre en comprenant l'histoire à l'aide de la formation des concepts propres aux sciences de la nature. Dilthey cherche à faire reconnaître la position singulière des sciences de l'esprit. Mais il ne s'intéresse pas à la doctrine de la méthode et à l'élaboration d'un système, il ne se soucie pas de savoir à quelle faculté une science particulière doit être subordonnée.

Für solche Sachen interessierte sich später Rickert. Diltheys zentrales Problem war, geschichtliche Wirklichkeit in ihrer eigenen Wirklichkeit zu sehen, ihm lag nicht an der Rettung der Eigenart der Wissenschaft, sondern der Realität. Es lag Dilthey daran, den Prozeß der Selbsterkenntnis des Menschen verständlich zu machen. Es gehört zum Sinn des Menschen, nicht nur Bewußtsein von der Welt zu haben, sondern darin mitbegriffen ein Wissen um sich selbst. Historisches Erkennen ist eine ausgeprägte Form des Wissens um sich selbst. Darin liegt das Interesse; Dilthey will keine isolierte Wissenschaftstheorie. Das Mißverständnis seiner Absicht geht aber hier so weit, daß seine eigene Schule nicht den wirklichen Sinn der Wissenschaftstheorie verstanden hat, sondern betont, daß Dilthey gegenüber Windelband und Rickert seine Theorie geschöpft habe aus einer wirklichen Kenntnis historischen Erkennens. Das ist zwar richtig, aber versteht sich von selbst und ist unwesentlich. Dilthey kam es darauf an, den Begriff des Lebens auch auf diesem Wege zu finden. Es war für Dilthey charakteristisch, daß er offen war für alle Anregungen. So konnte sogar die von ihm beeinflußte Geschichtsphilosophie Windelbands und Rickerts auf ihn so zurückwirken, daß er seine eigene Arbeit in ihren Tendenzen schließlich mißdeutete. So blieb die eigentliche Intention ungenützt liegen.

Als Ziel beider Forschungsrichtungen zeigt sich also die Erfassung und Sichtbarmachung des Phänomens des Lebens. Das versucht Dilthey nun auch in seiner Psychologie in Angriff zu nehmen, und zwar in einem gewissen Gegensatz zur traditionellen Psychologie, in der das eigentümliche Sein des Lebens preisgegeben wird.

IV.

Diltheys Grundfrage ist die nach dem Begriff des Lebens. Die Frage nach dem Begriff des Lebens ist die nach dem Begreifen des Lebens. Es ist also zunächst nötig, das Leben ursprünglich zugänglich zu machen, um es danach begrifflich zu fassen. Diese Aufgabe faßt Dilthey unter dem traditionellen Titel der Psychologie. Psychologie ist die Wissenschaft von der Seele, in der modernen Auffassung von dem Erlebnis. Sofern diese auftreten in bestimmter Kontinuität, redet man vom Erlebnisstrom *(James)*. Erlebnisse sind eine Wirklichkeit, die nicht in der Welt existiert, sondern in der Innenbetrachtung der Reflexion zugänglich ist, im Bewußtsein von sich selbst. So bezeichnet Bewußtsein auch diese ganze Region der Erlebnisse. *(Descartes* – res cogitans). Psychologie als Wissenschaft ist Wissenschaft vom Erlebniszusammenhang, vom Bewußtsein.

Rickert s'intéressera plus tard à ce genre de question. Le problème central de Dilthey, c'était de saisir la réalité historique dans son effectivité propre, il ne lui importait pas de sauver la spécificité de la science, mais celle de la réalité. Il cherchait à rendre compréhensible le processus par lequel l'homme se connaît lui-même. Ce qui fait le sens de l'homme, ce n'est pas seulement le fait d'avoir une conscience du monde, mais le fait, impliqué en elle, de parvenir à un savoir de soi. La connaissance historique est une forme accusée de la connaissance de soi. C'est là l'intérêt; Dilthey n'est pas en quête d'une théorie scientifique isolée. La mécompréhension de son intention va néanmoins si loin que sa propre école n'a pas compris le véritable sens de la théorie de la science, et elle affirme que Dilthey a élaboré sa théorie contre Windelband et Rickert à partir d'un authentique savoir relatif à la connaissance historique. Cela est assurément exact, mais c'est évident et inessentiel. Dans cette voie également, Dilthey était en quête du concept de vie. Sa spécificité, c'était d'être ouvert à toutes les suggestions. Il a ainsi pu subir l'effet rétroactif de la philosophie de l'histoire de Windelband et de Rickert qu'il avait inspirée, de sorte qu'il en vint finalement à mécomprendre son propre travail. L'intention authentique resta ainsi inexploitée.

La saisie et la mise en évidence du phénomène de la vie s'avère donc être le but des deux directions de recherche. C'est aussi à cela que Dilthey cherche à s'atteler dans sa psychologie, et cela en s'opposant d'une certaine façon à la psychologie traditionnelle qui abandonne le sens propre de l'être de la vie.

IV.

La question fondamentale de Dilthey concerne le concept de vie. Cette question concernant le concept de vie vise à concevoir la vie. Il est donc d'abord nécessaire d'accéder de façon originaire à la vie afin de la saisir ensuite conceptuellement. C'est sous le titre traditionnel de la psychologie que Dilthey conçoit cette tâche. La psychologie est la science de l'âme appréhendée de façon moderne comme vécu. Pour autant que ces vécus apparaissent dans une certaine continuité, on parle de flux du vécu (James)[1]. Les vécus relèvent d'une effectivité qui n'appartient pas au monde, mais à laquelle permet d'accéder la contemplation interne de la réflexion, la conscience de soi-même. Ainsi, la conscience désigne aussi toute cette région des vécus. (Descartes – *res cogitans*). En tant que science, la psychologie est la science de la configuration des vécus, de la conscience.

Dilthey hat für diese Wissenschaft noch eine weitere Bezeichnung, die noch deutlicher zeigt, worauf es ihm ankommt : Anthropologie. Er will nicht psychologische Vorgängen neben physiologischen betrachten, sondern sein Thema ist der Mensch als geistiges Wesen, dessen *Strukturen* er erforschen will. Das meint auch die Bestimmung : Realpsychologie. Dilthey grenzt sich damit gegen die spezifisch naturwissenschaftliche Psychologie ab. Dilthey ist in diesen Intentionen abhängig von Versuchen, die schon weiter zurückliegen, was aber diese Deutung von Diltheys grundsätzlich Neuem nicht schmälert. 1874 erschien Brentanos *Psychologie vom empirischen Standpunkt.* Eine Schrift im Geiste des Positivismus, die die Notwendigkeit betonte, den seelischen Tatbestand aufzunehmen, bevor nach den Gesetzen des Ablaufs seelischen Geschehens gefragt werden könne. Um eine Gesetzesverfassung ablesen zu können, muß man zuvor die primären Strukturen kennen. Brentano war ursprünglich katholischer Theologe, Schüler Trendelenburgs, 1870 ausgetreten und zum Studium der Philosophie übergegangen, doch blieb die historische Tradition, mit der er durch die Theologie in Berührung kam, für ihn lebendig (Mittelalter und Aristoteles). Die griechische Psychologie war etwas anderes als Experimentalpsychologie. Psychologie war hier Lehre vom Leben, vom menschlichen Sein selbst. (Von Brentanos Psychologie, die nicht seelische Abläufe erklären, sondern Grundverfassungen beschreiben will, ist nicht nur Dilthey, sondern auch Husserl bestimmt.) Dilthey will die Strukturen des Psychischen erforschen, und es ist wesentlich, daß er in ihnen nicht bloße Formen seelischen Daseins versteht, in die sie hineingeordnet werden, sondern sie als zur Realität des seelischen Lebens selbst gehörig versteht. Das bezeichnet die äußerste Position, zu der Dilthey im Begriff des Lebens vorgedrungen ist : die Strukturen als primäre lebendige Einheit des Lebens selbst, nicht als bloße Ordnungsschemen seiner Erfassung.

Die Abgrenzung dieser Psychologie gegen die positiv-naturwissenschaftliche unternimmt Dilthey in seinen *Ideen über eine beschreibende und zergliedernde Psychologie* (1894). Seine Psychologie ist *beschreibend* und nicht erklärend, zergliedernd und nicht konstruierend. Die naturwissenschaftliche Psychologie überträgt die Methoden der Physik auf die Psychologie, sie sucht in der Messung von Regelmäßigkeiten Gesetzmäßigkeiten zu fassen. Weil sie das tut, ohne das Seelische vorher zu befragen auf sein Sein, muß sie bestimmte Hypothesen, Vormeinungen umsetzen, die nicht bewiesen und beweisbar sind. Eine Hypothese wird gerechtfertigt aus den Resultaten. Sofern nun aber die Hypothese nicht durch vorherige Anschauung der befragten Sache fundiert ist, ist alles auf ihr Aufgebaute

Pour cette science, Dilthey fait également usage d'une autre dénomination désignant plus clairement ce qui lui importe : anthropologie. Il ne veut pas considérer des processus psychologiques à côté d'autres processus physiologiques, mais son thème, c'est l'homme en tant qu'être spirituel dont il cherche à connaître les *structures*. C'est ce que signifie aussi la détermination de « psychologie concrète ». Dilthey se démarque ainsi de la psychologie en tant que science naturelle. Le fait que ce projet dépende de tentatives antérieures n'enlève rien à la nouveauté fondamentale de son interprétation. En 1874 paraissait la *Psychologie du point de vue empirique* de Brentano. Un écrit dans l'esprit du positivisme qui mettait l'accent sur la nécessité de prendre en compte le fait psychique avant de se mettre en quête des lois relatives au cours du devenir psychique. La connaissance préalable des structures primitives est nécessaire pour parvenir à une connaissance de cette légalité. Initialement théologien catholique, élève de Trendelenburg, et défroqué en 1870, Brentano est passé à l'étude de la philosophie, mais, pour lui, la tradition historique (le Moyen Âge et Aristote) qu'il connut à travers la théologie restait vivante. La psychologie grecque était autre chose que la psychologie expérimentale. Là, la psychologie était la doctrine de la vie, de l'être humain lui-même. (Ce n'est pas seulement Dilthey, mais aussi Husserl qui est déterminé par la psychologie de Brentano qui cherche non à expliquer les processus psychiques, mais à décrire des constitutions fondamentales). Dilthey veut explorer les structures psychiques, et il est essentiel qu'il ne les comprenne pas comme de simples formes de l'existence psychique dans laquelle elles sont incluses, mais comme appartenant à la réalité de la vie psychique elle-même. Telle est la position extrême à laquelle Dilthey est poussé en pensant le concept de la vie : les structures en tant qu'unité vivante primitive de la vie elle-même, et non en tant que simples schémas organisateurs de son appréhension.

Dans ses *Idées pour une psychologie descriptive et analytique* (1894), Dilthey entreprend de délimiter cette psychologie vis-à-vis de celle qui est positiviste et relève des sciences de la nature. Sa psychologie est *descriptive* et non *explicative*, *analytique*, et non *constructiviste*. La psychologie en tant que science de la nature transpose les méthodes de la physique dans le champ de la psychologie ; elle cherche à saisir une légalité en mesurant des régularités. Dans la mesure où elle le fait sans avoir antérieurement interrogé le psychique quant à son être, elle doit recourir à des hypothèses déterminées, à des présupposés, qui ne sont pas prouvés et ne peuvent pas l'être. Ce sont les résultats qui légitiment une hypothèse. Mais dans la mesure où l'hypothèse n'est pas fondée sur la vision antérieure de la chose en question, tout ce qui est échafaudé à partir d'elle a

nur von hypothetischer Gewißheit. Eine solche Psychologie kann niemals Fundamentalwissenschaft der Geisteswissenschaft sein. Eine solche Psychologie versuchte *Wundt* in seiner *Physiologischen Psychologie* [1]. Das Psychische wird im Zusammenhang mit dem Physischen betrachtet, wobei beides mit derselben Methode zugänglich gemacht werden soll.

Zergliedernd – auch analytisch – nennt Dilthey seine Psychologie im Gegensatz zur Konstruktion, welche das Grundverhalten der naturwissenschaftlichen Psychologie ist. Sie versucht wie die Physik eine Rückleitung auf letzte Elemente. Wie diese die Natur auf Elementen aufbaut, sucht man es auch mit der Seele zu machen. Man sieht das letzte Element in der Empfindung. Aus Empfindungskomplexen sucht man Phänomene wie Wille, Haß und dergleichen zusammenzusetzen. Es ist kein Zufall, daß diese Psychologie die Sinnesdaten als Urelemente ansah. Denn hier sind die naturwissenschaftlichen Methoden der Erfassung durch Messung am ehesten möglich. Die naturwissenschaftliche Psychologie ist daher wesentlich Sinnespsychologie. (Heute ist auch diese Art der Psychologie – mitbestimmt durch die Phänomenologie – zu neuen Fragestellungen gekommen und hat ein ganz anderes Gesicht als zu Diltheys Zeit.) Dieser Psychologie war die Konstruktion dann auch der Weg zur Erklärung des seelischen Zusammenhangs.

Diesen Tendenzen gegenüber kommt es Dilthey darauf an, zunächst einmal den seelischen Zusammenhang zu sehen. Dieser Zusammenhang ist ihm das Primäre, das Ganze des Lebens selbst. Der Zusammenhang ist immer schon da, nicht erst aus Elementen aufzubauen. Er ist als erstes festzuhalten, und aus ihm sind seine Glieder herauszulösen. Diese Auflösung ist keine solche in Elemente, sondern eine Ablösung der primär gegebenen Strukturen. Seelisches Leben ist ursprünglich immer in seiner Ganzheit gegeben, und zwar in drei Grundbestimmungen :

1. Es entwickelt sich.
2. Es ist frei und
3. es ist bestimmt durch einen erworbenen Zusammenhang, d.h. es ist geschichtlich.

Zur Abhebung beschreiben wir die Art, wie man versuchte, das Sehen zu verstehen. Man glaubte, es aus der Anhäufung von Empfindungen verstehen zu können. Man sieht nicht, daß das Sehen das primäre ist,

1. W. *Wundt : Grundzüge der physiologischen Psychologie*. Leipzig, 1874.

une certitude purement hypothétique. Une telle psychologie ne saurait jamais être la science fondamentale de la science de l'esprit. C'est à une telle psychologie qu'œuvrait *Wundt* dans sa *Psychologie physiologique*[1]. Le psychique est considéré en corrélation avec le physique, tous deux étant supposés être accessibles par la même méthode.

Dilthey appelle articulante – et aussi analytique – sa psychologie, par opposition à la construction qui caractérise le comportement fondamental de la psychologie en tant que science naturelle. Comme la physique, cette dernière tente une reconduction à des éléments ultimes. Comme elle édifie la nature à partir d'éléments, on tente de procéder de la même manière avec l'âme. On voit dans la sensation l'élément ultime. À partir de complexes de sensations, on cherche à composer des phénomènes comme la volonté, la haine et des choses de ce genre. Ce n'est pas par hasard que cette psychologie a considéré les données sensibles comme des éléments originaires. C'est en effet là qu'il est le plus possible de mettre en œuvre les méthodes d'appréhension par la mesure propres aux sciences de la nature. C'est pourquoi la psychologie en tant que science naturelle est essentiellement une psychologie des sens. (Également déterminée de nos jours par la phénoménologie, ce genre de psychologie en est venue à se poser de nouvelles questions, et elle a un tout autre visage qu'à l'époque de Dilthey). La construction de la psychologie était également sur le chemin de l'explication de la structure psychique.

À l'encontre de ces tendances, il s'agit d'abord pour Dilthey de voir la configuration psychique. À ses yeux, celle-ci est première, le tout de la vie elle-même. La configuration est toujours déjà là, et non pas à édifier à partir d'éléments. C'est d'elle qu'il faut partir et c'est à partir d'elle que doivent être analysés ses éléments. Cette analyse ne remonte pas à des éléments, mais elle vise les structures primitivement données. Originairement, la vie psychique est toujours donnée dans sa totalité, et cela en trois déterminations fondamentales.

1. Elle se développe.
2. Elle est libre, et
3. elle est déterminée par une configuration acquise, c'est-à-dire qu'elle est historique.

Pour souligner la spécificité de cette approche, nous allons décrire la façon dont on essayait de comprendre la vision. On pensait pouvoir la comprendre à partir de l'accumulation de sensations. On ne voit pas que le voir est primitif,

1. W. Wundt, *Éléments de psychologie physiologique*, trad. Élie Rouvier, Paris, Alcan, 1886.

daß es erst die Aufnahme und Deutung der Empfindungsdaten bestimmt; entsprechend bei Gedächtnis und Erinnerung, die man aus der Assoziation zu erklären sucht. Umgekehrt ist schon die gemeinsame Erfassung zweier Tatbestände verschiedener Zeit Erinnerung, und Assoziation ist nur ein bestimmter Vorfall der Erinnerung.

Die Grundbestimmung des seelischen Zusammenhangs ist das Selbst, die Selbigkeit der Person, des Ichs. Dieses ist bedingt von einer Außenwelt. Sie wirkt auf das Selbst ein und umgekehrt das Selbst auf sie. Es besteht ein bestimmter Wirkungszusammenhang zwischen Selbst und Außenwelt. *(Vom Ursprung unseres Glaubens an die Realität der Außenwelt und seinem Recht).* Dieser ganze Zusammenhang : Selbst und Welt ist in jedem Moment da. Dies Dasein besagt aber nicht notwendig, daß Leben um diese Grundstruktur weiß. Der Zusammenhang ist ein solcher, der kontinuierlich ist. Dem Bewußtsein ist immer etwas gegenwärtig. Für den Bewußtseinsstand, im Querschnitt genommen gleichsam, ergibt sich gleichmäßig ein denkmäßiges, gefühlsmäßiges und willensmäßiges Verhalten in jedem Moment. Die innere Beziehung dieser Momente macht die eigentliche Struktur des Bewußtseins aus. Diese Struktur ist etwas, was vom Leben selbst erlebt wird, Erlebnis, d.h. Selbsterfahrung des seelischen Lebens selbst, d.h. nichts anderes als Selbsterfahrung des Menschen, sofern er durch eine Welt bestimmt ist. Diese Bestimmung ist keine kausale, der Zusammenhang ist vielmehr einer des Motivs und der Motivation. Seelisches Leben ist bestimmt als Zweckzusammenhang. Diese Bestimmung beweißt sich zunächst beim Einzelleben. Sofern Leben : Leben mit andern ist, sind noch die Strukturen des Miteinanderlebens herzustellen. Wie ist ursprünglich das Leben des Anderen gegeben? Als erkenntnistheoretische Frage stellt sie sich dar als die nach der Erkenntnis fremden Bewußtseins. Diese Frage ist aber prinzipiell verfehlt, weil sie übersieht, daß Leben primär immer schon Leben mit den Andern, Wissen um seine Mitmenschen ist. Doch ist Dilthey diesen Fragen nicht näher nachgegangen. Wesentlich ist ihm, daß der Strukturzusammenhang des Lebens erworben ist, d.h. daß es bestimmt ist durch seine Geschichte.

Wie ist nun diese grundsätzliche Forschung Diltheys aufgenommen worden? Die neukantische Marburger Schule, deren Interessen wesentlich durch die erkenntnistheoretische Fragestellung bestimmt sind, kümmert sich überhaupt nicht um Dilthey. – Die südwestdeutsche Schule stand außer dem Einfluß von Kant zugleich unter dem von Fichte. Sie nahm Diltheys Anregungen auf. Windelband: *Rektoratsrede.*

qu'il détermine la perception et l'interprétation des données sensibles; en particulier en ce qui concerne la mémoire et le souvenir que l'on tente d'expliquer à partir de l'association. La saisie commune de deux états de fait situés en des temps différents est au contraire déjà un souvenir, et l'association n'est qu'un cas particulier du souvenir.

La détermination fondamentale de la configuration psychique est le soi, l'ipséité de la personne, du je. Ce dernier est déterminé par un monde extérieur. Il agit sur le soi qui, inversement, agit sur lui. Il existe une connexion déterminée d'effets entre le soi et le monde extérieur (*De l'origine de notre croyance à la réalité du monde extérieur et de sa légitimité*). L'ensemble de cette configuration du soi et du monde est donné à chaque instant. Néanmoins, cette existence n'implique pas nécessairement que la vie ait un savoir de cette structure fondamentale. Cette configuration a pour particularité d'être permanente. Quelque chose est toujours actuellement donné à la conscience. Vu pour ainsi dire en coupe transversale, l'état de conscience doit ainsi être pensé à chaque instant comme un comportement simultanément pensif, émotif et volitif. La relation interne entre ces moments constitue la véritable structure de la conscience. Cette structure est quelque chose de vécu par la vie elle-même, un vécu, c'est-à-dire l'expérience que la vie psychique fait d'elle-même, autrement dit, rien d'autre que l'expérience que l'homme fait de lui-même pour autant qu'il est déterminé par un monde. Cette détermination n'est pas d'ordre causal, la configuration est celle du motif et de la motivation. La vie psychique est déterminée en tant que configuration finale. C'est d'abord dans la vie individuelle que s'atteste cette détermination. Dans la mesure où la vie est vie avec d'autres, il reste à dégager les structures de la vie commune. Comment la vie de l'autre est-elle originellement donnée? En tant qu'elle relève de la théorie de la connaissance, c'est la question de savoir comment est possible la connaissance d'une conscience étrangère. Mais cette question est principiellement faussée, car elle méconnaît le fait que la vie est primitivement toujours déjà vie avec les autres, connaissance de ses semblables. Dilthey n'a pourtant pas approfondi ces questions. À ses yeux, l'essentiel, c'est que la configuration structurée de la vie est héritée, c'est-à-dire qu'elle est déterminée par son histoire.

Comment cette recherche fondamentale de Dilthey a-t-elle été reçue? L'école néokantienne de Marburg, dont les intérêts sont essentiellement déterminés par la problématique de la théorie de la connaissance, ne se soucie pas du tout de Dilthey. En dehors de Kant, l'école allemande du Sud-ouest était également sous l'influence de Fichte. Elle reçut les impulsions de Dilthey. Le *Discours de rectorat* de Windelband,

Rickert: *Grenzen der naturwissenschaftlichen Begriffsbildung*[1]. Hier wird das mißverstandene Problem Diltheys bis zur Unkenntlichkeit veräußerlicht. Diltheys letztes Interesse lag an dem geschichtlichen Sein; Rickert interessiert nicht einmal mehr die Erkenntnis der Geschichte, sondern nur ihre Darstellung. Sein Resultat: Der Historiker stellt die Einmaligkeit dar, der Naturwissenschaftler das Allgemeine. Dieser treibt Generalisierung, jener Individualisierung. Das ist eine bloß formale Ordnung, die so wahr ist, daß sie nicht bestritten werden kann, aber so leer, daß daraus nichts zu entnehmen ist. Für Windelband und Rickert ist nun Psychologie als generalisierende Wissenschaft Naturwissenschaft und daher, so schließt man, kann sie nicht Grundlage der Geisteswissenschaft sein, denn eine Wissenschaft vom Allgemeinen kann nicht Grundlage einer Wissenschaft vom Besonderen sein. Dieser Analogieschluß – vom Verhältnis der Mathematik und Physik genommen – übersieht völlig, daß selbst in diesem Verhältnis Allgemeinheit eine ganz leere formale Bestimmung ist. Die Allgemeinheit der Mathematik ist eine ganz andere als die der Physik; die der Mathematik ist die einer bloßen Formalisierung, während die der Physik als Generalisierung zu verstehen ist. Doch nicht das ist das Wesentliche, sondern dies: Sich klar zu machen, daß die positive Tendenz Diltheys mit einem Strich aus der Welt geschafft ist. Man kümmert sich nicht darum, daß Dilthey eine Psychologie herausstellen wollte, die nicht Naturwissenschaft sein will und kann. Man sagt einfach: Für uns ist Psychologie Naturwissenschaft. Es ist nur die innere Konsequenz, daß sich Rickert gegen die Lebensphilosophie gewandt hat in äußerlichen Angriffen, die sachlich die Forschung nicht weiterbringen, die aber – das ist bezeichnend! – im Prinzip wahr sind. Er meint, es komme für die Philosophie darauf an, von ihrer Sache, die sie erforscht, einen Begriff zu bilden. Das ist richtig, aber die Lebensphilosophie will ja auch gerade den Begriff des Lebens herausbilden, seine Begrifflichkeit erarbeiten. Die Forderung, einen Begriff zu bilden, ist aber eine leere; die eigentliche Substanz der Wissenschaft ist das Verhältnis zur *Sache*. Die Änderung des Verhältnisses zur Sache ist auch das Primäre für jede Umbildung einer Wissenschaft.

Wenn wir nun die Lebensarbeit Diltheys als Forschung ansehen, so müssen wir die kritische Frage stellen, fragen, wieweit Dilthey gekommen ist, wo und worin er versagt. Wir müssen seine Frage wiederholen und tun das auf dem Boden einer Forschung, die uns hierfür Mittel an die Hand gibt, die geeignet sind, uns gegenüber der Position Dilthey weiterzubringen, – der *Phänomenologie*.

1. H. Rickert: *Die Grenzen der naturwissenschaftlichen Begriffsbildung*. Tübingen und Leipzig, 1902.

Les Limites de la formation des concepts propres aux sciences de la nature[1] de Rickert. Là, on passe de la mécompréhension du problème diltheyen à son oubli. L'intérêt ultime de Dilthey concernait l'être historique ; ce n'est même pas la connaissance historique qui intéresse plus Rickert, mais son exposition. Son résultat : l'historien expose le singulier, alors que le chercheur dans les sciences de la nature expose le général. Ce dernier pratique une généralisation, l'autre une individualisation. C'est un ordre purement formel si vrai qu'il ne peut être contesté, mais si vide qu'on ne peut rien en retirer. Pour Windelband et Rickert, la psychologie en tant que science généralisante est une science de la nature, et, de ce fait, on en conclut qu'elle ne saurait fonder la science de l'esprit, car une science du général ne peut fonder une science du particulier. Tiré de la relation entre mathématique et physique, ce raisonnement par analogie manque complètement le fait que, même dans cette relation, la généralité est une détermination formelle entièrement vide. La généralité de la mathématique diffère totalement de celle de la physique ; la première est celle d'une pure formalisation, alors que la seconde relève d'une généralisation. Ce qui est essentiel est néanmoins ailleurs : réaliser que la tendance positive de Dilthey est supprimée d'un trait du monde. On ne se soucie pas du fait que Dilthey voulait élaborer une psychologie qui ne veut et ne peut pas être une science de la nature. On dit simplement : pour nous, la psychologie est une science de la nature. Les attaques publiques de Rickert contre la philosophie de la vie, concrètement stériles pour la recherche, mais qui – et cela est caractéristique – sont en leur principe sincères, en sont seulement la conséquence. Il pense qu'il s'agit pour la philosophie de former un concept de la chose sur laquelle porte sa recherche. C'est juste, mais la philosophie de la vie veut précisément dégager le concept de la vie, élaborer sa conceptualité. En revanche, l'exigence de former un concept est creuse ; la véritable substance de la science est la relation à la *chose*. La modification de cette relation est également primordiale chaque fois qu'une science se transforme.

Si nous considérons maintenant le travail auquel Dilthey a consacré sa vie en tant que recherche, il faut se poser la question critique de savoir à quoi il est parvenu, où et en quoi il échoue. Il nous faut répéter sa question et le faire sur le sol d'une recherche qui nous donne les moyens d'aller au-delà de sa position : celui de *la phénoménologie*.

1. En l'absence d'une traduction française de *Die Grenzen der naturwissenschaftlichlen Begriffsbildung* de Rickert, on pourra se reporter à son ouvrage *Les Problèmes de philosophie de l'histoire* (3e éd. 1924), trad. B. Hébert, Toulouse, Presses Universitaires du Mirail, 1998 (*N.d. T.*).

V.

Die Ausbildung einer historischen Weltanschauung gründet in der historischen Forschung. – (Yorck: «Das uns gemeinsame Interesse, Geschichtlichkeit zu verstehen»[1]) – Es kommt darauf an, das Sein des Geschichtlichen herauszuarbeiten, Geschichtlichkeit, nicht Geschichtliches, Sein, nicht Seiendes, Wirklichkeit, nicht Wirkliches. Es handelt sich also nicht um eine Frage der empirischen Geschichtsforschung; selbst mit einer Universalgeschichte hätte man noch nicht Geschichtlichkeit. Dilthey ist zu der Realität vorgedrungen, die im eigentlichen Sinne ist im Sinne des Geschichtlichseins, zum menschlichen Dasein. Dilthey gelangt dazu, diese Realität zur Gegebenheit zu bringen. Er bestimmt sie als lebendig, frei und geschichtlich. Er stellt aber nicht die Frage nach der Geschichtlichkeit selbst, die Frage nach dem Seinssinn, nach dem Sein des Seienden. Diese Frage klarzustellen, sind wir erst imstande seit der Ausbildung der Phänomenologie. Wir müssen uns also die Forschung, die für diese Frage den Boden bereitet, vor Augen stellen.

Der Ausdruck ist zunächst verwickelt und fremd, aber in seiner Bedeutung einfach. Wir verdeutlichen uns zunächst den Sinn der Sache, um daran den Namen zu verstehen, und zwar in fünf Abschnitten:

1. Die Grundhaltung der Phänomenologie als einer neuen Richtung philosophischer Forschung. Ihr Verhältnis zur traditionellen, zeitgenössischen Philosophie.
2. Der erste Durchbruch in Husserls *Logischen Untersuchungen*.
3. Die Charakterisierung ihrer entscheidenen Entdeckungen: Intentionalität und kategoriale Anschauung.
4. Der Name Phänomenologie.
5. Die Grenzen der bisherigen phänomenologischen Forschung.

Die Grundhaltung der phänomenologischen Forschung ist bestimmt durch ein Prinzip, das zunächst selbstverständlich erscheint: *Zu den Sachen*. In unserer Frage nach der Geschichtlichkeit handelt es sich also darum, die geschichtliche Wirklichkeit so zur Gegebenheit zu bringen, daß der Sinn ihres Seins ablesbar wird. Die Begriffe aus den Sachen nehmen, aus den Sachen selbst heraus philosophieren, das ist scheinbar eine Selbstverständlichkeit. Aber eben nur scheinbar. Forschung und Leben haben die eigentümliche Tendenz, das Schlichte, Ursprüngliche, Echte zu überspringen und sich im Komplizierten, Abgeleiteten, Unechten aufzuhalten. Das gilt nicht

1. *Briefwechsel Dilthey-Yorck*, a.a. O., 185.

V.

La formation d'une vision du monde historique a pour fondement la recherche historique. (Yorck : « L'intérêt qui nous est commun, comprendre l'historicité »). Il s'agit d'élaborer l'être de l'historicité, l'historicité et non l'historique, l'être et non l'étant, l'effectivité et non l'effectif. Il ne s'agit donc pas d'une question relevant de la recherche historique empirique ; même avec une histoire universelle, on n'aurait pas encore affaire à l'historicité. Dilthey s'est frayé une voie vers la réalité qui est authentiquement au sens de l'être historique, vers le *Dasein* humain. Dilthey parvient à transformer cette réalité en un donné. Il la détermine comme vivante, libre et historique. Mais il n'interroge pas l'historicité elle-même, il ne pose pas la question relative au sens de l'être, à l'être de l'étant. C'est seulement depuis le développement de la phénoménologie que nous sommes aujourd'hui capables de poser clairement cette question. Il nous faut donc considérer la recherche préparant le sol de cette question.

L'expression est immédiatement complexe et étrange, mais sa signification est simple. Nous éclairerons d'abord le sens de la chose afin de comprendre le terme, et cela en cinq sections :

1) L'attitude fondamentale de la phénoménologie en tant que nouvelle direction de la recherche philosophique. Sa relation à la philosophie traditionnelle et contemporaine.
2) La première percée dans les *Recherches logiques* de Husserl.
3) La caractérisation de ses découvertes décisives : intentionnalité et intuition catégoriale.
4) Le nom de phénoménologie.
5) Les limites actuelles de la recherche phénoménologique.

L'attitude fondamentale de la recherche phénoménologique est déterminée par un principe qui semble immédiatement aller de soi : *Aux choses*. En ce qui concerne notre question relative à l'historicité, il s'agit donc de faire que l'effectivité historique devienne un donné de telle sorte que le sens de son être devienne lisible. Tirer les concepts des choses, philosopher à partir des choses mêmes, cela semble aller de soi. Mais ce n'est précisément qu'une apparence. La tendance propre à la recherche et à la vie est de sauter par-dessus le simple, l'originaire, l'authentique, et de se maintenir dans le compliqué, le dérivé, l'inauthentique. Cela ne vaut pas

nur für heute, sondern für die ganze Geschichte der Philosophie. Die heutige Philosophie ist traditionell; sofern sie neu ist, liegt ihr Interesse in der Erneuerung einer vorgegebenen Philosophie, nicht in einer neuen Fragestellung nach den Sachen. Die traditionelle Philosophie hat zunächst Meinungen über Sachen, Begriffe, die hinsichtlich ihrer einstmaligen ursprünglichen Angemessenheit nicht befragt werden. Demgegenüber postuliert die Phänomenologie das Vordringen zu den Sachen selbst.

Mit einem Postulat ist es hier natürlich nicht getan. Das erste der Phänomenologie war auch kein Programm, sondern eine Durchführung. Diese behandelt scheinbar ganz primitive und elementare Sachen. Aber, auf Selbstverständliches zurückgehen, was dem alltäglichen Bewußtsein verdeckt ist, ist immer der eigentliche Gang großer Entdeckungen. Jeder große Entdecker stellt eine Frage elementar. Mit ihrem neuen Prinzip, das seit der klassischen Zeit verdeckt war, und von ihr wieder entdeckt wurde, will sich die Phänomenologie nicht außerhalb der Geschichte stellen als von ihr unberührt. Das ist nicht möglich, denn jede Entdeckung steht in geschichtlicher Kontinuität, ist durch die Geschichte mitbestimmt. In der Phänomenologie selbst sind geschichtliche Motive lebendig, die zum Teil traditionelle Fragestellungen und Ansätze bedingen und den eigentlichen Zugang zu den Sachen verdecken. Die Phänomenologie muß erst nach und nach immer mehr in die Möglichkeit kommen, sich von der Tradition loszumachen, um dann die Philosophie der Vergangenheit für sich frei zu machen und eigentlich anzueignen. Aus der Art der phänomenologischen Forschung ergibt sich notwendig eine Verschiedenheit der Richtungen, als Richtungen des Fragens. Es gibt aber keine phänomenologische Schule. Es gibt verschiedene Richtungen der Arbeit, die sich selbst gegenseitiger Kritik unterwerfen. Jeder Satz gilt nur, soweit er ausweisbar ist. Persönliche Meinungen sind zwar nie ganz auszuschalten, haben aber kein Gewicht.

Der erste Durchbruch dieser Forschung erfolgte 1900-1901 in den *Logischen Untersuchungen* Husserls. Die *Logischen Untersuchungen* sind das eigentliche Grundbuch der Phänomenologie. Wir können seinen Inhalt hier nicht besprechen. Das widerspräche auch dem phänomenologischen Prinzip, da für sie eine Ausweisung des Vorgetragenen nicht möglich wäre; und dieses den Sachen-nachgehen ist gerade das Wesentliche. Das bedarf einer Schulung, die keine Hexerei, kein Trick ist, sondern eine wissenschaftliche Methode, zu der natürlich wie zu jeder eine gewisse Anlage gehört, die aber auch nur in langjährigem Umgang mit den Sachen ausgebildet werden kann.

seulement pour notre époque, mais pour toute l'histoire de la philosophie. La philosophie actuelle est traditionnelle ; pour autant qu'elle est nouvelle, elle vise à renouveler une philosophie antérieure, et non le questionnement des choses. La philosophie traditionnelle a immédiatement des opinions relatives aux choses, des concepts qui ne sont pas interrogés quant à leur convenance originaire initiale. La phénoménologie postule en revanche la nécessité de se frayer une voie vers les choses mêmes.

On n'y parvient évidemment pas par un postulat. Ce qui était premier dans la phénoménologie, ce n'était pas un programme, mais un accomplissement. Celui-ci traite apparemment de choses tout à fait élémentaires et primitives. Mais revenir aux évidences qui se dérobent à la conscience immédiate est toujours la véritable voie conduisant aux grandes découvertes. Tout grand découvreur pose une question de façon élémentaire. Avec son nouveau principe qui était recouvert depuis l'époque classique, la phénoménologie ne veut pas se placer en dehors de l'histoire comme si elle n'en était pas affectée. C'est impossible dans la mesure où toute découverte s'insère dans une continuité historique, où elle est co-déterminée par l'histoire. Dans la phénoménologie elle-même vivent des motifs historiques qui, partiellement, conditionnent des questionnements et des coups d'envoi traditionnels et recouvrent l'accès véritable aux choses. Il faut que la phénoménologie parvienne à se libérer graduellement toujours plus de la tradition afin de pouvoir accéder à la philosophie du passé et se l'approprier véritablement. Du mode de recherche phénoménologique résulte nécessairement une diversité de directions en tant que directions de questionnement. Mais il n'y a pas d'école phénoménologique. Il y a des directions différentes de travail qui se critiquent les unes les autres. Tout énoncé ne vaut que dans la mesure où il est justifiable. Il est assurément impossible d'éliminer toutes les opinions personnelles, mais celles-ci ne tirent pas à conséquence.

La première percée de cette recherche eut lieu en 1900-1901 dans les *Recherches logiques* de Husserl. Les *Recherches logiques* sont le véritable livre fondateur de la phénoménologie. Il ne nous est pas possible de rendre compte ici de son contenu. Cela contredirait aussi le principe phénoménologique car il serait impossible de justifier ce qui serait exposé ; et le fait de s'enquérir des choses est précisément l'essentiel. Cela implique un apprentissage qui ne relève pas d'un tour de magie ou d'adresse, mais d'une méthode scientifique ; comme toute méthode, elle suppose naturellement une certaine disposition qui ne peut évidemment se développer sans un commerce, des années durant, avec les choses.

Wir versuchen vielmehr auf einem Umweg die beiden entscheidenden Entdeckungen klar zu machen, die es gestatten, die Frage Diltheys phänomenologisch neu zu stellen, Intentionalität und kategoriale Anschauung. Intentio ist abzielen auf etwas. Dieser Ausdruck bezeichnet im Mittelalter eine Bestimmung des seelischen Verhaltens. Jedes Denken ist Denken *von* etwas, jedes Wollen Wollen *von* etwas etc, jedes Erlebnis ist Erlebnis *von* etwas. Diese Selbstverständlichkeit hat ihre fundamentale Bedeutung. Wenn wir uns dies Sich-richten auf etwas vergegenwärtigen, so haben wir zugleich mitgegeben das Worauf dieses Sich-richtens so, wie es in dem betreffenden Akt vermeint ist. Wir erfahren das Gemeinte in den Bestimmungen seines Gemeintseins. Wir haben also die Möglichkeit, die erfahrene Welt hinsichtlich ihres Daseins zu befragen. Wir können Seiendes in seinem Sein sehen lernen. So ist die wissenschaftliche Basis gewonnen für die Frage nach dem Sein des Seienden. Die phänomenologische Forschung betrachtet nun nicht einfach einen Seinsbezirk, sondern es kommt ihr darauf an, alle Bezirke, die es gibt, zu durchforschen hinsichtlich ihrer Seinsstruktur. So bekommt die Philosophie wieder die Möglichkeit, den Wissenschaften vorauszugehen. Sie braucht nicht mehr allgemeiner und schlechter zu sagen, was die Einzelwissenschaften schon genauer und besser gesagt haben. Wie einst Plato der Geometrie den Weg öffnete, so hat die Philosophie wieder die Möglichkeit, den Wissenschaften ihr Gebiet zu erschließen, ihnen durch die Grundbestimmungen den Leitfaden für ihre Forschungen zu geben. So hat die Phänomenologie ihre Stätte bei der Forschung selbst, an den Universitäten. Sie will die Studenten nicht zu Philosophen machen, sondern zu wissenschaftlichen Menschen, die ein Bewußtsein ihrer eigenen Wissenschaft haben. Und keine andere war auch die Wirksamkeit Platos und Aristoteles in Akademie und Lykeion.

Die zweite Entdeckung, die kategoriale Anschauung, können wir nur kurz berühren. Wir haben vorhin das Sein von dem Seienden unterschieden. Das Sein ist nicht wie das Seiende sinnlicher Anschauung zugänglich. Trotzdem muß der Sinn dieses Seins, das was gemeint ist, wenn ich sage : « ist », irgendwie ausweisbar sein. Der Akt, der den Zugang hierzu öffnet, ist die kategoriale Anschauung.

Die Philosophie soll also nach der Forderung der Phänomenologie einen Begriff nicht verwaschen, obenhin gebrauchen, sondern das in ihm Gemeinte zugänglich machen, so daß es sich an ihm selbst zeigt : φαινόμενον – λόγος. Phänomenologie ist also Ansprechen und Bestimmen dessen, was sich von ihm selbst her zeigt. So liegt schon in dem Namen der Hinweis auf das Prinzip : zu den Sachen. Die phänomenologische Forschung hat sich in ihrem ersten Durchbruch wesentlich beschränkt auf die theoretischen Erlebnisse,

Nous tenterons plutôt de prendre un détour pour éclairer les deux découvertes décisives qui permettent de renouveler phénoménologiquement l'interrogation diltheyenne : l'intentionnalité et l'intuition catégoriale. L'*intentio* est un viser quelque chose. Au Moyen Âge, cette expression désigne une détermination du comportement psychique. Tout penser est un penser *de* quelque chose, tout vouloir un vouloir quelque chose, etc, tout vécu un vécu de quelque chose. Cette évidence a une signification fondamentale. Si nous nous représentons (cet acte) de se diriger vers, (la chose) vers laquelle il se dirige nous est simultanément donnée telle que cela est entendu dans l'acte lui correspondant. Nous faisons l'expérience du visé dans les déterminations de son être visé. Nous avons donc la possibilité d'interroger le monde dont nous faisons l'expérience du point de vue de son être-là. Nous pouvons apprendre à voir l'étant dans son être. On a ainsi atteint la base scientifique permettant d'interroger l'être de l'étant. La recherche phénoménologique ne considère pourtant pas simplement un domaine de l'être, mais elle a pour tâche de scruter tous les domaines existant quant à leur structure d'être. La philosophie retrouve ainsi la possibilité de précéder les sciences. Elle n'a plus besoin de dire de façon plus générale et plus mal ce que les sciences particulières ont déjà dit de façon plus précise et meilleure. De même que Platon a jadis ouvert la voie à la géométrie, la philosophie a de nouveau la possibilité d'ouvrir aux sciences leur domaine, de leur donner grâce aux déterminations fondamentales le fil directeur nécessaire à leurs recherches. La phénoménologie a ainsi sa place dans la recherche universitaire elle-même. Des étudiants, elle ne veut pas faire des philosophes, mais des scientifiques ayant une conscience de leur propre science. Et c'est uniquement en cela qu'a tenu l'action effective de Platon et d'Aristote à l'Académie et au Lycée.

Nous ne pouvons que brièvement parler de la seconde découverte : l'intuition catégoriale. Nous avons antérieurement distingué l'être de l'étant. À la différence de l'étant, l'être n'est jamais donné à l'intuition sensible. D'une manière ou d'une autre, le sens de cet être, ce qui est visé lorsque je dis « est », doit néanmoins pouvoir être exhibé. L'acte qui le permet est l'intuition catégoriale.

Conformément à l'exigence de la phénoménologie, la philosophie ne doit donc pas délaver un concept, l'employer superficiellement, mais donner accès à ce qui est visé en lui de telle sorte que cela se montre soi-même : φαινόμενον – λόγος. La phénoménologie est donc considération et détermination de ce qui se montre à partir de soi-même. L'indication du principe se trouve donc déjà dans le nom : aux choses. À l'époque de sa première percée, la recherche phénoménologique s'est essentiellement bornée aux vécus théoriques,

auf das Denken. Später wurden dann auch die emotionalen Erlebnisse herangezogen. Man sieht aber leicht, daß hierin nichts anderes vorliegt, als eine radikalere Fassung der traditionellen Psychologie. Sie arbeitete noch im weiten Ausmaß im Sinne der alten Psychologie, als schon die Entdeckung der Intentionalität gemacht war, die die ganze Forschung in eine andere Ebene rückte. Husserl selbst mißverstand seine eigene Arbeit, als er das Vorwort[1] schrieb, er gab eine ganz schiefe Interpretation im Sinne einer Auffassung als einer verbesserten Psychologie.

VI.

Für Dilthey ist das eigentlich geschichtliche Sein das menschliche Dasein. Dilthey hebt am Leben bestimmte Strukturen ab; er stellt aber nicht die Frage nach dem Wirklichkeitscharakter des Lebens selbst, nicht die Frage : Welches ist der Sinn von Sein unseres eigenen Daseins ? Weil er diese Frage nicht stellt, hat er auch keine Antwort auf die Frage nach dem Geschichtlichsein. In dem selben Versäumnis steht die bisherige phänomenologische Forschung. Sie setzt das Leben voraus. Wenn sie fragt, was der Mensch sei, hat sie auch nur die traditionelle Antwort : animal rationale. Sinnlichkeit, Verstand, Vernunft als genauere Bestimmungen (bei Kant). Was hält diese Bereiche zusammen? Welches ist der Seinscharakter des ganzen Seins ? Die Phänomenologie bestimmt den Menschen als Erlebniszusammenhang, der durch die Einheit des Ich, als eines Aktzentrums zusammengehalten wird. Nach dem Seinscharakter dieses Zentrums wird nicht gefragt.

Wir wollen jetzt versuchen, eine vorläufige Bestimmung des Seins des Menschen zu geben als Boden für die eigentliche, bei der sich der Sinn des Seins des Menschen herausstellen wird als Zeit. Wir versuchen, phänomenologisch bestimmte Charaktere des Seins am Menschen herauszustellen, menschliches Dasein so zu sehen, wie es sich im täglichen Dasein zeigt. Das ist eine Fundamentalaufgabe, die sich scheinbar im Allerselbstverständlichsten und Nächsten bewegt. Wir sehen aber, dieses Feld des Nächsten ist faktisch am wenigsten entdeckt. Diese Wirklichkeit ist durch überlieferte Fragestellungen vergessen. Wir gehen daher für die eigentliche Erfassung von bestimmten Fehlauffassungen aus.

1. E. Husserl : Einleitung zum 2. Band der *Logischen Untersuchungen*.

à la pensée. Par la suite, elle s'est également occupée des vécus émotionnels. Mais on voit facilement qu'il n'y a là rien d'autre qu'une saisie plus radicale de la psychologie traditionnelle. Dans une large mesure, elle travaillait encore dans le sens de l'ancienne psychologie, alors que la découverte de l'intentionnalité, qui avait déjà eu lieu, poussait toute la recherche à un autre niveau. Husserl a lui-même mécompris le sens de son propre travail lorsqu'il écrivit sa préface[1], son interprétation dans le sens d'une conception en tant que psychologie améliorée était complètement faussée.

VI.

Pour Dilthey, le véritable être historique est le *Dasein* humain. Dilthey fait ressortir de la vie des structures déterminées ; mais il ne pose pas la question relative au caractère effectif de la vie même, la question : quel est le sens de l'être de notre propre *Dasein* ? Comme il ne pose pas cette question, il n'a pas non plus de réponse à la question relative à l'être historique. C'est aussi de la même négligence dont la recherche phénoménologique fait preuve jusqu'à aujourd'hui. Elle présuppose la vie. Lorsqu'elle demande ce qu'il en est de l'homme, elle n'a que la réponse traditionnelle : *animale rationale*. Sensibilité, entendement, raison, en tant que déterminations plus précises (chez Kant). Qu'est-ce qui tient ces domaines ensemble ? Quel est le caractère d'être de l'ensemble de l'être ? La phénoménologie détermine l'homme en tant qu'ensemble vécu dont la cohésion tient à l'unité du moi en tant que centre d'actes. On ne s'interroge pas sur le caractère d'être de ce centre.

Afin de disposer d'un sol permettant de le déterminer véritablement, nous allons maintenant tenter de donner une détermination préalable de l'être de l'homme qui montrera que le sens de l'être de l'homme est le temps. Nous tenterons de dégager phénoménologiquement des caractères déterminés de l'être chez l'homme, de voir le *Dasein* humain tel qu'il se montre dans le *Dasein* quotidien. C'est une tâche fondamentale qui concerne apparemment ce qu'il y a de plus évident et ce qui nous est le plus proche. Mais nous voyons que la sphère de ce qui nous est proche est en réalité ce qu'il y a de moins découvert. Du fait du questionnement traditionnel, cette réalité est oubliée. Afin de la saisir authentiquement, nous partirons donc de conceptions déterminées qui la manquent.

1. Husserl, Introduction au second tome des *Recherches logiques*.

Eine Grundauffassung bestimmt den Menschen als Ich. Sie leitet sich zurück auf Descartes, der in den *Meditationes* ein sicheres Fundament der Gewißheit sucht und im ego als der res cogitans findet. Darauf hat sich, über die Kantische Fragestellung kommend, die Erkenntnistheorie berufen, die dann zu verstehen sucht : wie das Subjekt aus sich heraus zum Objekt kommt, es erkennen kann. Auf diesem Wege vorgehend, glaubt die moderne Erkenntnistheorie eminent kritisch zu sein. Descartes kam es bei der Orientierung an der Geometrie darauf an, für die Philosophie solche Sätze zu gewinnen, aus denen er schließen könnte : nicht darauf, das ganze Sein des Menschen zu vergegenwärtigen, sondern auf ein Axiom für eine Deduktion. Diese Auffassung, daß zunächst nur das Ich gegeben ist, ist unkritisch. Sie hat zur Voraussetzung, das Bewußtsein sei so etwas wie ein Kasten, wo das Ich drinnen und die Realität draußen ist. Von all dem weiß das natürliche Bewußtsein gar nichts. Vielmehr ist es die Urgegebenheit des Daseins, daß es in einer Welt ist. Leben ist eine solche Wirklichkeit, die in einer Welt ist, und zwar so, daß es eine Welt hat. Jedes Lebewesen hat seine Umwelt nicht als etwas, was neben ihm vorhanden ist, sondern das für ihn erschlossen, aufgedeckt da ist. Diese Welt kann sehr einfach sein (für ein primitives Tier). Aber das Leben und seine Welt sind nie zwei Dinge nebeneinander, wie zwei Stühle, die nebeneinander stehen, sondern das Leben « hat » seine Welt. Diese Erkenntnis beginnt allmählich, auch in der Biologie vorzudringen. Man besinnt sich auf die Grundstruktur eines Tieres. Hier ist aber das Wesentliche übersehen, wenn ich nicht sehe, daß das Tier eine Welt hat. Ebenso sind auch wir selbst immer in einer Welt, so daß diese für uns erschlossen ist. Ein Gegenstand wie z. B. ein Stuhl ist lediglich vorhanden. Alles Leben aber ist so da, daß für es eine Welt mit da ist.

Es kommt nun darauf an, die Grundstrukturen zu sehen, in der sich das In-der-Welt-sein abspielt. Wie ist die Welt gegeben? Ursprünglich nicht als Objekt theoretischer Erkenntnis, sondern als Umwelt, als dasjenige, worin ich mich umtue, etwas ausrichte, besorge. Die Gegenstände sind primär nicht Objekte theoretischer Erkenntnis, sondern Sachen, mit denen ich zu tun habe, die Verweisungen in sich tragen, wozu sie dienen, für ihre Verwendung, Brauchbarkeit. Nicht sind zuerst gegeben materielle Dinge im Sinne der Physik. Die Entriegelung der Natur aus der nächstgegebenen Welt ist erst ein komplizierter Prozeß. Die nächste Welt ist die des praktischen Besorgens. Die Umwelt und Umweltgegenstände sind im Raum. Dieser Raum der Umwelt ist nicht der der Geometrie. Er ist wesentlich bestimmt durch die Umgangsmomente der Nähe und Ferne, der

Une conception fondamentale détermine l'homme en tant que moi. Elle remonte à Descartes qui cherche dans les *Méditations* un fondement sûr de la certitude et le trouve dans l'ego en tant que *res cogitans*. Issue du questionnement kantien, une théorie de la connaissance s'est appuyée sur cela en cherchant à comprendre comment le sujet sort de lui-même pour atteindre un objet, comment il peut le connaître. La théorie de la connaissance moderne croit être éminemment critique en empruntant ce chemin. En s'orientant sur la géométrie, il s'agissait pour Descartes de parvenir en philosophie à des propositions telles qu'il pourrait conclure, de se représenter non l'être global de l'homme, mais un axiome permettant une déduction. Cette conception selon laquelle seul le moi est immédiatement donné n'est pas critique. Elle présuppose que la conscience serait comme une boîte dont l'intérieur contiendrait le moi et par rapport à laquelle la réalité serait extérieure. La conscience naturelle ignore tout cela. La donnée originaire du *Dasein*, c'est au contraire qu'il est au monde. La vie est une effectivité telle qu'elle est dans un monde, et cela de telle sorte qu'elle a un monde. Tout être vivant a son monde ambiant non comme quelque chose de disponible à côté de lui, mais qui lui est ouvert, qui est là, à découvert. Ce monde peut être très simple (pour un animal primitif). Mais la vie et son monde ne sont jamais deux choses juxtaposées comme deux chaises côte à côte, la vie « a » au contraire son monde. Cette connaissance commence aussi à pénétrer progressivement la biologie. On réfléchit sur la structure fondamentale d'un animal. Mais l'essentiel est manqué si je ne vois pas que l'animal a un monde. De même, nous sommes également toujours dans un monde, de telle sorte qu'il nous est ouvert. Un objet, par exemple une chaise, est simplement disponible. Mais toute vie est là de telle sorte qu'un monde est également là pour elle.

Il s'agit maintenant de voir les structures fondamentales dans lesquelles se déploie l'être-au-monde. Comment le monde est-il donné? Originellement, ce n'est pas comme un objet de la connaissance théorique, mais comme monde ambiant, comme ce en quoi je m'enquiers, m'active, me préoccupe. Primitivement, les objets (*Gegenstände*) ne sont pas objets (*Objekte*) d'une connaissance théorique, mais des choses auxquelles j'ai affaire et qui comportent des indications relatives à leur fonction, à leur usage ou utilité. Ce ne sont pas des choses matérielles au sens de la physique qui sont initialement données. Le déverrouillement de la nature à partir du monde immédiatement donné est seulement un processus plus compliqué. Le monde qui nous est proche est celui d'une préoccupation pratique. Le monde ambiant et ses objets sont dans l'espace. Cet espace du monde ambiant n'est pas celui de la géométrie. Il est essentiellement déterminé par les moments d'une relation du proche et du lointain, des

Möglichkeiten des Sichwendens usw. Er hat also nicht die homogene Struktur des geometrischen Raumes. Er hat vielmehr bestimmte ausgezeichnete Plätze. Abstände von Möbeln z. B. sind nicht als Maße gegeben, sondern in Dimensionen, die sich aus dem Umgang mit ihnen erschließen. (Mit der Hand zu erreichen; man kann zwischen durchgehen und so weiter.) Dieser Umweltraum ist es auch, den zu entdecken die Aufgabe der Malerei ist. Aus ihm wird der geometrische erst durch einen bestimmten Prozeß herausgearbeitet.

Das Dasein des Lebens ist weiter bestimmt durch das Mitdasein anderer Wirklichkeiten vom selben Seinscharakter, den ich selbst habe: andere Menschen. Wir haben eine eigentümliche Art des Miteinanderseins. Wir haben alle dieselbe Umwelt; wir sind in demselben Raum. Der Raum ist für uns miteinander, und wir selbst füreinander da. Die Stühle in diesem Raum dagegen sind bloß alle vorhanden, nicht füreinander da und sind wohl alle in diesem Raum, aber sie haben diesen Raum nicht da. – Das Sein-in-der-Welt ist also Miteinandersein. Das bestimmt das Miteinandersein auch dann, wenn faktisch kein anderer Mensch da ist. In der natürlichen Weise des Lebens bin ich mir selbst nicht in der Weise gegeben, daß ich meine Erlebnisse betrachte. Ich bin mir zunächst in dem gegeben, womit ich zu tun habe, wobei ich täglich verweile. Die Welt (Zimmer, Haus, Stadt usw.) hat einen bestimmten Bekanntheitscharakter. In dieser Welt sehe ich verblaßt mich selbst als wirklich. Ich begegne mir in meiner Umwelt. Die Umwelt ist zunächst gegeben in praktischer Umsicht. Die Möglichkeit theoretischer Forschung entsteht hier erst durch eine bestimmte Umstellung. Ich kann mich umstellen, indem ich die Umsicht vom Besorgen ablöse und zum bloßen Umsehen werden lasse: θεωρία. Dieses Eigenständigwerden ist die eigentliche Quelle einer Wissenschaft. Wissenschaft ist die Ausbildung des bloßen Hinsehens auf eine Sache.

Wer ist es nun, der dieses Dasein ist? Zumeist und zunächst sind wir nicht wir selbst. Wir leben vielmehr aus dem, was *man* spricht, was *man* urteilt, wie *man* die Sache ansieht, was *man* fordert. Dieses unbestimmte « man » ist es, das das Dasein regiert. Das Man hat zunächst und zumeist eine eigentliche Herrschaft über das Dasein, sogar die Wissenschaft lebt daraus. Es zeigt sich in der Tradition, wie *man* fragt, wie man die Forschung anfaßt. Diese *Öffentlichkeit*, die das Miteinanderdasein der Menschen regiert, macht deutlich, daß wir zumeist nicht wir selbst sind, sondern die anderen, wir werden von den anderen gelebt. Wer ist dieses Man? Es ist unsichtbar, unbestimmbar, niemand, – aber nicht Nichts, sondern die eigentlichste Realität unseres alltäglichen Daseins. Dieses Man-Dasein hat die Tendenz, im Besorgen der Welt sich zu verlieren, von sich selbst abzufallen.

possibilités de se tourner vers, etc. Il n'a donc pas la structure homogène de l'espace géométrique. Il a au contraire des lieux caractéristiques déterminés. L'espacement des meubles, par exemple, n'est pas donné en termes de mesures, mais dans des dimensions résultant de la relation que nous avons avec eux (à portée de main ; il est possible de se déplacer entre eux, et ainsi de suite). Découvrir cet espace du monde ambiant constitue également la tâche de la peinture. C'est seulement à partir de lui qu'un processus déterminé permet d'élaborer celui de la géométrie.

L'être-là de la vie est encore déterminé par l'être-là-avec d'autres effectivités ayant le même caractère d'être que moi : d'autres hommes. Nous avons un genre particulier de l'être ensemble. Nous avons tous le même monde ambiant. L'espace est pour nous tous ensemble, et nous sommes nous-mêmes là les uns pour les autres. En revanche, les chaises dans cet espace sont simplement toutes disponibles, non là les unes pour les autres, et elles sont certes toutes dans cet espace, mais elles n'ont pas cet espace. L'être-au-monde est donc un être-ensemble. L'être-ensemble est également déterminé lorsqu'aucun homme n'est effectivement là. Dans le mode naturel de la vie, je ne suis pas donné à moi-même de telle sorte que je contemple mes vécus. Je suis immédiatement donné à moi-même dans ce à quoi j'ai affaire, dans ce auprès de quoi je séjourne quotidiennement. Le monde (chambre, maison, ville, etc.) a un caractère déterminé de familiarité. Comme une ombre, je me vois moi-même dans ce monde comme effectif. Je me rencontre dans mon monde ambiant. Le monde ambiant est d'abord donné dans une circonspection pratique. La possibilité d'une recherche théorique naît seulement grâce à une conversion déterminée. Je peux me convertir en dissolvant la circonspection du souci de sorte qu'elle se transforme en simple considération : θεωρία. Ce processus d'autonomisation est la véritable origine d'une science. La science est le déploiement du pur regard visant une chose.

Qui est maintenant celui qui est ce *Dasein* ? Le plus souvent et immédiatement, nous ne sommes pas nous-mêmes. Nous vivons au contraire de ce qu'*on* dit, de ce qu'*on* juge, de la façon dont *on* voit la chose, de ce qu'*on* exige. C'est cet « on » indéterminé qui régit le *Dasein*. Le on exerce immédiatement et le plus souvent une véritable domination sur le *Dasein*, et même la science vit à partir de là. La tradition montre de quelle façon *on* questionne et conçoit la recherche. Cette *publicité* qui régit l'être-là-ensemble des hommes montre clairement que nous ne sommes le plus souvent pas nous-mêmes, mais les autres, que nous sommes vécus par les autres. Qui est cet on ? Il est invisible, indéterminable, personne, – mais pas rien, il constitue au contraire la réalité la plus propre de notre *Dasein* quotidien. Ce *Dasein* du on a tendance à se perdre dans la préoccupation du monde, à déchoir de lui-même.

Der Mensch ist in der Alltäglichkeit uneigentlich. Und dieses Uneigentlich-Sein ist gerade der primäre Realitätscharakter des menschlichen Daseins. Am deutlichsten wird das aus einer Verfassung des Menschen, die schon die Griechen sahen und die sie zu seiner Definition benutzten. Der Mensch ist ein ζῷον λόγος ἔχων. Der Mensch ist für den Griechen, der gern und viel sprach, bestimmt als sprechend. Die Rede wird nicht genommen als Grundstruktur unseres Seins. (Man darf Rede hier allerdings nicht naturwissenschaftlich-psychologisch als Geräusch fassen). Rede ist immer Reden über etwas und Sich-Aussprechen über etwas, und zu und mit anderen. Das Besprochene wird durch das Besprechen anderer aufgedeckt und zugänglich. Der λόγος ist δηλοῦν. Die Möglichkeit des Geredes hat aber gerade für das menschliche Dasein die Tendenz, zu verfallen. Es ist *die* Möglichkeit, deren sich das Man bemächtigt. Es ist charakteristisch, daß das Reden zumeist nicht aus ursprünglicher Sachkenntnis entspringt. Es ist faktisch unmöglich, alles selbst gesehen und ausgewiesen zu haben. Ein weites Ausmaß des Redens entspringt aus dem Hörensagen. Es charakterisiert das Nachreden, daß das Gesagte sich in seiner Gültigkeit verhärtet und sich zugleich entfernt von der Sache. Je mehr das Gerede herrscht, umso mehr wird die Welt verdeckt. So hat das alltägliche Dasein die Tendenz der Verdeckung der Welt und damit seiner selbst. Diese Tendenz der Verdeckung ist nichts anderes als die Flucht des Daseins vor sich selbst in die Öffentlichkeit. Diese Flucht in die Öffentlichkeit wird noch wichtig für das Verständnis des Phänomens der Zeit.

Wir handeln hier nicht von Akten, von Bewußtseinserlebnissen, sondern von bestimmten Weisen des Seins-in-der-Welt. Wir bestimmen dieses Dasein zunächst als umgehendes Besorgen der Welt. Dieses Besorgen bedeutet immer ein Mitbesorgen meiner selbst. Der eigentliche Seinscharakter des Daseins ist also die *Sorge*. Dies Phänomen ist schon lange entdeckt, sein Begriff und seine Erfahrung sind alt. Es ist aber nie dazu gekommen, dies Phänomen in den ursprünglichen Ansatz zu nehmen.

An diesem Punkt ist eine kritische Frage zu stellen : Kann man überhaupt auf diesem Wege der Beschreibung zu irgendwelchen Begriffen kommen, die menschliches Dasein im Ganzen, als geschlossene Wirklichkeit, bestimmen ? Ich kann es immer nur bestimmen als ein Lebendiges, das immer noch ein Noch-nicht-Sein vor sich hat. Wenn ich aber nicht mehr lebe, bin ich nicht mehr imstande, die Ganzheit zu erfahren. Wenn das Leben fertig, ganz ist, dann ist es gerade nicht mehr. Man darf dieser Schwierigkeit nicht ausweichen. Wie kann menschliches Dasein in seiner Ganzheit gegeben werden ? Denn nur so kann etwas über den Begriff des Lebens ausgemacht werden. Die Auskunft, das ganzgewordene Leben anderer zu nehmen, ist eine schlechte Auskunft. Denn erstens ist dies Leben ja gerade nicht mehr da

Dans la quotidienneté, l'homme est inauthentique. Et cet être inauthentique est précisément le caractère de réalité primitif du *Dasein* humain. C'est ce que l'on voit le plus clairement dans une conception de l'homme qui était déjà celle des Grecs et qu'ils employaient pour le définir. L'homme est un ζῷον λόγος ἔχων. Pour le Grec qui parlait volontiers et beaucoup, l'homme est déterminé comme parlant. Le discours n'est pas considéré comme structure fondamentale de notre être. (On ne doit pas saisir le discours du point de vue naturaliste et psychologique comme bruit). Le discours est toujours un discourir et un s'exprimer au sujet de quelque chose, adressé à d'autres et avec d'autres. Ce dont on parle est découvert et devient accessible grâce à ce qu'en disent les autres. Le λόγος est δηλοῦν. Mais pour le *Dasein* humain, la possibilité du bavardage a précisément la tendance à déchoir. C'est *la* possibilité dont s'empare le on. Il est caractéristique que, le plus souvent, le discours ne naît pas d'une connaissance originaire de la chose. De fait, il est impossible d'avoir soi-même tout vu et prouvé. Une grande partie du discours a pour origine le ouï-dire. Ce qui caractérise la redite, c'est que le dit se durcit dans sa validité en s'éloignant simultanément de la chose. Plus le bavardage règne, plus le monde est recouvert. Le *Dasein* quotidien a ainsi tendance à recouvrir le monde, et donc le sien. Cette tendance au recouvrement n'est rien d'autre que la fuite de soi dans la publicité, propre au *Dasein*. Cette fuite dans la publicité importera encore pour comprendre le phénomène du temps.

Nous ne traitons pas là d'actes, de vécus de conscience, mais de modes déterminés de l'être-au-monde. Nous déterminons ce *Dasein* d'abord comme préoccupation relative au monde. Cette préoccupation est toujours une préoccupation simultanée de moi-même. Le caractère d'être authentique du *Dasein* est donc le *souci*. Il y a déjà longtemps que ce phénomène est déjà découvert, son concept et son expérience sont anciens. Mais il n'a pourtant jamais été saisi dans son originarité.

Sur ce point, une question critique s'impose : cette voie de la description permet-elle en général de parvenir à de quelconques concepts déterminant le *Dasein* humain dans sa globalité comme effectivité autonome ? Je peux uniquement le déterminer comme un vivant qui a toujours un être-pas-encore devant lui. Mais lorsque je ne vis plus, je ne suis plus en mesure de faire l'expérience de la totalité. Lorsque la vie est achevée, accomplie, elle n'est précisément plus. Il n'est pas permis d'éluder cette difficulté. Comment le *Dasein* humain peut-il être donné dans sa totalité ? Car c'est seulement ainsi que quelque chose peut être décidé quant au concept de la vie. Se tirer d'affaire en considérant la vie accomplie des autres est un mauvais moyen de s'en sortir. Premièrement car cette vie n'est précisément plus là,

und zweitens kann nie ein anderes Leben das eigene ersetzen. Dasein ist jeweilig das eigene, das meinige, und dieser Charakter ist davon unabtrennbar. Das muß festgehalten werden, wenn der letzte Sinn des Daseins, die eigentliche Existenz gefunden werden soll. Wie kann menschliches Dasein als je eigenes in seiner Ganzheit gefaßt werden?

VII.

Die Umsicht des Daseins ist geleitet durch eine in der Öffentlichkeit herrschende Auslegung. Die durch sie bestimmte Welt ist jedem durchschnittlich zugänglich. Diese Ausgelegtheit des Daseins durch die Öffentlichkeit bestimmt das Leben in der Öffentlichkeit. Das einzelne Leben hat die Tendenz, in diese Öffentlichkeit herabzusinken und sich zu verlieren. Wo Dasein über sich spricht, sieht es sich als etwas in der Welt wie andere Dinge. Deshalb wurde die Betrachtung des Lebens zuerst angestellt in Welt-Begriffen, nicht in ihm ursprünglich zugehörigen. Man findet sich zunächst in dem, worum man besorgt ist, was man macht, im Beruf usw. Die besorgte Welt gibt für das Dasein den ersten Begriff her. So ist der Mensch zunächst bestimmt als animal. Sein eigentümliches Sein kommt nur in dem rationale zum Ausdruck. Diese Definition ist ganz von der Welt her bestimmt. Bei Kant wird die Bestimmung so gegeben, daß der Mensch eine Einheit der sinnlichen Welt mit Verstand und Vernunft ist. So sind diese Bestimmungen wohl einheitlich in einer Wirklichkeit zusammengesehen; es ist aber nie gefragt nach dem Sinn des Seins dieser Einheit, die nur eine Summe bleibt. Bei der Summe gehen die Glieder dem Ganzen vorher, das Ganze ist etwas Nachträgliches. Die Ganzheit dagegen ist so, daß durch sie die Teile erst bestimmt werden. Eine Maschine z. B. läßt sich nicht auffassen als Summe von Rädern und dergleichen, die irgendwie zusammengekommen sind, sondern das Ganze in seiner Bedeutung bestimmt die Art und Anordnung der einzelnen Teile. Es kommt darauf an, das Leben in seiner Ganzheit zu sehen. Wir fragen nach dem Strukturmoment, das es als Ganzheit bestimmt, und was der Sinn dieser Ganzheit ist, ob vielleicht diese Ganzheit auch das ist, was unser Sein in jedem Augenblick trägt. Wir sahen nun : das Leben ist wesentlich unabgeschlossen, es hat immer einen Teil von sich noch vor sich. Zur Ganzheit aber gehört Fertigsein. Wenn aber Leben fertig ist, im *Tode*, dann ist es nicht mehr. Sonst sind wir gewohnt, daß etwas, wenn es fertig ist, gerade ist. Leben ist aber dann gerade nicht mehr; wenn es seine Möglichkeiten alle ausgeschöpft hat, ist es nicht mehr. Der Tote ist aus der Welt gegangen.

et deuxièmement car une autre vie ne pourra jamais remplacer celle qui nous est propre. Le *Dasein* est toujours ce qui m'est propre, le mien, et ce caractère en est indissociable. Il est nécessaire de maintenir cela pour trouver le sens ultime du *Dasein*, l'existence authentique. Comment est-il possible de saisir dans sa totalité le *Dasein* humain en tant que toujours propre ?

VII.

La circonspection du *Dasein* est régie par une interprétation publique dominante. Le monde qu'elle détermine est en moyenne accessible à chacun. La façon dont la publicité interprète le *Dasein* détermine la vie dans cette publicité. La vie singulière a tendance à sombrer et à se perdre dans cette publicité. Là où le *Dasein* parle de lui, il se voit comme quelque chose dans le monde au même titre que d'autres choses. C'est pourquoi la vie a d'abord été considérée en recourant à des concepts relatifs au monde, et non à des concepts lui appartenant originairement. On se trouve d'abord dans l'objet de notre préoccupation, dans ce que l'on fait, la profession, etc. Le monde dont on se préoccupe fournit le premier concept pour le *Dasein*. L'homme est ainsi d'abord déterminé comme animal. C'est seulement dans le *rationale* que son être propre trouve une expression. Cette définition est entièrement déterminée par le monde. Chez Kant, la détermination est donnée ainsi : l'homme est une unité du monde sensible et de l'entendement, de la raison. Ces déterminations sont bien vues dans l'unité d'une effectivité; mais le sens de l'être de cette unité, qui reste seulement une sommation, n'est jamais interrogé. Dans une sommation, les parties précèdent le tout, le tout est secondaire. En revanche dans une totalité, c'est celle-ci qui détermine les parties. Il est par exemple impossible de concevoir une machine comme une somme de roues et de choses de ce genre assemblées d'une manière ou d'une autre, mais le tout dans sa signification détermine le genre et l'assemblage des parties singulières. Il s'agit de saisir la vie dans sa totalité. Notre question est relative à la structure du moment qui la détermine en tant que totalité et au sens de cette totalité, à la possibilité que cette totalité soutienne aussi notre être à chaque instant. Nous avons vu que la vie est essentiellement non close, elle a toujours une partie d'elle-même devant elle. Mais la totalité implique l'achèvement. Or lorsque la vie est achevée, dans la *mort*, elle n'est plus. Sinon, nous avons l'habitude de penser qu'une chose est précisément lorsqu'elle est achevée. Mais la vie n'est précisément plus; lorsqu'elle a épuisé ses possibilités, elle n'est plus. Le mort a quitté le monde.

Dabei spielt die Frage nach der Unsterblichkeit oder Nicht-Unsterblichkeit keine Rolle. Wir sahen, daß der Ausweg zu leben eines anderen, dessen Tod wir erfahren, nicht gangbar ist, denn dessen Tod ist nicht mein Tod – und *den* Tod gibt es nicht. Der Tod ist immer jeweilig der meinige. Wenn man das übersieht, ist damit das Thema aus der Hand gegeben.

Wie für jedes Dasein seine Welt entdeckt ist, so ist auch jedes Leben sich selbst zu eigen gegeben. Wir haben bisher vom Tod als Grenze gesprochen. Hierbei haben wir stillschweigend das Leben aufgefaßt als einen Vorgang, der irgendwo aufhört. Leben ist verstanden als Zusammenhang von Erlebnissen, mit denen irgendwo Schluß gemacht ist. Damit haben wir aber das vorher Ausgemachte wieder aus der Hand gegeben. Dasein ist kein Vorgang, der Tod nichts, was gelegentlich hinten nachkommt. Der Tod ist etwas, was den Menschen bevorsteht, worum das Leben selbst weiß. Damit ist allerdings noch keine Definition des Todes gegeben. Es steht mir Vieles bevor. Aber hier ist ein Unterschied! Wenn mir ein Ereignis bevorsteht, so ist das ein Vorgang, der mich trifft, der mir aus der Welt begegnet. Der Tod kommt nicht irgendwo her auf mich zu, sondern er ist etwas, was ich selbst bin; ich selbst bin die Möglichkeit meines Todes. Der Tod ist das äußerste Ende dessen, was in meinem Dasein möglich ist; er ist die äußerste Möglichkeit meines Daseins. Im Dasein liegt also eine Möglichkeit, die dem Dasein bevorsteht, in der sich das menschliche Dasein selbst bevorsteht als in seiner äußersten Möglichkeit. Es handelt sich hier nicht um Stimmungen, sondern darum, lediglich die Bewegungen zu sehen, die das Dasein macht, aus dem Bewußtsein, daß der Tod die äußerste Möglichkeit seiner selbst ist, die ihm bevorsteht. Ich selbst bin mein Tod gerade dann, wenn ich lebe. Es kommt hier nicht darauf an, Todesarten zu beschreiben, sondern den Tod zu verstehen als Möglichkeit des Lebens. Keine Metaphysik des Todes wollen wir machen, sondern seine Seinsstrukturen im Leben verstehen. Denn das schwierige ist nicht, zu sterben, sondern Fertig-werden mit dem Tod in der Gegenwart. Diese Idee des Todes muß für das Folgende festgehalten werden. Wenn der Tod so etwas ist, die äußerste Möglichkeit, die das Dasein selbst ist, so muß das Dasein verschiedene Möglichkeiten haben, wie es zu seinem Tode steht. Wir wollen zunächst erfahren, wie die Alltäglichkeit und der Einzelne, aufgefangen im Man, zu seinem Tode steht, und wie in diesem Zum-Tode-stehen der Tod sich zeigt, wie er in der Alltäglichkeit begegnet. Wir sahen die Alltäglichkeit dadurch bestimmt, daß sich das Dasein an seine Welt verliert. Der Tod begegnet in der Alltäglichkeit täglich. Wir erfahren ihn, wissen um das Sterben, das aus-der-Welt-gehen des Menschen in einer gewissen Gleichgültigkeit als etwas, das uns vielleicht auch einmal treffen kann. In dieser Gleichgültigkeit liegt ein Moment des sich selbst Abdrängens vom Tode.

La question de l'immortalité ou de la non-immortalité n'a rien à voir ici. Nous avons vu qu'il n'est pas possible de s'en sortir en considérant le vivre d'un autre dont nous n'éprouvons pas la mort, car sa mort n'est pas la mienne – et *la* mort n'existe pas. La mort est constamment toujours la mienne. Si on néglige cela, le thème nous glisse entre les doigts.

De même que le monde de chaque *Dasein* est découvert, chaque vie est également donnée en propre à elle-même. Jusqu'à présent, nous avons parlé de la mort comme limite. Ce faisant nous avons implicitement saisi la vie comme un processus qui s'arrête quelque part. La vie est entendue comme configuration de vécus qui trouvent quelque part leur terme. Mais nous avons ainsi laissé échapper ce qui avait été établi antérieurement. Le *Dasein* n'est pas un processus, et la mort n'est pas ce qui survient ensuite accidentellement. La mort est quelque chose qui se tient devant l'homme, et dont la vie a un savoir. Cela ne nous conduit assurément pas à une définition de la mort. De nombreuses choses se tiennent devant moi. Mais là, il y a une différence ! Lorsqu'un vécu me fait face, c'est un processus qui me touche, qui, du monde, m'arrive. La mort ne se dirige pas vers moi d'un lieu quelconque, mais elle est quelque chose que je suis moi-même ; je suis moi-même la possibilité de ma mort. La mort est le terme le plus extrême du possible en mon *Dasein*. Il y a ainsi une possibilité dans le *Dasein* qui lui fait face, dans laquelle le *Dasein* humain se fait lui-même face en tant que sa possibilité la plus extrême. Il ne s'agit pas là de tonalités affectives, mais simplement de voir les mouvements accomplis par le *Dasein* à partir de la conscience que la mort est sa possibilité la plus extrême qui lui fait face. Je suis moi-même ma mort précisément lorsque je vis. Il ne s'agit pas ici de décrire les genres de morts, mais de comprendre la mort comme possibilité de la vie. Nous ne voulons pas faire une métaphysique de la mort, mais comprendre ses structures d'être dans la vie. Car ce qui est difficile, ce n'est pas de mourir, mais d'en finir avec la mort au présent. Cette idée de la mort doit être fermement maintenue pour ce qui suit. Si la mort est la possibilité la plus extrême qui est le *Dasein* lui-même, le *Dasein* doit avoir différentes possibilités de lui faire face. Nous considérerons d'abord l'attitude face à la mort de la quotidienneté et de l'individu dont le on s'est emparé, et la façon dont la mort se montre dans cette attitude, la façon dont on la rencontre dans la quotidienneté. Nous avons vu que la quotidienneté est déterminée par le fait que le *Dasein* se perd dans son monde. Dans la quotidienneté, on rencontre la mort tous les jours. Nous en faisons l'expérience, avons un savoir relatif à la mort, à cette sortie de l'homme hors du monde dans une certaine indifférence, comme quelque chose qui est aussi susceptible de nous toucher. Dans cette indifférence, il y a un moment qui consiste à s'écarter de la mort.

Das Dasein weicht dem Tode aus, es schiebt ihn als Möglichkeit weg. Dies Fliehen geht so weit, daß die Alltäglichkeit einem Sterbenden zuredet, er werde nicht sterben und ihn von seinem Tode wegzureden versucht. Man glaubt, damit den Sterbenden noch einen Dienst zu erweisen. Das Dasein beruhigt nicht nur vor dem Tode, sondern versucht durch die Art des Auslegens, diesen wegzudrängen. Denken an den Tod wird als Feigheit oder Weltflucht bestimmt. Leben beruhigt über den Tod und versucht durch die Art, wie es ihn auslegt, sich ihm zu entfremden, ihn aus dem Horizont des Lebens zu schaffen. Im Besorgen sorgt das Dasein für sich selbst, es gehört zur Struktur der Sorge das Mitbesorgen des Daseins. Dasein sorgt sich von dieser Möglichkeit des Todes weg. Es sorgt ständig dafür, daß es *vesäumt*, den Tod als Möglichkeit radikaler zu fassen. In diesem Fliehen vor dem Tode zeigt sich gerade sein Da-sein. Im *Wovor* des Fliehens zeigt sich der Tod. Wie ist der Tod in dieser ständigen Flucht vor ihm da? Welches sind die Charaktere seines eigentümlichen Gegenwärtigseins? Seine Unbestimmtheit: diese Möglichkeit des Daseins ist unbestimmt. *Wann* der Tod kommt, das ist für das Dasein völlig unbestimmt. Diese Möglichkeit ist aber zugleich bevorstehend in Gewißheit, in einer Gewißheit, die über jede andere hinausgeht, die wir uns denken können. Es ist für das Dasein gewiß, daß es seinen Tod sterben wird. Diese Gewißheit hebt die Unbestimmtheit nicht auf, noch tut diese jener einen Abbruch. Sie steigern sich vielmehr gerade. Die Alltäglichkeit sucht diese unbestimmte Gewißheit abzudrängen. Sie rechnet mit dem, was dem Dasein noch bleibt. Sie drängt die Unbestimmtheit in die Verschiebung, und die Gewißheit in ein Nicht-daran-denken.

So zeigt sich der Tod als die äußerste unbestimmte aber gewisse Möglichkeit des Daseins, in der sich dies Dasein selbst bevorsteht.

Diese Strukturbestimmung des Todes ist keine beliebige, sondern muß als apriorisch gefaßt werden, als solche, die jeder Ausdeutung des Todes zugrundeliegt, diejenige zu der auch der Glaube Stellung nehmen muß. Diese Bestimmung muß auch im Christentum mitgemeint sein. Durch die christliche Theologie ist das Problem des Todes zuerst in den Zusammenhang mit der Frage nach dem Sinn des Lebens getreten.

Wir bestimmten das Dasein in der Öffentlichkeit als Uneigentlichkeit. Das uneigentliche Vor-dem-Tode-stehen ist also das Ausweichen. Welches ist nun das Vor-dem-Tode-stehen der Eigentlichkeit und was ist daraus für die Grund[v ?]erfassung des menschlichen Daseins zu entnehmen?

Le *Dasein* se dérobe face à la mort, il la repousse en tant que possibilité. Cette fuite va si loin que la quotidienneté affirme à un mourrant qu'il ne mourra pas et tente, par son bavardage, de le distraire de sa mort. On croit ainsi rendre encore service au mourrant. Le *Dasein* ne se tranquillise pas seulement quant à la mort, mais tente, par la manière dont il l'interprète, de s'en débarrasser. Penser à la mort est considéré comme une lâcheté ou une fuite hors du monde. Vivre tranquillise quant à la mort, et la vie tente par la manière dont elle l'interprète de se la rendre étrangère, de l'éliminer de l'horizon de la vie. Dans la préoccupation, le *Dasein* se soucie de lui-même, la préoccupation concomitante de soi propre au *Dasein* appartient à la structure du souci. Le *Dasein* se soucie de se détourner de cette possibilité de la mort. Il se soucie constamment de *manquer* la saisie radicale de la mort comme possibilité. Dans cette fuite face à la mort se révèle précisément son *Da-sein*. Dans *ce devant quoi* l'on fuit se montre la mort. Dans cette fuite constante, de quelle manière la mort lui fait-elle face? Quels sont les caractères de son propre être présent? Son indétermination : la possibilité du *Dasein* est indéterminée. *Quand* viendra la mort, cela reste totalement indéterminé pour le *Dasein*. Mais cette possibilité lui fait simultanément face de façon certaine, avec une certitude supérieure à toutes celles que nous pouvons envisager. Pour le *Dasein*, il est certain qu'il mourra de sa mort. Cette certitude ne lève pas l'indétermination, pas plus que cette dernière n'ébranle la première. Elles s'intensifient au contraire l'une l'autre. La quotidienneté cherche à refouler cette certitude indéterminée. Elle compte sur ce qui reste au *Dasein*. Elle rejette l'indétermination dans l'ajournement et la certitude dans un ne-pas-y-penser.

La mort se montre ainsi comme la possibilité la plus extrême, indéterminée mais certaine, du *Dasein*, dans laquelle ce *Dasein* se fait lui-même face.

Cette détermination structurelle de la mort n'est pas arbitraire, mais doit être saisie comme a priori, comme sous-jacente à toute interprétation de la mort, et vis-à-vis de laquelle même la croyance doit prendre position. Cette détermination doit également être co-visée par le christianisme. Avec la théologie chrétienne, le problème de la mort est apparu pour la première fois en connexion avec la question du sens de la vie.

Nous avons déterminé le *Dasein* dans la publicité comme inauthenticité. Le se-tenir-devant-la-mort inauthentique est donc la dérobade. Quel est donc le se-tenir-devant-la-mort propre à l'authenticité et qu'en résulte-t-il en ce qui concerne la conception fondamentale du *Dasein* humain ?

VIII.

Wenn ein Unternehmen, das Sein des Daseins zu bestimmen, erfolgreich sein soll, handelt es sich darum, seine Ganzheit in den Griff zu bekommen. Die Ganzheit ist bestimmt durch die Grenze. Der Tod ist eine Grenze, die für das Dasein selbst da ist. Das Bevorstehen dieser Grenze als unbestimmte und gewisse Möglichkeit charakterisiert das Seiende vom Charakter des menschlichen Lebens. In der Alltäglichkeit weicht das Dasein vor dieser Möglichkeit aus. Wir haben diese Art des uneigentlichen Stehens zum Tode charakterisiert. – Gibt es eine eigentliche Weise der Möglichkeit diese sich selbst Bevorstehens, die nicht durch die Öffentlichkeit bestimmt ist, sondern in der sich das Dasein als je einzelnes, eigenes und meiniges bevorsteht? Es liegt darin, die Wirklichkeit dieser Möglichkeit zu erfassen und festzuhalten. Vor einer Möglichkeit stehen besagt, sie *als* Möglichkeit erfassen. Den Tod als Möglichkeit *aushalten* heißt, ihn so dahaben, daß er rein in dem was er ist, bevorsteht, unbestimmt im Wann, gewiß im Daß. Diese Möglichkeit als Möglichkeit bestehen lassen, sie nicht zur Wirklichkeit machen, etwa im Selbstmord, das besagt, zu ihr *vorlaufen*. Dabei zieht sich die Welt zurück, sie zerfällt ins Nichts. Die Möglichkeit des Todes besagt, daß ich einmal aus der Welt gehe, daß einmal die Welt nichts mehr zu sagen hat, daß alles, woran ich hänge, womit ich mich beschäftige, was ich besorge, nichts mehr zu sagen hat, nichts mehr hilft. Die Welt ist dann nicht mehr da, woraus ich leben kann. Mit dieser Möglichkeit muß ich rein aus mir selbst fertig werden. So zeigt sich, daß für das Dasein vorgegeben ist die Möglichkeit der *Wahl*. Dasein kann sich in jedem Augenblick so verhalten, daß es wählt zwischen sich und der Welt, es kann jede Entscheidung treffen, aus dem, was ihm aus der Welt begegnet oder aus sich selbst heraus. Die Möglichkeit des Daseins, zu wählen, ist die Möglichkeit, sich aus der Verlorenheit in die Welt, d.h. in die Öffentlichkeit, zurückzuholen. Wenn Dasein sich selbst gewählt hat, so hat es damit sich und die Wahl gewählt. Die Wahl gewählt haben, besagt aber, *entschlossen* sein. Vorlaufen heißt also wählen, gewählt haben heißt entschlossen sein, – entschlossen nicht zum Sterben, sondern zum Leben. Dieses Wählen und dieses Entschlossensein ist die *Wahl* der *Verantwortung*, die das Dasein für sich selbst übernimmt, daß jedes Handeln so ist, daß ich mit der Handlung mich selbst verantwortlich mache. Die Verantwortung für sich selbst wählen heißt, das *Gewissen* wählen, als die Möglichkeit, die der Mensch eigentlich ist. Es ist ein Irrtum der Phänomenologie, daß sie die eigentlich anthropologische Struktur der Kantischen Ethik mißverstanden hat (Scheler). Kant hat gesehen, daß der Grundsinn des Daseins Möglichkeit ist, eine Möglichkeit selbst sein und ergreifen können.

VIII.

Pour pouvoir déterminer l'être du *Dasein*, il faut le saisir dans sa totalité. La totalité est déterminée par la limite. La mort est une limite qui est elle-même là pour le *Dasein*. Le fait de se-tenir-devant cette limite en tant que possibilité indéterminée et certaine caractérise l'étant du caractère propre à la vie humaine. Dans la quotidienneté, le *Dasein* se dérobe devant cette possibilité. Nous avons caractérisé le genre de cette tenue inauthentique face à la mort. Y a-t-il un mode authentique de la possibilité de lui faire soi-même face qui ne soit pas déterminé par la publicité, mais en laquelle le *Dasein* se fait face en tant que singulier, propre et mien ? Il s'agit de saisir et de ne pas laisser échapper l'effectivité de cette possibilité. Se tenir face à une possibilité signifie la saisir *comme* possibilité. *Endurer* la mort comme possibilité signifie l'avoir là de telle sorte qu'elle se tienne là purement comme ce qu'elle est, indéterminée relativement au quand, certaine relativement au que. Laisser être cette possibilité en tant que possibilité, ne pas la rendre effective, par exemple par le suicide, cela signifie la *devancer*. Ce faisant, le monde se retire, il s'anéantit. La possibilité de la mort signifie que je quitterai un jour le monde, que le monde ne signifiera plus rien, que tout ce à quoi je tiens, ce dont je m'occupe, me préoccupe, ne signifiera plus rien et ne servira plus à rien. Alors, le monde ne sera plus là comme ce dont je peux vivre. Il me faut assumer de cette possibilité exclusivement à partir de moi-même. On voit ainsi que la possibilité du *choix* est par avance donnée au *Dasein*. Le *Dasein* peut à chaque instant se comporter de telle sorte qu'il choisit entre lui-même et le monde, il peut prendre une décision quelconque à partir de ce qui lui arrive du monde ou à partir de lui-même. La possibilité propre au *Dasein* de choisir, c'est la possibilité de revenir de sa perte dans le monde, c'est-à-dire dans la publicité. Lorsque le *Dasein* s'est choisi lui-même, c'est simultanément lui-même et le choix qu'il a choisi. Mais avoir choisi le choix signifie *être décidé*. Devancer signifie ainsi choisir, avoir choisi signifie être décidé, – être décidé non à mourir, mais à vivre. Ce choix et cet être décidé est le *choix de la responsabilité* assumé par le *Dasein* vis-à-vis de lui-même, et qui fait que toute action est telle, que je me rend responsable en agissant. Choisir d'être responsable de soi-même signifie choisir la *conscience* en tant que possibilité propre à l'homme. La mécompréhension de la véritable structure anthropologique de l'éthique kantienne est une erreur de la phénoménologie (Scheler). Kant a vu que le sens fondamental du *Dasein* est une possibilité, une possibilité d'être et de se saisir soi-même.

Das Gewissen wählen heißt aber zugleich *schuldigwerden.* « Der Handelnde ist immer gewissenlos » (Goethe). Jede Handlung ist zugleich Schuld. Denn die Möglichkeiten der Handlung sind begrenzt gegenüber den Forderungen des Gewissens. So ergibt jede sich durchsetzende Handlung Konflikte. Wählen der Selbstverantwortung ist also Schuldigwerden in einem absoluten Sinne. Ich werde schuldig, sofern ich überhaupt bin, wenn ich überhaupt handle.

Was bedeuten diese Zusammenhänge? Dies Vorlaufen in die äußerste Möglichkeit meiner selbst, die ich noch nicht bin, aber sein werde, ist *Zukunft-Sein.* Ich bin selbst meine Zukunft durch das Vorlaufen. Ich bin nicht in der Zukunft, sondern die Zukunft meiner selbst. Schuldig-werden ist nichts anderes als Bei-sich-tragen der *Vergangenheit.* Schuldig-werden ist Vergangenheit-Sein. Die Vergangenheit ist im Schuldig-Sein festgehalten und sichtbar. Und damit kommt das menschliche Dasein eigentlich in die *Gegenwart,* ins Handeln. Im Entschlossen-Sein ist Dasein seine Zukunft, im Schuldig-sein seine Vergangenheit und im Handeln kommt es in die Gegenwart. *Dasein ist* nichts anderes als *Zeit-Sein.* Die Zeit ist nichts, was draußen in der Welt vorkommt, sondern was ich selbst bin. Im Vorlaufen, Schuldig-werden und Handeln ist die Zeit selbst da. Die Zeit bestimmt die Ganzheit des Daseins. Dasein ist nicht nur jeweilig in einem Moment, sondern ist es selbst in der ganzen Erstreckung seiner Möglichkeiten und seiner Vergangenheit. Es ist merkwürdig, daß im Handeln in die Zukunft die Vergangenheit lebendig wird und die Gegenwart verschwindet. Eigentlich handeln die, die aus der Zukunft leben. diese können aus der Vergangenheit leben und die Gegenwart macht sich von selbst. Die Zeit macht die Ganzheit meines Daseins aus und bestimmt zugleich mein eigenes Sein in jedem Moment. Menschliches Leben passiert nicht in der Zeit, sondern ist die Zeit selbst. Das ist verständlich zu machen, wenn wir zeigen können, daß auch in der alltäglichen Art zu sein das, was das Dasein bestimmt, die Zeit ist.

Wie ist in der Alltäglichkeit die Zeit da? Offenbar da, wo ich etwas über sie ausmache, über sie bestimme, wo ich auf die *Uhr* sehe und sage *jetzt.* Was ist mit diesem *Jetzt*? Was ist die Zeit, die bestimmt wird in der Regelung des Daseins durch Fahrpläne, Tage, Wochen und Jahre? Wir sehen schon an diesen Orientierungsmitteln, daß das ganze Leben in eigentümlicher Art durch die Zeit bestimmt ist. Diese Zeitregelungen sind bestimmt durch das Besorgen. Besorgen hat den Sinn, etwas, was noch nicht verfügbar ist, durch bestimmte Bewerkstelligung verfügbar zu machen, das was in die Sorge gestellt ist in die *Gegenwart* zu bringen. Im Sorgen liegt ein bestimmtes Erwarten, d.h. ein bestimmtes Verhalten zur *Zukunft*; ich erwarte etwas, was aus der Zukunft her mich angeht, aber, was ich selbst nicht bin,

Mais choisir la conscience signifie simultanément *s'endetter*. « Celui qui agit est toujours dénué de conscience» (Goethe)[m]. Toute action est simultanément endettement. Les possibilités d'agir sont en effet limitées par rapport aux exigences de la conscience. Entreprendre une action génère toujours des conflits. Choisir la responsabilité personnelle, c'est donc s'endetter en un sens absolu. Je m'endette pour autant que je suis, en tant que j'agis en général.

Que signifient ces connexions ? Ce devancement dans la plus extrême possibilité qui m'est propre, que je ne suis pas encore, mais que je serai, est *être-à-l'avenir*. Je suis moi-même mon avenir par le devancement. Je ne suis pas dans l'avenir, mais l'avenir de moi-même. S'endetter, ce n'est rien d'autre que le fait de porter en soi du *passé*. S'endetter, c'est l'être propre au passé. Le passé se maintient et est visible dans l'être-endetté. Et c'est ainsi que le *Dasein* humain entre véritablement dans le *présent*, dans l'agir. Dans l'être décidé, le *Dasein* est son avenir, dans l'être endetté son passé, et dans l'agir il entre dans le présent. *Dasein* n'*est* rien d'autre qu'*être-temps*. Le temps n'est rien qui nous arrive de l'extérieur dans le monde, mais ce que je suis moi-même. Dans le devancement, le s'endetter et l'agir, le temps est lui-même là. Le temps détermine la totalité du *Dasein*. Le *Dasein* n'est pas seulement toujours en un instant donné, mais il est lui-même dans toute l'étendue de ses possibilités et de son passé. Il est remarquable que dans l'action visant l'avenir, le passé devienne vivant et le présent disparaisse. En réalité, ceux qui agissent vivent de l'avenir, ils peuvent vivre du passé et le présent s'accomplit de lui-même. Le temps constitue la totalité de mon *Dasein* et détermine simultanément mon propre être à chaque instant. La vie humaine ne se déroule pas dans le temps, mais elle est le temps lui-même. Cela se comprend s'il est possible de montrer que, même dans le mode d'être quotidien, ce qui détermine le *Dasein* c'est le temps.

De quelle manière le temps est-il là dans la quotidienneté ? Manifestement là où j'arrête, là où je détermine quelque chose à son sujet, là où je regarde l'*horloge* et dis *maintenant*. Qu'en est-il de ce *maintenant* ? Qu'est-ce que le temps qui est déterminé par la régulation du *Dasein* à travers des programmes, des jours, des mois et des années ? Ces moyens d'orientation montrent déjà que toute la vie est déterminée de manière singulière par le temps. Ces régulations du temps sont déterminées par la préoccupation. Le sens de la préoccupation, c'est de rendre disponible par des dispositifs déterminés ce qui ne l'est pas encore, de rendre *présent* ce dont on se soucie. Dans le souci, il y a une attente déterminée, c'est-à-dire un comportement déterminé relatif à l'*avenir* ; j'attends quelque chose qui, de l'avenir, me concerne, quelque chose que je ne suis pas moi-même,

sondern womit ich es zu tun habe. Aus der Zukunft heraus besorgen ist zugleich *vergessen*. Das Besorgte verliert den Charakter eines Gewordenseins, es ist einfach da. Seine Geschichte wird zugedeckt. Es wird alltäglich. Das Gegenphänomen zur Erwartung ist also nicht die Erinnerung, sondern das Vergessen. Die Alltäglichkeit lebt immer in der Gegenwart, auf sie hin wird die Zukunft berechnet und die Vergangenheit vergessen. Diese Tendenz, sich in der Gegenwart zu halten, ist es, was verursacht hat, daß es Uhren gibt. Warum gibt es Uhren? Weil die Alltäglichkeit den Lauf der Welt verfügbar haben will im Jetzt. Jetzt-dann, dann, dann... Iauter weitere Jetzt, die im Man verfügbar gemacht sein wollen. Solche Jetzt allgemein zugänglich zu machen, dazu bedarf es der Uhr.

Welches ist die Genesis der Uhr, welches sind die eigentlichen Motive der Zeitrechnung? Plato, *Timaeus* : Die Zeit ist der Himmel. Diese Definition ist aus ursprünglicher Erfahrung erwachsen, konnte aber von Plato nicht begrifflich gefaßt werden. Die Alltäglichkeit orientiert das Besorgen am Jetzt. Die Umsicht des Besorgens ist in ihrer Möglichkeit bestimmt durch das Tag-Sein. Die Nacht ist für den primitiven Menschen die Zeit der Ruhe. Der Tag und der Lauf des Tages bestimmen das Tageswerk. Morgen, Mittag und Abend sind keine astronomischen Daten, sondern umgangsmäßige Orientierungspunkte, Jetztpunkte für bestimmtes Besorgen. Sofern der Mensch das Jetzt am Himmel bestimmt, spricht er mit dem Aussagen über die Zeit den Himmel an. Die Zeit ist der Himmel. Weitere Zeitbestimmungen ergaben sich für die Griechen als die Zeit des Marktes und die Zeit der Volksversammlung, die wieder am Besorgen orientiert war. Sofern sich das Miteinander-besorgen weiter ausbildet, wird die Zeit- und Jetztbestimmung für die Übereinkunft dringlicher. Die Griechen erfanden die Bauernuhr dafür. Der mit dem Fuß gemessene Schatten dient als Zeitmaß. Je mehr das alltägliche Dasein im Miteinanderbesorgen aufgeht, umso weniger Zeit hat es, umso feiner wird die Uhr. Selbst mit der Zeitbestimmung darf keine Zeit verloren gehen (Taschenuhr). Das eigentlich Zeitlich-sein ist nicht das Handeln in der Zeit und mit der Zeit rechnen. Die Uhr gebrauchen besagt, alle Zeit zur Gegenwart machen. Ausgeprägt zeigt sich das darin, daß wir die Uhr gebrauchen, um die Vorgänge der Natur objektiv zu bestimmen. Das Dasein versucht, die Welt mit Hilfe der Uhr zu bestimmen. Warum bestimmt das Dasein die Welt mit der Uhr-Zeit und welche Zeit ist es, die in der Naturwissenschaft gemessen wird? Was bedeutet der Gebrauch der Uhr, eines solchen periodischen Berechnungssystems? Es ist die Bereitstellung einer Möglichkeit für die Fassung des Jetzt. Damit verliert aber das Leben den Sinn für die Zeit, die es eigentlich selbst ist.

mais avec quoi j'ai quelque chose à faire. Se préoccuper de l'avenir, c'est simultanément *oublier*. Ce dont on se préoccupe perd le caractère d'un être devenu, il est simplement là. Son histoire est recouverte. Il devient quotidien. Le phénomène qui s'oppose à l'attente n'est donc pas le souvenir, mais l'oubli. La quotidienneté vit toujours dans le présent, c'est en fonction de lui que l'avenir est calculé et le passé oublié. C'est cette tendance à se maintenir dans le présent qui est à l'origine du fait qu'il y a des horloges. Pourquoi y a t-il des horloges? Car la quotidienneté veut disposer du monde dans le maintenant. Maintenant – ensuite, ensuite, ensuite..., de nombreux autres maintenant qui doivent être rendus disponibles dans le on. L'horloge est nécessaire pour permettre de tels maintenant en général.

Quelle est la genèse de l'horloge, quelles sont les véritables motivations du calcul du temps? Le *Timée* de Platon : le temps est le ciel. Cette définition est issue d'une expérience originaire, mais Platon ne parvint pas à la saisir conceptuellement. La quotidienneté oriente la préoccupation vers le maintenant. La circonspection de la préoccupation est déterminée dans sa possibilité par l'être-jour. Pour l'homme primitif, la nuit est le temps du repos. Le jour et le cours de la journée déterminent la journée de travail. Matin, midi et soir ne sont pas des données astronomiques, mais des points d'orientation pratiques, des points de maintenant pour une préoccupation déterminée. Dans la mesure où l'homme détermine le maintenant par rapport au ciel, il s'adresse au ciel à travers l'énoncé relatif au temps. Le temps est le ciel. Pour les Grecs, d'autres déterminations temporelles ont résulté en tant que temps du marché et temps du rassemblement du peuple, un temps à nouveau orienté par la préoccupation. Dans la mesure où se développe la préoccupation en commun, la détermination du temps et du maintenant devient plus urgente pour l'entente. À cet effet, les Grecs ont inventé l'horloge du paysan. L'ombre mesurée avec le pied sert de mesure temporelle. Plus le *Dasein* quotidien s'absorbe dans la préoccupation commune, moins il a de temps, plus l'horloge devient élaborée. Il n'est pas permis de perdre du temps même pour le déterminer (la montre). L'authentique être temporel n'est pas l'action dans le temps et le compter avec le temps. Faire usage de l'horloge signifie réduire la totalité du temps au présent. Cela se montre particulièrement au fait que nous employons l'horloge pour déterminer objectivement les processus naturels. Le *Dasein* tente de déterminer le monde à l'aide de l'horloge. Pourquoi le *Dasein* détermine-t-il le monde avec le temps de l'horloge et quel est le temps qui est mesuré dans la science de la nature? Que signifie l'usage de l'horloge, d'un tel système de calcul périodique? Il prépare la possibilité de saisir le maintenant. Mais la vie perd ainsi le sens du temps qu'elle est en réalité elle-même.

Auf die Uhr sehen heißt : Jetzt sagen. Dies Jetzt ist aber nicht mein Jetzt, sondern das Jetzt der Uhr, das wir miteinander sagen, das öffentliche Jetzt des Miteinanderseins ; diese Zeit ist die Man-Zeit der Öffentlichkeit. In dieser Man-Zeit, durch die wir durch das Dasein gehetzt werden, zeigt sich im extremen Sinne die Herrschaft der Öffentlichkeit im Dasein. Diese Zeit ist nichts anderes als unser Miteinander selbst, die Zeit, die wir miteinander sind.

IX.

Das Sein des Daseins in der Welt ist bestimmt als umsichtiges Besorgen. Dabei hat das Dasein die Möglichkeit, vom Besorgen abzusehen und die Umsicht selbständig zu machen. So entsteht die Philosophie und die Wissenschaft überhaupt. Sie ist Betrachtung der Welt, ihre Erschließung in ihrem Sein. Dabei ist das eigentliche Seiende der Welt die immerseiende Natur, Wissenschaft von der Welt ist also zunächst Entriegelung der Natur. Natur ist so gegenwärtig zu machen, daß sie in ihrem Immersein und dessen Gesetzmäßigkeiten zugänglich wird, daß alle Momente, die auf Kosten der Betrachtung kommen, die den Zugang zu ihr bestimmen, ausgeschaltet werden. Diese Tendenz hat sich zunächst so ausgebildet, daß nicht bestimmte Gesetzeszusammenhänge aufgeworfen worden sind, sondern die leitenden Grundbegriffe gewonnen wurden. Das geschah in der griechischen Philosophie.

Die moderne Physik drang auf Entdeckung der Bewegungsgesetze und Bestimmungen derselben, frei von allen Zufälligkeiten des Zugangs, des Messens und Bestimmens. Die *Relativitätstheorie* macht mit dieser Idee einer *absoluten* Naturerkenntnis radikal Ernst. Sie ist keine Theorie einer relativen Geltung der physikalischen Gesetze, sondern fragt nach den Bedingungen des Bestimmtseins und Messens, die erlauben, die Natur rein aus sich selbst zu erfassen, ihre Bewegungsgesetze zu verstehen. –Welche philosophische Bedeutung hat diese einzelwissenschaftliche Theorie ? Diese Frage hat ihr Recht darin, daß jede echte Einzelwissenschaft nur konkrete Philosophie ist, und nur so weit echt ist, als sie philosophisch fundiert ist. Die Relativitätstheorie hat noch wenig Bewährung durch die Tatsachen. Allerdings hat sie zwei Bestätigungen von großer Bedeutung erfahren : 1) die Krümmung der Lichtstrahlen durch die Gravitation ; 2) die Ablenkung der Merkurbahn. Mathematisch ist die Theorie abhängig davon, daß es gelang, einen radikalen Begriff der Geometrie zu gewinnen.

Regarder l'horloge signifie : dire maintenant. Seulement ce maintenant n'est pas le mien, mais le maintenant de l'horloge que nous disons ensemble, le maintenant public de l'être ensemble ; ce temps est le temps du on propre à la publicité. Dans ce temps du on par lequel le *Dasein* nous traque, on voit en son sens le plus extrême la domination de la publicité dans le *Dasein*. Le temps n'est rien d'autre que notre en commun même, le temps que nous sommes ensemble.

IX.

L'être du *Dasein* dans le monde est déterminé en tant que préoccupation circonspecte. Le *Dasein* a ainsi la possibilité de faire abstraction de la préoccupation et de rendre la circonspection indépendante. C'est ainsi que naissent la philosophie et la science en général. Elle est contemplation du monde et l'exposition de celui-ci dans son être. Le véritable être du monde est ainsi la nature dans son immuabilité, et la science du monde est donc d'abord déverrouillement de la nature. La nature doit être rendue présente de telle sorte que soient accessibles son être immuable et sa légalité, que soient mis hors circuit tous les moments interférant avec la contemplation en déterminant l'accès à celle-ci. C'est en dégageant les concepts recteurs fondamentaux, et non des connexions légales déterminées, que cette tendance s'est d'abord développée. Cela se produisit dans la philosophie grecque.

Indépendamment de toutes les contingences relatives à l'accès, à la mesure et à la détermination, la physique moderne s'engagea dans la découverte des lois du mouvement et de ses déterminations. La *théorie de la relativité* prend très au sérieux cette idée d'une connaissance *absolue* de la nature. Ce n'est pas une théorie de la validité relative des lois physiques, mais elle interroge les conditions de la détermination et de la mesure qui permettent de connaître la nature purement à partir d'elle-même et de comprendre les lois de son mouvement. Quelle est la signification philosophique de cette théorie scientifique particulière ? Cette question se justifie dans la mesure où toute science particulière authentique est seulement une philosophie concrète et elle n'est authentique que si elle est philosophiquement fondée. La théorie de la relativité est encore peu confirmée par les faits. Elle a néanmoins établi deux choses hautement significatives : 1) La courbure des rayons lumineux par la gravitation et 2) La diffraction de la trajectoire du mercure. Mathématiquement, la théorie dépend du fait que l'on soit parvenu à un concept radical de la géométrie.

Nicht jede räumliche Eigenschaft einer Figur ist schon eine geometrische. Das Oben, Unten, Rechts, Links ist in der Euklidischen Geometrie gleichgültig. Ihre Ergebnisse sind unabhängig von Verschiebung, Drehung und Spiegelung. Ihre Sätze sind *invariant* gegenüber diesen Transformationen. Auf Grund dieser Tatsachen bestimmte der Mathematiker *Klein* eine Geometrie als Theorie der Invarianten für eine bestimmte Transformationengruppe. Diese Fragestellung war hervorgerufen durch den Streit um das Parallelenaxiom, das nicht zu beweisen war. So machte man die methodische Annahme, es gälte nicht, und gelangte so zur Aufstellung von zwei neuen in sich widerspruchslosen Geometrien, der *elliptischen*, durch die Annahme, daß durch einen Punkt keine Parallele zu einer Graden gezogen werden könne, (hier ergibt sich als Summe der Winkel im Dreieck <180°), und der *hyperbolischen*, durch die Annahme, es können durch einen Punkt mehrere Parallelen zu einer Geraden gezogen werden, (hier ergibt sich als Dreieckswinkelsumme> 180°). Für die Frage der Bestimmung der Bewegungsgesetze ging man von einem Koordinatensystem aus mit der Zeit als vierten, und stellte nun die Frage, ob ein ruhendes System einen Vorzug hätte, oder ob die Gleichungen bei einem bewegten System erhalten blieben. Die Newtonschen Gesetze werden durch eine beschleunigte Bewegung des Maßsystems verändert. Die Tendenz der Erhaltung der Bewegungsgesetze führte dazu, Raum und Zeit – als Maßbedingungen – so zu modifizieren, daß die Bewegungsgesetze gegenüber allen Bewegungen des Maßsystems erhalten bleiben. Wie muß das Koordinaten-System dazu bestimmt werden? Die notwendige Bedingung ist, daß sich die Zeit, die ich messe, bei der Bewegung ändert und ebenso die Maßstäbe. Raum und Zeit ändern sich, sie sind abhängig von der Materie. So wird es nötig, den Begriff der Materie, des Kraftfeldes neu zu bestimmen.

Was liegt in diesen Bestimmungen hinsichtlich der Zeit? Der Kantische Zeitbegriff reicht nicht mehr zu. Die neue Entdeckung ist die, daß Zeit immer Ortszeit ist, daß sie abhängig ist vom Ort des Messens. Messen heißt: einen Maßstab so abfragen, daß das Wieviel des Gemessenen sichtbar wird, es wird durch die Zahl verfügbar gemacht, in die Gegenwart gebracht. Das Messen ist eine Art des Gegenwärtigens. Daß die Zeit Ortszeit ist, wird verständlich, wenn man bedenkt, daß das Selbst die eigentliche Zeit ist, daß sie nichts ist, was draußen vorkommt, ein Behälter des Seins, sondern wir selbst; daß die Vorgänge der Welt in die Zeit hineinbegegnen. Sie stoßen auf eine Erfassungsart, zu der es gehört, Jetzt zu sagen.

Die Zeit darf also, das ist die Entdeckung der Relativitätstheorie, auch als Naturzeit nicht absolut, metaphysisch gefaßt werden. Sie ist physikalisch eine eindimensionale nicht umkehrbare Mannigfaltigkeit

Toute propriété spatiale d'une figure n'est pas pour autant géométrique. Le haut et le bas, la droite et la gauche, sont équivalents dans la géométrie euclidienne. Ses résultats sont indépendants du déplacement, de la rotation, de la réflexion. Ses propositions sont *invariables* par rapport à ces transformations. Sur la base de ces faits, le mathématicien Klein détermina une géométrie en tant que théorie des invariants pour un groupe de transformation déterminé [n]. Cette problématique a pour origine la querelle relative à l'axiome indémontrable des parallèles. Ainsi, on fit la supposition méthodique qu'il n'était pas valide et on aboutit alors à l'élaboration de deux nouvelles géométries non contradictoires en elles-mêmes, l'*elliptique* en admettant qu'à partir d'un point il est impossible de tracer une parallèle à une droite donnée (la somme des angles d'un triangle est alors inférieure à 180°), et l'*hyperbolique* en admettant qu'à partir d'un point il est possible de tracer plusieurs parallèles à une droite donnée (la somme des angles d'un triangle est alors supérieure à 180°). En ce qui concerne la détermination des lois du mouvement, on partit d'un système de coordonnées, le temps en formant une quatrième, et on se demanda alors si les équivalences se maintenaient dans un système mobile. Les lois newtoniennes sont transformées par un mouvement accéléré du système de mesure. La tendance au maintien des lois du mouvement conduisit à modifier l'espace et le temps – en tant que conditions de mesure – de telle sorte que se conservent toutes les lois du mouvement par rapport à tous les mouvements du système de mesure. Comment doit être déterminé le système de coordonnées à cette fin ? La condition nécessaire, c'est que le temps que je mesure et les critères de mesure changent en fonction du mouvement. L'espace et le temps changent, ils dépendent de la matière. Il s'avère ainsi nécessaire de déterminer de façon nouvelle le concept de matière, de champ de forces.

Que trouve-t-on concernant le temps dans ces déterminations ? Le concept kantien de temps ne suffit plus. La nouvelle découverte, c'est que le temps est toujours local, qu'il est relatif au lieu de la mesure. Mesurer signifie interroger un critère de mesure de telle sorte que la quantité du mesuré devienne visible ; on en dispose, on la présentifie, grâce au nombre. La mesure est une façon de présentifier. On comprend que le temps est un temps local, si l'on s'avise que le soi est le temps authentique, que le temps n'est rien de ce qui se produit à l'extérieur, un contenant de l'être, mais nous-mêmes ; que les processus du monde se produisent dans le temps. Vous butez sur un genre de conception dont le propre est de dire maintenant.

Il n'est donc pas permis – c'est la découverte de la théorie de la relativité – de concevoir métaphysiquement le temps comme absolu, même le temps de la nature. Physiquement, c'est un divers unidimensionnel irréversible

des Früher und Später. Die Jetzt sind nicht als dieselben wiederholbar, jedes hat seine eindeutige Stelle. Ihre letzte Bestimmung ist die der Offenheit, sie ist ohne Anfang und Ende. Die mathematische Fortbildung auf Grund dieser Bestimmungen unternahm *Minkowski*, der unter Zuhilfenahme der Zeit als vierte Koordinate die Geometrie zur Relativitätstheorie ausbildete.

Diese Weltzeit ist die, auf die man sich verabredet. Wenn diese gemessene Zeit nicht die eigentliche ist, so ist dennoch nicht *Bergson* im Recht, der meint, die Zeit würde hier verräumlicht. Sie wird vielmehr von der Zukunft zum Jetzt gebracht. – Es ist kein Zufall, daß die erste wissenschaftliche Definition von der Naturzeit handelt. *Aristoteles* machte sich klar, was in der Zeitmessung eigentlich gemessen wird. Die Sonnenuhr zeigt einen wandernden Schatten in ständigem Ortswechsel, er ist jetzt hier, jetzt hier, jetzt hier... Zeit ist also, sagt Aristoteles, das Gezählte an der Bewegung im Hinblick auf das Früher und Später. Diese Definition ist im Wesentlichen festgehalten bis in die Neuzeit. Auch Kant bestimmt die Zeit von der Erfassung der Natur her. Es kommt jetzt darauf an, Zeit als Realität unserer selbst zu verstehen. Das uneigentliche Sein der Zeit ist das gewöhnliche, die eigentliche Zeit sind wir jeder selbst. Hier ergibt sich die Schwierigkeit : wie denn, wenn das jeweilige Dasein selbst die Zeit ist, trotzdem die gemessene Zeit bestehen kann ? Das ist die Frage, wie der spezifische Charakter des einzelnen Daseins zu verstehen ist im Miteinandersein in der Zeit. – Für unsere Frage nach dem Sinn der Geschichtlichkeit genügen aber die bisherigen Bestimmungen.

X.

Diltheys eigentliche Frage geht nach dem Sinn der Geschichte. Sie ging zusammen mit der Tendenz, Leben aus sich selbst heraus zu verstehen, nicht aus einer fremden Wirklichkeit. Das schließt in sich, daß das Leben selbst in seiner Verfassung sichtbar gemacht werden muß. Dilthey hat gezeigt und betont, daß der Grundcharakter sei : Geschichtlich-Sein. Er ließ es bei dieser Feststellung bewenden, er hat nicht gefragt, was Geschichtlich-Sein sei, noch gezeigt, inwiefern Leben geschichtlich ist. Wir haben diese Frage auf die Basis der Phänomenologie gestellt und uns durch eine Analyse des Daseins und seiner eigentlichen Wirklichkeit, der Zeit, vorbereitet. Damit haben wir den hinreichenden Boden für die Frage nach der Geschichtlichkeit, die wir in drei Etappen behandeln :

1. Geschichte und Geschichtlichkeit.

de l'antérieur et du postérieur. Les maintenant ne peuvent être réitérés à l'identique, chacun d'eux a une place univoque. Son ultime détermination est celle de l'ouverture, elle est sans commencement et sans fin. Sur le fond de ces déterminations, Minkowski a développé cela mathématiquement en étendant la géométrie à la théorie de la relativité à l'aide du temps comme quatrième coordonnée [o].

Ce temps du monde est celui dont on convient. Si ce temps mesuré n'est pas le temps authentique, Bergson n'a pas pour autant raison d'y voir un temps spatialisé. Il est plutôt reconduit de l'avenir au maintenant. Ce n'est pas par hasard que la première définition scientifique traite du temps de la nature. Aristote prit conscience de ce qui est véritablement mesuré lorsqu'on mesure le temps. L'horloge solaire montre une ombre mobile dans un constant changement de lieu, elle est maintenant ici, maintenant ici, maintenant ici… Le temps est donc le dénombré du mouvement eu égard à l'antérieur et au postérieur, dit Aristote. Cette définition se maintient pour l'essentiel jusque dans la modernité. Même Kant détermine le temps à partir de l'appréhension de la nature. Il s'agit maintenant de comprendre le temps en tant que réalité qui nous est propre. L'être inauthentique du temps est l'habituel, le temps authentique, chacun de nous l'est lui-même. Là, on aboutit à la difficulté suivante : si le *Dasein* est lui-même le temps, comment le temps mesuré peut-il malgré tout subsister? C'est la question de savoir comment comprendre le caractère spécifique du *Dasein* singulier dans l'être ensemble temporel. Par rapport à notre question relative au sens de l'historicité, les déterminations précédentes suffisent.

X.

La question proprement diltheyenne est relative au sens de l'histoire. Elle allait avec la tendance à comprendre la vie à partir d'elle-même et non à partir d'une réalité étrangère [p]. Cela implique qu'il faut rendre visible la vie elle-même dans ce qui la constitue. Dilthey a montré et accentué le fait que le caractère fondamental est : être historique. Il n'est pas allé au-delà de l'établissement de ce fait en se demandant ce qu'est l'être historique, ni montré dans quelle mesure la vie est historique. Nous avons posé cette question en partant de la phénoménologie et en nous y préparant par une analyse du *Dasein* et de sa réalité effective, le temps. Nous disposons ainsi d'une assise suffisante pour poser la question relative à l'historicité que nous traiterons en trois étapes :

1. Histoire et historicité.

2. Geschichtlichkeit und Historie.
3. Ein Exempel historischer Erkenntnis als Möglichkeit des Geschichtlich-Seins : die philosophisch-geschichtliche Forschung.

Als Vorbereitung nehmen wir eine Bestimmung der Termini : Geschichte und Historie. Beide Worte haben einen ganz verschiedenen Ursprung und werden trotzdem einer für den anderen gebraucht. Diese Möglichkeit ist nicht von ungefähr. Geschichte besagt ein Geschehen, das wir selbst sind, wo wir dabei sind. Es besteht ein Unterschied zwischen Geschichte und Bewegung, z. B. der Gestirne. Nur in ganz weitem Sinne gibt es auch eine Geschichte der Welt. Geschichte ist formal eine bestimmte Art der Bewegung. Sie ist solches Geschehen, das als Vergangenes noch da ist, um das wir in bestimmter Weise wissen, an dem wir tragen. In der Bestimmung « vergangen » zeigt sich das Moment der Zeit.

Historie – (ἱστορεῖν : erkunden, Kunde geben von dem was geschah) meint die Erkenntnis eines Geschehens. Die Art und Weise der Erkenntnis, die ermöglicht, Kunde zu geben von einem Vergangenen, heißt historisch. Sie vollzieht sich als Aufdeckung, Kritik und Interpretation von Quellen, und Darstellung des in ihnen Gefundenen. Warum wird der Ausdruck des Wissens um das Geschehen von diesem selbst gebraucht? Weil es ein Geschehen mit uns selbst ist. Das Geschehene bleibt in dem Wissen darum erhalten.

Für eine wissenschaftliche Bestimmung der Geschichte wäre jetzt eine Abgrenzung gegen die Bewegung nötig. Wir müssen uns aber hier mit einigen Andeutungen begnügen. Wir unterschieden Vorhanden-Sein und In-der-Welt-Sein. Bewegung ist der weitere Begriff, er meint das Phänomen des Wechsels, des Umschlags von zu…, Bewegungen laufen in der Welt ab. Geschichte geschieht mit mir selbst; ich bin dieses Geschehen. Das Vorlaufen ist eine Bewegung, die das Dasein in seiner eigenen Zukunft ausführt. Dies Vor-sich-selbst-gehen ist die Grundbewegung, aus der Geschichte entsteht, denn durch es wird die Vergangenheit aufgedeckt. Dies Geschehen ist kein Wechsel, kein bloßes Ablaufen, sondern indem wir vor uns selbst hergehen, sind wir das Geschehen selbst. Zu ihm gehört es strukturmäßig, daß wir um uns selbst wissen. Das Geschehen ist ursprünglich entdeckt da. Wir bringen uns diese Struktur der Geschichtlichkeit auf demselben Wege näher wie die Zeit. Wir sind Geschichte, d.h. unsere eigene Vergangenheit. Unsere Zukunft lebt aus der Vergangenheit heraus. Wir tragen an der Vergangenheit. Das wird deutlich am Miteinandersein, an der Generation. Dilthey hat diesen Begriff als wichtig für das Phänomen der Geschichtlichkeit entdeckt. Jeder ist nicht nur er selbst, sondern seine Generation. Die Generation geht vor dem Einzelnen vorweg,

2. Historicité et connaissance historique.
3. Un exemple de connaissance historique en tant que possibilité de l'être historique : la recherche philosophique historique.

À titre préparatoire partons d'une détermination des termes : histoire et connaissance historique. Les deux mots ont une origine radicalement différente et sont néanmoins employés l'un pour l'autre. Cette possibilité n'est pas anodine. L'histoire désigne un advenir que nous sommes nous-mêmes, dans lequel nous sommes impliqués. Il y a une différence entre l'histoire et le mouvement, celui des étoiles par exemple. C'est seulement en un sens très large qu'il y a aussi une histoire du monde. Formellement, l'histoire est un genre déterminé de mouvement. Elle est un advenir qui a pour particularité d'être encore là en tant que passé, et dont nous avons un certain savoir, dont nous portons le poids. La détermination « passé » révèle le moment du temps.

Histoire (ἱστορεῖν : reconnaître, porter à la connaissance ce qui est advenu) signifie la connaissance d'un advenir. Le genre et le mode de connaissance permettant de connaître un passé s'appelle historique. Il se déploie en tant que dévoilement, critique et interprétation de sources, et exposition de ce que l'on y a trouvé. Pourquoi tire-t-on de l'advenir l'expression désignant le savoir de celui-ci ? Parce qu'il s'agit d'un advenir qui nous concerne. L'advenu est préservé dans le savoir que nous en avons.

Pour parvenir à une détermination scientifique de l'histoire, il serait maintenant nécessaire de distinguer celle-ci du mouvement. Ici, il faut néanmoins nous contenter de quelques indications. Nous avons distingué être disponible et être au monde. Le mouvement est le concept plus large signifiant le phénomène du changement, du renversement de… à…; les mouvements se produisent dans le monde. Ce qui se produit historiquement me concerne personnellement : je suis cet advenir. Le devancement est un mouvement conduisant le *Dasein* à son propre avenir. Un tel se devancer soi-même est le mouvement fondamental dont naît l'histoire, car c'est par lui que le passé se découvre. Cet advenir n'est pas un changement, un simple passage, mais, dans la mesure où nous nous précédons, nous sommes cet advenir même. Ce qui lui appartient structurellement, c'est que nous avons un savoir de nous-mêmes. C'est là que l'advenir est originellement découvert. Nous nous rapprochons de cette structure de l'historicité de la même manière que du temps. Nous sommes l'histoire, c'est-à-dire notre propre passé. Notre avenir vit du passé. Nous sommes chargés du passé. Ce qui le montre, c'est l'être ensemble, le phénomène de la génération. Dilthey a découvert l'importance de ce concept en ce qui concerne le phénomène de l'historicité. Chacun d'entre nous n'est pas seulement lui-même, mais sa génération. Celle-ci devance l'individu,

ist vor ihm da und bestimmt sein Dasein. Der Einzelne lebt aus dem, was Vergangenheit war, sich durch die Gegenwart schleppt und schließlich durch eine neue Generation abgelöst wird.

Die Vergangenheit kann nun ausdrücklich erfaßt werden, d.h. derjenige Seinszusammenhang, aus dem Leben lebt, kann erschlossen werden als Thema einer darauf gerichteten Forschung. Vergangenheit ist zunächst da als vorbeigegangene Gegenwart. Diese Erfassung einer Vergangenheit ist immer in bestimmte Grenzen gespannt. Diese Möglichkeit ist dadurch bestimmt, wie wir selbst unser eigenes Dasein auffassen und bestimmen. Z.B. Spenglers absolute Geschichtsbetrachtung ist bestimmt durch die Deutung der Kulturen in der Grundbestimmung von Symbolen, Ausdruck einer Kulturseele. Darin liegt eine bestimmte Deutung der Phänomene, die eine eigentliche Bestimmung ihrer nicht mehr zuläßt. Die Kulturseele selbst wird rein biologisch verstanden. Diese Betrachtung Spenglers ist eine ästhetische, die nicht geschichtliche Bewegungszusammenhänge verfolgt, sondern lediglich eine Botanik als Geschichte ist. Die eigene Gegenwart ist selbst nur eine unter anderen. – Diese Thesen der Geschichtsdeutung sind nun wohl anfechtbar; hier wollen wir nur zeigen, daß das Erforschte von vornherein in einer bestimmten Interpretation steht. Soll die Vergangenheit in dem, was sie ist, eigentlich erschlossen werden, so wird es sich darum handeln, jedes Hineintragen solcher Fragen, die der jeweiligen geschichtlichen Situation widersprechen, fernzuhalten. Darin liegt, daß die Grundbesinnung historischer Forschung die ist, auch die Möglichkeit, einen Begriff vom Dasein für die Möglichkeit der Deutung seiner Geschichte zu bilden. Diese Ausarbeitung des Bodens ist ein Grundstück der historischen Methode. Zumeist wird in der objektiven Geschichtsforschung naiv angenommen, die aufgegriffenen Begriffe, die sie benütze, seien selbstverständlich. So hat in der Geschichte der Philosophie die Marburger Schule mit den Kantischen Begriffen auch die Geschichte zu verstehen gesucht. In der katholischen Philosophie hat man Aristoteles von Thomas her gedeutet. Und in der Befehdung dieser Schulen haben die Einen Plato als Idealisten, die Anderen Aristoteles als Realisten ausgespielt. In der jeweiligen Gegenwart liegt die Gefahr, die Geschichte zu verbauen, sie nicht zu entdecken, sondern unzugänglich zu machen. Es ist eine kritische Aufgabe, von solchen Vormeinungen loszukommen und sich wieder zu besinnen auf die Bedingungen, die ermöglichen, die Vergangenheit zu erfassen. Es gehört zur philosophischen Forschung, Kritik der Gegenwart zu sein. In einer ursprünglichen Erschließung ist die Vergangenheit nicht mehr nur voraufgegangene Gegenwart, sondern es besteht die Möglichkeit, die Vergangenheit frei werden zu lassen, so daß sichtbar wird, daß die Vergangenheit das ist, wo wir

elle le précède et détermine son *Dasein*. L'individu vit de ce que fut le passé, de ce que véhicule le présent, et en fin de compte de ce que libère une nouvelle génération.

Il est maintenant possible de saisir expressément le passé, c'est-à-dire de dégager cette connexion d'être dont vit la vie, en tant que thème d'une recherche directe. Le passé est d'abord là en tant que présent venant de s'écouler. Cette saisie d'un passé est toujours contenue dans des limites précises. Cette possibilité est déterminée par la façon dont nous saisissons et déterminons notre propre *Dasein*. Le caractère absolu de la considération de l'histoire propre à Spengler est par exemple déterminé par l'interprétation des cultures fondamentalement déterminées comme symboles, expressions d'une âme culturelle. Cela implique une interprétation déterminée des phénomènes qui ne permet plus de les déterminer véritablement. L'âme culturelle est elle-même entendue de façon purement biologique. Cette considération spenglérienne est esthétique, elle ne suit pas les configurations de la mobilité historique, mais relève d'une botanique en tant qu'histoire. Le présent propre n'en est qu'un parmi d'autres. Les thèses de cette interprétation de l'histoire sont assurément critiquables, mais ici nous voulons simplement montrer que l'objet de la recherche se voit par avance interprété d'une certaine façon. S'il s'agit de dégager véritablement le passé dans ce qu'il est, il faudra se garder de toute interpolation de ces questions qui contredisent la situation historique concernée. Cela tient à ce que la méditation fondamentale propre à la recherche historique permet également de former un concept du *Dasein* qui rend possible l'interprétation de son histoire. Cette élaboration du sol est un élément fondamental de la méthode historique. Dans la recherche historique objective, on admet en général naïvement que les concepts hérités dont elle fait usage vont de soi. Ainsi, dans l'histoire de la philosophie, l'école de Marburg a tenté de comprendre l'histoire à l'aide des concepts kantiens. Dans la philosophie catholique, on a interprété Aristote à partir de Thomas d'Aquin. Et dans la guerre entre ces écoles, les uns ont joué un Platon idéaliste et les autres un Aristote réaliste. Le danger du présent, c'est toujours d'obstruer l'histoire en la construisant, de ne pas la découvrir mais d'en barrer l'accès. Se libérer de tels préjugés et méditer à nouveau les conditions permettant de saisir le passé relève d'une tâche critique. La recherche philosophique implique la critique du présent. Un dévoilement originaire ne réduit plus le passé à l'anticipation d'un présent, mais permet de le laisser être de telle sorte qu'on voit qu'il est là où nous

die eigentlichen Wurzeln unserer Existenz finden und als lebenskräftig in die eigene Gegenwart hinüberzunehmen. Das historische Bewußtsein macht die Vergangenheit frei für die Zukunft; dann gewinnt sie Stoßkraft und wird produktiv. Und nur weil Dasein in sich selbst geschichtlich ist, seine eigene Vergangenheit haben kann, kann es auch unhistorische Zeitalter geben, so daß die die Vergangenheit nicht als solche sehen, sondern in der Gegenwart aufgehen, was nur eine bestimmte Art des Zeitlich-Seins und Geschichtlich-Seins ist.

Die historische Forschung und ihre Möglichkeit vergegenwärtigen wir uns an der Geschichte der Philosophie. Wir wählen dies Beispiel nicht beliebig, sondern deshalb, weil eine echte und radikale Tendenz der Philosophie, die Phänomenologie, sich auszeichnet durch Geschichtlosigkeit und – feindlichkeit, weil sie glaubte, das Gewesene als irrelevant von sich abstoßen zu können und von sich aus zu den Sachen kommen zu können, dabei aber in traditioneller Fragestellung hängen blieb. Es gehört aber zum Sinn der phänomenologischen Forschung, sich immer wieder auf sich selbst zu besinnen und unechte Tradition immer mehr von sich abzuschütteln und dadurch die Vergangenheit im echten Sinne wirksam zu machen.

Wir führen unsere Betrachtung an einem Grundproblem, das wir ständig schon im Auge hatten, aber noch nicht ausdrücklich stellten, an der Frage nach dem *Sein des Seiendes*. Die Frage nach dem Sein eines bestimmten Seienden ist noch nicht radikal, sofern ich noch nicht weiß, was ich unter Sein eigentlich verstehen will. Diese zentrale Frage stelle zuerst Plato im *Sophistes*. Mit dem Verfall der philosophischen Forschung verfällt auch diese Frage. Man sagt heute einfach, Sein ist der allgemeinste Begriff und daher nicht definierbar. Aber nicht die Definition ist für einen Begriff entscheidend, sondern seine Ausweisung am Sachverhalt. Diese kritische Grundfrage ist die Zentralfrage. Sie ist zugleich die Frage nach dem Weg, auf dem der Sinn von Sein erfahrbar wird. Bei dieser Fragestellung wird der sonst so wirre Aspekt der Geschichte der Philosophie ganz einfach. Nun ist das Merkwürdige, daß die Griechen das Sein interpretiert haben aus der Zeit: οὐσία besagt Anwesenheit, Gegenwart. Weil Sein das besagt, ist das eigentliche Sein das, was nie nicht da ist, das immer da ist: ἀεὶ ὄν. Man hat in der Tradition diesen Begriff von Sein aufgenommen, um damit die historische Wirklichkeit zu verstehen, die aber gerade nicht immer ist. So wird deutlich, daß, wenn die griechische Lehre vom Sein unkritisch als absolute genommen wird, die Forschung damit in die Unmöglichkeit gesetzt wird, eine Wirklichkeit wie geschichtliches Dasein überhaupt zu verstehen. Ein Beweis, daß die griechische Seinslehre sich in die Gegenwart hinübergerettet hat, ist Descartes.

trouvons les véritables racines de notre existence et où s'intensifie la vitalité de notre propre présent. La conscience historique libère le passé pour l'avenir; il acquiert alors un impact et devient fécond. Et c'est seulement parce que le *Dasein* est en lui-même historique et peut avoir son propre passé, qu'il peut y avoir des époques non historiques qui ne voient pas le passé en tant que tel, mais sont absorbées par le présent, ce qui n'est qu'un mode déterminé de l'être temporel et de l'être historique.

Représentons-nous la recherche historique et ce qui la rend possible en prenant l'exemple de l'histoire de la philosophie. L'exemple n'est pas choisi arbitrairement, mais parce qu'une tendance authentique et radicale de la philosophie, la phénoménologie, se caractérise par son anhistoricité et son inimitié vis-à-vis de l'historicité : croyant pouvoir rejeter l'ayant-été comme non pertinent et accéder par elle-même aux choses, elle est restée enfermée dans le questionnement traditionnel. Le sens de la recherche phénoménologique, c'est néanmoins de toujours méditer à nouveau sur elle-même, de se libérer toujours plus d'une tradition inauthentique et de rendre ainsi le passé effectif en un sens authentique.

Un problème fondamental que nous avons constamment eu en vue, mais sans que nous l'ayons explicitement posé, guidera notre considération : la question relative à *l'être de l'étant*. La question relative à l'être d'un étant déterminé n'est pas encore radicale, dans la mesure où je ne sais pas encore ce que j'entends véritablement par être. La question centrale est d'abord posée par Platon dans le *Sophiste*. Avec la décadence de la recherche philosophique, cette question se voit aussi abandonnée. Aujourd'hui, on se contente de dire que l'être est le concept le plus général, et qu'il est donc indéfinissable. Ce qui est décisif pour un concept, ce n'est pourtant pas la définition, mais le fait qu'il renvoie à un état de choses. Cette question critique fondamentale est la question centrale. Elle est simultanément la question relative à la voie permettant d'accéder à une expérience du sens de l'être. Dans le cadre de ce questionnement, le visage de l'histoire de la philosophie, qui est autrement si confus, devient très simple. Ce qui est remarquable, c'est que les Grecs ont interprété l'être à partir du temps. Οὐσία signifie présence, présent. Comme être signifie cela, le véritable Être est ce qui n'est jamais absent, ce qui est toujours là : ἀεὶ ὄν Dans la tradition, on a repris ce concept d'être pour comprendre la réalité historique qui n'est pourtant précisément pas toujours. Il est ainsi clair qu'une réception non critique de la doctrine grecque de l'être, celle qui l'entendrait de façon absolue, exclut pour la recherche la compréhension d'une réalité comme celle du *Dasein* historique. Une preuve du fait que la doctrine grecque de l'être s'est conservée jusque de nos jours, c'est Descartes.

Er verwendet die thomistische Seinslehre, deren Grundbegriffe durchaus griechisch sind. Descartes versäumt es, zu fragen, welches der Seinssinn des Ich bin, das er gefunden hatte, sei. Er setzt da einfach den Seinsbegriff des weltlichen Vorhandenseins ein. Dieses Versäumnis und diese Unklarheit haben sich bis in die Phänomenologie fortgepflanzt. Auch Husserl stellt nicht die Frage nach dem Sein des Bewußtseins. So zeigt sich also, daß sich eine bestimmte Seinsinterpretation durch die Geschichte der Philosophie durchhält und die ganze Begrifflichkeit der Philosophie bestimmt.

So wird also die historischphilosophische Fragestellung zurückgeleitet auf die fundamentale Frage nach dem Sein selbst. Wir müssen diese Frage so stellen, daß wir die Kontinuität mit der ersten wissenschaftlichen Fragestellung nach dem Sein bei den Griechen bewahren, um deren Recht und grundsätzliche Grenzen zu erforschen. Wenn es gelingt, die wissenschaftliche Philosophie wieder auf ihre wirklichen Themata zurückzubringen, besteht die Gewähr, daß solche Forschung wieder für die Wissenschaften fruchtbar wird, daß die Logik nicht eine nachträgliche Formulierung des Verfahrens der Wissenschaften ist, sondern eine vorauslaufende Führerin, die die Grundbegriffe erschließt. Dazu braucht es Geschichte der Philosophie, das Wiederverstehen der Alten. Wir müssen soweit kommen, daß wir der Fragestellung der Griechen wieder gewachsen sind. – Von dieser Notwendigkeit historischer Besinnung hatte Yorck von Wartenburg vielleicht noch mehr Ahnung als Dilthey; er schreibt am 21. August 1889: « Die Wellenschwingungen hervorgerufen durch das exzentrische Prinzip, welches vor mehr als vierhundert Jahren eine neue Zeit heraufführte, scheinen mir bis zum Äußersten weit und flach geworden zu sein, die Erkenntnis bis zur Aufhebung ihrer selbst fortgeschritten, der Mensch so weit seiner selbst entrückt, daß er seiner nicht mehr ansichtig ist. Der 'moderne Mensch', d.h. der Mensch seit der Renaissance ist fertig zum Begrabenwerden »[1]. – Am 11. 2. 1884: « Weil philosophieren leben ist, darum – erschrecken Sie nicht – gibt es nach meiner Meinung eine Philosophie der Geschichte – wer sie schreiben könnte! ... Darum weiter gibt es kein wirkliches Philosophieren, welches nicht historisch wäre. Die Trennung zwischen systematischer Philosophie und historischer Darstellung ist dem Wesen nach unrichtig... Ich erschrecke vor der Klosterzelle des modernen Menschen in dieser Zeit wo des Lebens Wogen so hoch gehen, wo wenn irgend wann Wissen Macht sein soll. Hat aber die Wissenschaft einen Boden, so ist es der einer Vergangenen Welt, der antiken »[2].

1. *Briefwechsel Dilthey-Yorck,* a.a. O., 83.
2. Ebd. 251. (Die Yorck-Zitate wurden vom Nachschreiber modernisiert).

Il fait usage de la doctrine thomiste de l'être dont les concepts fondamentaux sont foncièrement grecs. Descartes néglige de s'interroger sur le sens de l'être du « je suis » qu'il a découvert. Il introduit simplement le concept d'être de l'être disponible mondain. Cette négligence et cette obscurité se perpétuent jusque dans la phénoménologie. Husserl ne pose pas non plus la question de l'être de la conscience. On voit donc qu'une interprétation déterminée de l'être se perpétue à travers l'histoire de la philosophie et détermine toute la conceptualité philosophique.

La question historique philosophique est ainsi reconduite à la question fondamentale relative à l'être. Nous devons poser cette question de sorte que soit préservée la continuité avec le premier questionnement scientifique relatif à l'être chez les Grecs afin d'interroger sa légitimité et ses limites fondamentales. S'il s'avère possible de reconduire la philosophie scientifique à ses thèmes effectifs, on verra qu'une telle recherche fécondera à nouveau les sciences, que la logique n'est pas une formulation superfétatoire du procéder des sciences, mais un éclaireur qui découvre les concepts fondamentaux. Cela suppose l'histoire de la philosophie, une nouvelle compréhension des Anciens. Il est nécessaire de s'élever à nouveau à la hauteur du questionnement des Grecs. Peut-être plus encore que Dilthey, Yorck von Wartenburg avait le sentiment de la nécessité de cette méditation historique ; il écrit le 21 août 1889 : « Les ondes appelées par le principe excentrique qui fit émerger une nouvelle époque il y a plus de quatre cent ans me semblent être devenues extrêmement lointaines et insensibles, la connaissance avoir progressé jusqu'à se supprimer elle-même, et l'homme s'être tellement éloigné de lui-même qu'il a disparu de son champ de vision. L'"homme moderne", c'est-à-dire l'homme depuis la Renaissance, est bon à être enterré ». Le 11 février 1884 : « C'est parce que philosopher, c'est vivre, qu'il y a à mon avis – ne soyez pas effrayé – une philosophie de l'histoire –, qui pourrait l'écrire ! ... C'est aussi pourquoi il n'y a pas de philosophie véritable qui ne soit historique. La séparation entre philosophie systématique et exposition historique est essentiellement erronée... Je suis effrayé par la cellule monacale de l'homme moderne à une époque où l'agitation de la vie est si grande, où n'importe quel savoir doit être un pouvoir. Mais si la science a un sol, c'est celui d'un monde passé, celui des *Anciens* ».

NOTES DU TRADUCTEUR

a) p. 139

Éditées dans le huitième volume des *Dilthey-Jahrbücher* (1992-1993), ces conférences ont été prononcées sur l'invitation du président de la Société Hessoise pour les Arts et les Sciences, Johannes Boelhau (1861-1941), au cours de cinq soirées consécutives de deux heures entrecoupées d'une pause d'un quart d'heure. Frithjof Rodi en avait présenté le contexte dans le volume 4 (1986-87) (« Die Bedeutung Diltheys für die Konzeption von *Sein und Zeit.* Zum Umfeld von Heideggers Kasseler Vorträgen (1925) », p. 161-177, repris in *Erkenntnis des Erkannten. Zur Hermenneutik des 19. und 20. Jahrhunderts*, Francfort-sur-le-Main, Suhrkamp, 1990, p. 102-122). Dans sa postface à l'édition de ces conférences, Rodi retrace l'histoire de leur manuscrit. Bröcker qui appartenait au cercle rapproché des élèves de Heidegger retranscrivit immédiatement après ces conférences les notes sténographiées qu'il en avait prises, et il mit plus tard son manuscrit à la disposition de Marcuse qui le tapa à la machine. L'exemplaire manuscrit disparut dans la maison de Bröcker. Mais par un canal resté inconnu, Bollnow en possédait une copie dactylographiée dont il fit don aux archives Dilthey de Bochum au début des années quatre-vingt. Entre temps, l'exemplaire dactylographié par Marcuse était retrouvé à Francfort, ce qui permit à Rodi de comparer les deux versions.

b) p. 145

Il s'agit manifestement du philologue F.A. Wolf; sur la convergence des travaux de ces diverses figures, voir par exemple *L'Édification du monde historique dans les sciences de l'esprit*, GS VII, 96-101, trad. in *Œuvres* 3,50-56.

c) p. 145

À l'époque de l'élaboration de *L'Édification*, Dilthey s'est référé d'un point de vue historique à *Die Sozialenlehren der christlichen Kirchen und Gruppen* (GS VII, 379). En 1922, Ernst Troeltsch (1865-1923) dédiera *Der Historismus und seine Probleme* à Windelband, Rickert et Dilthey.

d) p. 147

Auteur de *Die Katharsis des Aristoteles und der Ödipus Colonus des Sophocles* (1866), le Comte Paul Yorck von Wartenburg (1835-1897) vivait sur ses terres de Klein-Oels.

e) p. 149

Dans son hommage à son ami et germaniste Wilhelm Scherer (1841-1886) dont l'ouvrage le plus célèbre s'intitule *Geschichte der deutschen Sprache* (1868), Dilthey rappelle le sens de ses travaux : la connaissance « à travers les extériorisations de la vie que sont la langue, le mythe et la littérature », qui sous-tendent la vie historique du peuple allemand, afin de donner un sens à l'avenir de ce dernier. Philologue de formation, Scherer mettait en relation les résultats de la grammaire comparée avec la physiologie des phonèmes (elle, fondatrice) et l'histoire politique (GS XI, 247 *sq.*). La recension en 1877 par Dilthey de l'ouvrage sur Goethe de Hermann Grimm (1828-1901), le fils de Wilhelm, constituera le noyau primitif de *Goethe et l'imagination poétique*. De formation philologique, l'historien Bernhard Erdmannsdörffer (1833-1901) succèdera à Treitschke en 1874 à Heidelberg. Sa *Deutsche Geschichte vom westfälischen Frieden bis zum Regierungsantritt Friedrich des Grossen. 1648-1740* (Berlin, 1892-1893) est une des références de Dilthey (voir GS VII, 341 et 379 et GS VIII évoque son souvenir). La relation de Dilthey au philologue Hermann Usener (1834-1905) auquel il dédia *Das Erlebnis und die Dichtung* fut plus qu'amicale puisque Usener épousa sa sœur en 1866.

f) p. 149

La dédicace de l'*Introduction aux sciences de l'esprit* va jusqu'à considérer cet ouvrage comme le fruit de leur amitié philosophique qui date de l'époque où Dilthey répondit à l'appel de l'Université de Breslau (1871-1882). Leur collaboration effective se traduisait par exemple par les commentaires très précis que Yorck von Wartenburg fait des *Idées pour une psychologie*. Quant à leur amitié, en témoigne le mot de Yorck selon lequel c'est souvent la réponse qui fait être une parole (« Manches Wort wird erst durch Antwort », lettre du 13 janvier 1883) ou la lettre envoyée par Dilthey au fils de son ami après son décès : « Quelle pourrait encore être la valeur de ce que j'écrirai puisque je n'aurai plus jamais le retour de son jugement, de son assentiment et de ses objections ? Et souffrant comme je suis, le reste me paraît comme se recouvrir de ténèbres ».

g) p. 151

En témoigne par exemple *Der junge Dilthey*, *op.cit.*, p. 152. Heidegger suit ici les indications de Misch citant entre autres le journal de 1860 : « Ma vocation est de saisir le plus intime de la vie religieuse dans l'histoire, et de parvenir à l'exposer de manière vivante à notre époque exclusivement intéressée par l'État et la science. J'ose parler d'une formation et de l'effectivité d'une vision du monde religieuse-philosophique qui est mani-

festement ensevelie sous les ruines de la théologie et de la philosophie » (GS V, p. XXII *sq.*). C'est à son découvrement qu'est aussi consacré l'essai de 1911 intitulé « Les Types de vision du monde ».

h) p. 151
Der junge Dilthey, *op. cit.*, p. 87. Près de cinquante ans plus tard, Dilthey reprend pratiquement la même l'expression de « mourir en chemin » (*wenn ich auf dem Wege liegen bleibe*) dans son discours de 1903 à l'occasion de son soixante-dixième anniversaire (GS V, 9, trad. *Le Monde de l'esprit* I, p. 15).

i) p. 153
Heidegger cite plus loin l'essai de 1905 sur l'*Histoire de la jeunesse de Hegel* (GS IV) qui s'appuyait sur les manuscrits retrouvés à Berlin par Dilthey et publiés peu après par Hermann Nohl, un de ses élèves (*Theologischen Jugendschriften*, Tübingen, 1907). S'il avait suivi les cours de Kuno Fischer au début de ses études à Heidelberg, Dilthey contribua ainsi à renouveler la compréhension de Hegel au début du siècle.

j) p. 155
Entre temps publié in GS VI, 1-55, trad. in *Le Monde de l'esprit* II, 5-58.

k) p. 155
Dilthey emprunte l'expression de *Realpsychologie* à Novalis sur lequel il publie en 1865 un essai dans les *Preussische Jahrbücher* (entre temps réédité dans *Das Erlebnis und die Dichtung*, 1906).

l) p. 161
Dilthey renvoie à plusieurs reprises aux *Principles of Psychology* (1891) dans les *Idées pour une psychologie*, dans les manuscrits relatifs au second tome de l'*Introduction* de 1883 (GS XIX et voir GS V, p. LXXI) ou dans ses cours du début du siècle sur « la systématique de la philosophie » (GS XX). Dans une lettre à sa sœur du 17 octobre 1867, William James a laissé une description de sa rencontre avec Dilthey à l'occasion d'un déjeuner chez Herman Grimm (*The Letters of William James*, éd. Henry James, vol. 1, Boston, 1920, p. 109-111).

m) p. 193
Maximes et réflexions n° 251, *Goethes Werke*, Hambourg, 1958, vol. XII, p. 399.

n) p. 199
Felix Klein (1849-1925) a systématisé la géométrie non-euclidienne et travaillé à la théorie des groupes ; voir *Nicht-Euklidische Geometrie* (cours du semestre d'hiver 1889-1890), Göttingen, 1893. Ces remarques de Heidegger, habituellement peu prolixe sur les conceptions scientifiques contemporaines, reposent probablement sur sa familiarisation avec ces savoirs au cours du semestre d'hiver 1911-1912 où il s'était inscrit à la faculté de mathéma-

tique, physique et chimie (à ce sujet, voir en particulier la lettre à Sauer du 17 mars 1912 citée par Hugo Ott, *Martin Heidegger. Unterwegs zu seiner Biographie*, Campus Verlag, Francfort-sur-le-Main / New York, 1988, p. 73, trad. J.M. Belœil, *Martin Heidegger. Éléménts pour une biographie*, Paris, Payot, 1990, p. 77 *sq.*). Mais le fait qu'il thématise la spécificité des conceptions physiques du temps s'explique par le public privé par ces conférences (sur ce point, comme sur son intérêt initial pour les mathématiques, voir *Reden und andere Zeugnisse eines Lebensweges. 1910-1976*, 6A16, Hermann Heidegger éd., 2000, p. 38 et p. 49-52 qui reproduisent l'annonce de ces conférences dans *Kasseler-Post*).

o) p. 201

Hermann Minkowski (1864-1909) a montré que l'espace non-euclidien permet de mieux comprendre les travaux de Lorenz et d'Einstein, voir *Raum und Zeit* (1907). Einstein, qui fut son étudiant, a tiré profit de ces travaux dans l'élaboration de sa théorie de la relativité générale.

p) p. 201

« C'est la vie qui ici saisit la vie », GS VII, 136, trad. *Œuvres* 3,90.

NOTICE BIBLIOGRAPHIQUE

DILTHEY Wilhelm, *Die Geistige Welt*, Georg Misch éd., *Gesammelte Schriften* t. V et VI, B.G. Teubner, Leipzig et Berlin, 1923, trad. M. Remy, *Le Monde de l'esprit*, deux volumes, Paris, Aubier Montaigne, 1947.

– *Studien zur Grundlegung der Geisteswissenschaften* (1905-1910), Bernhard Groethuysen éd., in GS VII, 1927.

– *Die Typen der Weltanschauung und ibre Ausbildung in den metaphysischen Systemen* (1911), in *Weltanschauungslehre*, B. Groethuysen éd., GS VIII, 1931, p. 339-416, trad. Louis Sauzin, « Les Types de visions du monde et leur déploiement dans les systèmes métaphysiques », in *Les Théories des conceptions du monde*, Paris, Presses Universitaires de France, 1946, p. 93-152.

– *Der Aufbau der geschichtlichen Welt in den Geisteswissenschaften* (1911), Bernhard Groethuysen éd., GS VII, 1927, trad. Sylvie Mesure, *L'Édification du monde historique*, *Œuvres* 3, Paris, Éd. du Cerf, 1988.

HUSSERL Edmund, *Die Philosophie als strenge Wissenschaft* (1911), in *Aufsätze und Vorträge (1911-1912)*, Thomas Nenon et Hans Reiner Sepp éd., *Husserliana* XXV, Dordrecht, M. Nijhoff, trad. M. B. de Launay, *La Philosophie comme science rigoureuse*, Paris, Presses Universitaires de France, 1989.

– *Ideen zu einer reinen Phänomenologie und Phänomenologischen Philosophie* II (1912-1928), Marly Biemel éd., *Husserliana* IV, 1952, trad. E. Escoubas, *Recherches phénoménologiques pour la constitution*, Paris, Presses Universitaires de France, 1982.

– *Phänomenologische Psychologie* (1925), Walter Biemel éd., *Husserliana* IX, 1962, trad. Ph. Cabestan, N. Depraz et A. Mazzu, *Psychologie phénoménologique*, Paris, Vrin, 2001.

– *Formale und Transzendentale Logik. Versuch einer Kritik der logischen Vernunft* (1929), Paul Janssen éd., *Husserliana* XVII, 1974, trad. S. Bachelard, *Logique formelle, logique transcendantale. Essai d'une critique de la raison logique*, Paris, Presses Universitaires de France, 1984.

– *Erfahrung und Urteil. Untersuchungen zur Genealogie der Logik* (1938), Ludwig Landgrebe éd., Hambourg, Claassen & Goverts, 1954, trad.

D. Souche-Dagues, *Expérience et Jugement. Recherches en vue d'une généalogie de la logique*, Paris, Presses Universitaires de France, 1970.

HEIDEGGER Martin, *Zur Bestimmung der Philosophie* (1919), Berndt Heimbüschel éd., *Gesamtausgabe* 56-57, Francfort-sur-le-Main, V. Klostermann, 1987.

– *Grundprobleme der Phänomenologie* (1919-1920), Hans-Helmut Gander éd., GA 58, 1993.

– *Phänomenologie der Anschauung und des Ausdrucks. Theorie der philosophischen Begriffsbildung* (1920), Claudius Strube éd., GA 59, 1995.

– *Phänomenologie des religiösen Lebens* (1920-1921), Matthias Jung, Thomas Regehly et Claudius Strube éd., GA 60, 1995.

– *Phänomenologischen Interpretationen zu Aristoteles* (1921-1922), Walter Bröcker et Käte Bröcker-Oltmanns éd., GA 61, 1985.

– *Ontologie (Hermeneutik der Faktizität)* (1923), Käte Bröcker-Oltmanns éd., GA 63, 1988.

– *Prolegomena zur Geschichte des Zeitbegriffs* (1925), Petra Jaeger éd., GA 20, 1994.

Principaux ouvrages et articles relatifs à la discussion entre Dilthey et la phénoménologie :

BARASH Jeffrey, *Heidegger et son siècle. Temps de l'être, temps de l'histoire*, Paris, Presses Universitaires de France, 1995.

BOLLNOW Otto-Friedrich, « Dilthey und die Phänomenologie », in *Dilthey und die Philosophie der Gegenwart*, E. W. Orth éd., Fribourg-Munich, Karl Alber, 1985, p. 31-61.

GENS Jean-Claude, *La Philosophie herméneutique de Dilthey. Entre néokantisme et phénoménologie*, Lille, Presses Universitaires du Septentrion, 2002.

HEFFERNAN Georges, *Am Anfang war die Logik*, Amsterdam, Grüner, 1988.

KERCKHOVEN Guy van, « Die Grundansätze von Husserls Konfrontation mit Dilthey im Lichte der geschichtlichen Selbstzeugnisse », in *Phänomenologische Forschungen* 16, 1984, p. 134-160.

GREISCH Jean, *L'Arbre de vie et l'arbre du savoir*, Paris, Éd. du Cerf, 2000.

KISIEL Theodore, *The Genesis of Heidegger's Being and Time*, Berkeley-Los Angeles-Londres, University of California Press, 1993.

MAKKREEL Rudolph A., *Dilthey and Phenomenology*, co-éd. avec J. Scanlon, Lanham-Londres, University Press of America, 1987.

– « The Overcoming of Linear Time in Kant, Dilthey and Heidegger », in *Dilthey and Phenomenology*, *op. cit.*, p. 141-156.

MISCH Georg, *Lebensphilosophie und Phänomenologie. Eine Auseinandersetzung der Diltheyschen Richtung mit Heidegger und Husserl*, Bonn, Verlag von Friedrich Cohen, 1930, Leipzig-Berlin, B.G. Teubner, 1931.

PÖGGELER Otto, « Heideggers Begegnung mit Dilthey », in *Dilthey-Jahrbuch* 4, Göttingen, Vandenhoeck & Ruprecht, 1986-1987, p. 121-159.

RODI Frithjof, « Die Bedeutung Diltheys für die Konzeption von *Sein und Zeit*. Zum Umfeld von Heideggers Casseler Vorträgen » (1925), in *Dilthey-Jahrbuch* 4, 1986-1987, p. 161-177, repris in *Das Erkenntnis des Erkannten*, Francfort-sur-le-Main, Suhrkamp, 1990, p. 102-122.

– « Zur Einführung », in *Dilthey-Jahrbuch* 8 / 1992-1993, p. 123-130.

SCHARFF Robert C., « Heideggers Appropriation of Dilthey before *Being and Time* », in *Journal of the History of Philosophy* 35, January 1997, p. 105-128.

TABLE DES MATIÈRES

ACHEVÉ D'IMPRIMER
EN FÉVRIER 2003
PAR L'IMPRIMERIE
DE LA MANUTENTION
A MAYENNE
FRANCE
N° 25-03

Dépôt légal : 1er trimestre 2003